U0139799

海外中国思想史研究前沿译丛

主　编
彭国翔

编委会（按姓氏首字母排序）

毕游赛（Sébastien Billioud, East Asian Studies Department，University Paris Diderot, Sorbonne Paris Cité）

钱德樑（Erica Brindley, Department of History, Pennsylvania State University）

陈玮芬（Institute of Chinese Literature and Philosophy, Academia Sinica）

陈熙远（Institute of History and Philology, Academia Sinica）

齐思敏（Mark A. Csikszentmihalyi, Department of East Asian Languages and Cultures, University of California, Berkeley）

傅　熊（Bernhard Fuehrer，Department of the Languages and Cultures of China and Inner Asia, University of London）

葛浩南（Romain Graziani, Department of Chinese Studies, Ecole Normale Supérieure de Lyon）

许齐雄（Khee Heong Koh, Department of Chinese Studies, National University of Singapore）

吕妙芬（Institute of Modern History, Academia Sinica）

王昌伟（Chang Woei Ong, Department of Chinese Studies, National University of Singapore）

普　鸣（Michael Peutt, Department of East Asian Languages and Civilizations, Harvard University）

施耐德（Axel Schneider, East Asian Studies Department, Georg-August-Universität Göttingen）

苏费翔（Christian Soffel, Institute of Sinology, Universität Trier）

冯　凯（Kai Volgsang, Asien-Afrika-Institut, Universität Hamburg）

杨贞德（Institute of Chinese Literature and Philosophy, Academia Sinica）

胡司德（Roel Sterckx，Department of East Asian Studies, University of Cambridge）

魏希德（Hilde De Weerdt, Leiden Institute for Area Studies, SAS China, Universiteit Leiden）

任博克（Brook A. Ziporyn, Divinity School, University of Chicago）

启真馆 出品

海外中国思想史研究前沿译丛

消 遣

从金石艺术到中国现代史学

[美] 宗小娜 著　罗智国 译

Pastimes

From Art and Antiquarianism to Modern Chinese Historiography

ZHEJIANG UNIVERSITY PRESS
浙江大学出版社

图书在版编目（CIP）数据

消遣：从金石艺术到中国现代史学 /（美）宗小娜
著；罗智国译 . — 杭州：浙江大学出版社，2024.4
（海外中国思想史研究前沿译丛）
书名原文：Pastimes：From Art and
Antiquarianism to Modern Chinese Historiography
ISBN 978-7-308-24602-6

I.①消… Ⅱ.①宗… ②罗… Ⅲ.①金石学—研究
—中国②中国历史—现代史—研究 Ⅳ.① K877.24
② K270.7

中国国家版本馆 CIP 数据核字（2024）第 028893 号

消遣：从金石艺术到中国现代史学
[美] 宗小娜　著　罗智国　译

责任编辑	伏健强
责任校对	杨利军
装帧设计	罗　洪
出版发行	浙江大学出版社
	（杭州天目山路 148 号　邮政编码 310007）
	（网址：http：// www.zjupress.com）
排　　版	北京楠竹文化发展有限公司
印　　刷	北京中科印刷有限公司
开　　本	635mm×965mm　1/16
印　　张	14
字　　数	202 千
版 印 次	2024 年 4 月第 1 版　2024 年 4 月第 1 次印刷
书　　号	ISBN 978-7-308-24602-6
定　　价	75.00 元

总序

"思想"与"历史"之间的"中国思想史"

彭国翔

2012年夏天,我应邀在位于德国哥廷根的马克斯·普朗克宗教与民族多样性研究所(Max Planck Institute for the Study of Religious and Ethnic Diversity)从事研究工作时,有一天突然收到浙江大学出版社北京启真馆公司负责人王志毅先生的邮件,表示希望由我出面组织一套"海外中国思想史研究前沿译丛"。如今,这套书就要正式出版了,出版社要我写个总序。在此,就让我谈谈对于"思想史"和"中国思想史"的一些看法,希望可以为如何在一个国际学术界的整体中研究"中国思想史"这一问题,提供一些可供进一步思考的助缘。

"思想史"(intellectual history)、"哲学史"(history of philosophy)、"观念史"(history of ideas)等等都是现代西方学术分类下的不同专业领域,既然我们现代的学术分类已经基本接受了西方的学术分类体系,那么,讨论"思想史"的相关问题,首先就要明确在西方专业学术分类中"思想史"的所指。虽然我们在中文世界中对"思想史"这一观念的理解可以赋予中国语境中的特殊内涵,但毕竟不能与西方学术分类中"思想史"的意义毫无关涉。比如说,"中国哲学"中的"哲学"虽然并不对应西方近代以来居于主流的理性主义传统尤其是分析哲学所理解的"philosophy",却也并非与西方哲学的任何传统都毫无可比性与类似之处,像皮埃尔·阿多(Pierre Hadot)和玛莎·努斯鲍姆(Martha C. Nussbaum)所理解的作为一种"生活方式"(way of life)、"精神践履"(spiritual exercise)以及"欲望治疗"(therapy of desire）的"philosophy"，尤其是"古希腊罗马哲学"，就和"中国哲学"包括儒、释、道三家的基本精神方向颇为一致。再比如，儒学固然不是那种基于亚伯拉罕传统（Abrahamic tradition）或者说西亚一神教（monotheism）模式的"宗教"，但各种不同宗教文化传统，包括西亚的基督教、犹太教和伊斯兰教，南亚的印度教、佛教以及东亚的儒学和道教，尽管组织形式不同，但都对同样一些人类的基本问题，比如生死、鬼神、修炼等，提供了自己的回答。事实上，不独历史及其各种分支，对于"哲学""宗教""伦理"等学科，这一点同样适用。

那么，在西方的学术分类体系中，"思想史"是怎样一个研究领域呢？"思想史"诚然一度是"一个人文研究中特别模糊不清的领域"，但是，就目前来说，"思想史"所要研究的对象相对还是比较清楚的。换言之，对于"思想史"所要处理的特定课题，目前虽不能说众口一词，却也并非毫无共识。正如史华慈（Benjamin I. Schwartz）所言，"思想史"所要处理的课题，是人们对于其处境（situation）的自觉回应（conscious responses）。这里，处境是指一个人身处其中的社会文化脉络（social and cultural context）。这当然是历史决定的，或者说根本就是一种历史境遇（historical situation）。而人们的"自觉回应"，就是指人们的"思想"。再进一步来说，"思想史"既不是单纯研究人们所在的外部历史境遇，也不是仅仅着眼于人们的思想本身，而是在兼顾历史境遇和主体自觉的同时，更多地着眼于两者之间的互动关系，即"思想"与"历史"的互动。并且，这里的"人们"，也不是泛指群体的大众意识，而是指那些具备高度自觉和深度思考的思想家。

其他一些专业领域，比如"社会史""文化史"，与"思想史"既有紧密的联系，也有相对比较明确的区分。比如，按照目前基本一致的理解，较之"思想史"通常指重要的思想家对社会历史的各自反思，"文化史"往往关注较为一般和普遍的社会历史现象，以及作为群体的社会大众而非社会精英在一个长程的社会变动中扮演的角色。从作为"文化史"这一学科奠基人的雅各布·布克哈特（Jacob

Burckhardt）关于意大利文艺复兴的研究，以及彼得·伯克（Peter Burke）、菲利普·普瓦里耶（Philippe Poirrier）等人对于"文化史"的直接界定，即可了解"文化史"这一领域的特点。因此，"文化史"不但常常整合"人类学"的方法和成果，就连晚近尤尔根·哈贝马斯（Jürgen Habermas）关于"公共领域"（public sphere）的论述和克利福德·格尔茨（Clifford Geertz）关于"深度描述"（thick description）的观念，由于同样注重人类社会的整体与共同经验，也成为支持"文化史"的理论援军。至于"社会史"，则可以说是史学与社会科学更进一步的结合，甚至不再被视为人文学科（humanities）的一种，而是一种从社会发展的角度去看待历史现象的社会科学（social science）。像经济史、法律史以及对社会其他方面的研究，都可以包括在"社会史"这一范畴之下。最能代表"社会史"研究取径的似乎是法国年鉴学派（French annales school）了，不过，在史学史的发展中，社会史可以被视为发生在史学家之中的一个范围更广的运动。无论如何，和"文化史"类似，"社会史"最大的特点也许在于其关注的对象不是精英的思想家，而是社会大众。正是在这个意义上，"社会史"通常也被称为"来自下层的历史"（history from below）或者"草根的历史"（grass-roots history）。

其实，在我看来，至少在中文世界的学术研究领域，"思想史"是介于"哲学史""观念史"与"文化史""社会史"之间的一种学术形态。以往我们的"中国哲学史"研究，基本上是相当于"观念史"的形态。"观念史"的取径重在探究文本中观念之间的逻辑关联，比如一个观念自身在思想内涵上的演变以及这一观念与其他观念之间的逻辑关系，等等。站在"哲学史"或"观念史"之外，从"思想史"的立场出发，当然可以说这种取径不免忽视了观念与其所在的社会环境之间的互动；从"文化史""社会史"的立场出发，当然可以说这种取径甚至无视其所探讨的观念之外的文化活动的丰富多彩，无视观念所在的社会的复杂与多变。但是，话又说回来，"哲学史"或"观念史"的基本着眼点或者说重点如果转向观念与其环境之间的互动，转向关注文化的多样与社会的复杂多变，那么，"哲学史"和"观念史"

也就失去了自身的"身份"（identity）而不再成为"哲学史"和"观念史"了。

事实上，学术的分门别类、多途并进发展到今天，仍然为"哲学史"或"观念史""思想史""文化史"以及"社会史"保留了各自的地盘，并未在"物竞天择，适者生存"的法则下造成相互淘汰的局面，就说明这些不同的取径其实各有其存在的价值，彼此之间虽然不是泾渭分明，没有交集，但却确实各有其相对独立的疆域。站在任何一个角度试图取消另一种研究范式（paradigm）的存在，比如说，站在"中国思想史"的角度批评"中国哲学史"存在的合理性，实在恰恰是"思想"不够清楚的结果。"思想史""哲学史""文化史""社会史"等，其实是研究不同对象所不得不采取的不同方法，彼此之间本来谈不上孰高孰低、孰优孰劣。恰如解决不同问题的不同工具，各有所用，不能相互替代，更不能抽象、一般地说哪一个更好。打个比方，需要用扳手的时候当然螺丝刀没有用武之地，但若由此便质疑后者存在的合理与必要，岂不可笑？因为很简单，扳手并不能"放之四海而皆准"，需要用螺丝刀的时候，扳手一样变得似乎不相干了。这个道理其实很简单，我经常讲，各个学科，包括"思想史""哲学史""文化史"和"社会史"等，分别来看都是一个个的手电筒，打开照物的时候，所"见"和所"蔽"不免一根而发。对此，设想一下手电筒光束的光亮在照亮一部分空间的同时，也使得该空间之外的广大部分益发黑暗。通过这个比喻，进一步来看，对于这些不同学科之间的关系，我们也应当有比较合理的理解。显然，为了照亮更大范围的空间，我们不能用一个手电筒替换另一个手电筒。再大的手电筒，毕竟也只有一束光柱。而我们如果能将不同的手电筒汇聚起来，"阴影"和"黑暗"的部分就会大大减少。医院的无影灯正是这一原理的运用。事实上，不同的学科不过是观察事物的不同视角而已。而我这里这个无影灯比喻的意思很清楚，"思想史""哲学史""社会史"等，甚至人文学科和社会科学之间、文理科之间，各个不同学科应当是"相济"而不是"相非"的关系。否则的话，狭隘地仅仅从自己的学术训练的背景出发，以己之所能傲人所不能，正应了《庄子》中所谓"以天下之美为尽在己"的话。另一方面，却也恰恰是以己之所仅能而掩饰己之所诸多不能的缺乏自信的反映。

一个学者有时可以一身兼通两种甚至多种不同的学术取径。比如说，可以兼治哲学与史学，同时在两个不同的领域都有很好的建树。不过，哲学与史学的建树集于一身，并不意味着哲学和史学的彼此分界便会因此而不存在。打个比方，一个人可以"十八般武艺，样样精通"，但是很显然，这个人只有在练习每一种武艺时严格遵守该武艺的练习方法，才能最后做到"样样精通"，假如这个人以刀法去练剑法，以枪法去练棍法，最后不仅不能样样精通，反倒会一样都不通，充其量不过每样浅尝辄止而已。这里的关键在于，一个人十八般武艺样样精通，绝不意味着十八般武艺各自的"练法"因为被一个人所掌握而"泯然无迹"，尽管这个人在融会贯通之后很可能对每一种武艺的练法有所发展或创造出第十九种、二十种武艺。落实到具体的学科来说，在没有经过"哲学史""观念史""思想史""社会史""文化史"其中任何一种学术方法的严格训练之前，就大谈什么打破学科界限，无异于痴人说梦，在学术上不可能取得大的成就，这是不言而喻的。很多年前就有一个讲法叫"科际整合"，即加强不同学科之间的互动与互渗，这当然是很有意义而值得提倡的。但"科际整合"的前提恰恰是学科之间的多元分化，只有在某一学科里面真正深造有得之后，才有本钱去与别的学科进行整合。

本来，"思想史"并不是一个很容易从事的领域，好的思想史研究是既有"思想"也有"史"，而坏的思想史则是既无"思想"也无"史"。比如说，对于一个具体的思想史研究成果，如果治哲学的学者认为其中很有"思想"，而治历史的学者认为其中很有"史"，那么，这一成果就是一个好的思想史研究。反之，假如哲学学者看了觉得其中思想贫乏、观念不清，而历史学者看了觉得其中史料薄弱、立论无据，那么，很显然这就是一个并不成功的思想史研究。因此，"思想史"这一领域应该成为"哲学"和"历史"这两门学科甚至更多学科交集的风云际会之所，而不是沦为那些缺乏专长而又总想"不平则

鸣”的"自以为无所不知者"（其实是"学术无家可归者"）假以托庇
其下的收容站。

徐复观曾经说"对于中国文化的研究，主要应当归结到思想史的
研究"。对于这句话，在明了各种不同研究取径及其彼此关系的基础
上，我是很同意的。因为较之"哲学史"，"思想史"在"思想""观
念"之外，同时可以容纳一个"历史"的向度，换言之，"中国思想
史"可以做到既能有"思想"也能有"史"。而这一点，刚好符合传
统中国思想各家各派的一个共同特点，即一般都不抽象地脱离其发生
发展的历史脉络而立言。因此，我很希望越来越多的学者加入"中国
思想史"的团队之中，只要充分意识到我们前面讨论的问题，不把
"思想史"视为一个可以无视专业学术训练的托词，而是一个和"哲
学史""观念史""文化史""社会史"等既有联系甚至"重叠共识"，
同时又是具有自身明确研究对象和领域而"自成一格"的学科视角，
那么，广泛吸收各种不同学科训练的长处，宗教的、伦理的、哲学
的，都可以成为丰富"思想史"研究的助力和资源。

西方尤其美国关于中国思想史的研究，以狄百瑞（William T.
de Bary）、史华慈、列文森（Joseph R. Levenson）等人为代表，在 20
世纪 70 年代一度达到巅峰，但随后风光不再，继之而起的便是前文
提到的"文化史""社会史"以及"地方史"这一类的取径。这一趋
势与动向，中文世界不少学者"闻风而起"。无论是可以直接阅读西
文的，还是必须依靠翻译或者借助那些可以直接阅读西文文献的学者
的著作的，都在不同程度上受到这一风气的影响。但是，如果我前文
所述不错，各种取径不过是"横看成岭侧成峰，远近高低各不同"的
不同视角，彼此之间非但毫无高下之别，反而正需相互配合，才能
尽可能呈现历史世界与意义世界的整全，那么，"思想史"的研究就
永远只会被补充，不会被替代。如果不顾研究对象的性质，一味赶
潮流、趋时势，则终不免"邯郸学步"，难以做出真正富有原创性的
研究成果。事实上，西方从"思想史"的角度研究中国，迄今也不断
有新的成果出现。而且，如前所述，"思想史"和"哲学史""观念
史""文化史""社会史"之间，也是既互有交涉，又不失其相对的独

立性，越来越呈现出百花齐放的局面。因此，真正了解西方中国研究（Chinese studies）的来龙去脉及其整体图像，尤其是西方学术思想传统自身的发展变化对西方中国研究所起的制约甚至支配作用，而不是一知半解地"从人脚跟转"，对于中文世界人文学术研究避免"坐井观天"和"夜郎自大"，且在充分国际化（"无门户"）的同时又不失中国人文研究的"主体性"（"有宗主"），是极为有益的。

中国思想史是我多年来的研究领域之一，而我在研究中所遵从的方法论原则，正是上述的这种自觉和思考。也正是出于这一自觉和思考，我当初才感到义不容辞，接受了启真馆的邀请。我的想法很简单，就是希望这套丛书的出版，能够为推动国内学界对于"中国思想史"的研究提供些许的助力或至少是刺激。这套丛书首批的几本著作，作者大都是目前活跃在西方学界的青壮年辈中的一时之选。从这些著作之中，我们大致可以了解西方中国思想史研究的一些最新动态。当然，这里所谓的"思想史"，已经是取其最为广泛的含义，而与"文化史""社会史"等不再泾渭分明了。这一点，本身就是西方"中国思想史"研究最新动态的一个反映。至于其间的种种得失利弊，以及在中文世界的相关研究中如何合理借鉴，就有赖于读者的慧眼了。

是为序。

2015 年 8 月 18 日
于武林紫金港

中文版序

　　本书的研究始于我在加州大学伯克利分校攻读博士研究生期间，彼时，我从一位导师吉德炜（David Keightley，1932—2017）教授那里了解到甲骨文的发掘，还读过这项选题的先驱性著作之一《铁云藏龟》（刘鹗，1903）。我在图书馆的目录（那时还用卡片目录）里检索到这本书，仔细一瞧，馆藏本是1975年再版的。我到东亚图书馆去借这本书。当从书架上取书时，我发现馆藏的不只有一种，还有很多关于古代史和古器物的藏书——实际上有满满一墙，真可谓汗牛充栋，大部分都是19世纪末20世纪初的出版物，朴素的线装装订，外裹深蓝色的书衣。

　　这些都是什么书？为何如此之多的学人殚精竭虑从事这类研究？

　　根据现代考古学原理，这些研究大概是"不科学"的，那么它们今日还价值犹存吗？我们能够理解它们原初的旨趣和贡献吗？为回答此类疑问，我们需要了解近代以来，从19世纪中叶到20世纪初叶金石学的发展过程。

　　或许有些学者认为，金石学是一种不合时宜的消遣，从宋朝的发轫到20世纪初似乎一直都静若止水。事实是，金石学的谱系绵延悠长、佳作迭出。本书的研究证明，金石学并非不合时宜，千百年来一直在更新换代、不断演进。在19世纪末20世纪初的晚清、民国时期，受到艺术史理论的变化、甲骨文等考古材料的出土（甲骨文由王懿荣于1899年发现）影响，金石学发生了嬗变。金石学不再沿袭政治、文化上的保守传统，而成为维新派、改革家和先锋派艺术家的实践。

　　这段时期的金石学是国学大潮中的涓涓支流，反映出晚清到民国时期中国本土固有的、独特的现代性路径。那些拥护西方文化精髓的学者搜藏金石。他们游历甚广、四海为家，对欧洲、美国、日本的新观点颇感兴趣。他们辩驳、批判新观点，又将这些有用的观点融入他们的实践。这种本土化的发展结果是，他们既能运用19世纪早期朴学家独擅的小学（音韵、文字、训诂）功夫，又借鉴先锋派艺术运动而创立金石书法，迎合了欧洲和日本发展起来的政治社会史研究的新趋势。近代金石学家吴大澂、罗振玉、王国维将小学、艺术实践、政治史与现代学术规范融为一炉，用考古资料来记录和描述远古中国的政治与社会。

　　本书得益于诸位恩师、同事和友朋的慷慨援助，特别感谢浙江大学出版社推出中文版，在此向大力引荐的彭国翔教授致谢，并向该社的编校人员致谢。同时亦向翻译本书的罗智国先生表示谢意，因为他的辛勤努力，本书的中文版在价值上或许超过英文原版。但任何版本中的史实与阐释谬误，都归原作者所有。

宗小娜

2018 年于檀香山

英文版序

我接触中国古董收藏和研究已逾十年。最初，在台北时，作为一名研究生，我非常幸运地受台北故宫博物院聘用，为其器物处做兼职翻译员。在其后几乎一整年的时间里，我将展览的古代青铜器与佛像所用的说明书和目录文字翻译成英文。在博物院昏暗的工作室里，我注视着馆员们戴着白手套，小心翼翼地查检周代的青铜器，从他们耐心的教导中获益匪浅。我还被展览中的清代古玉迷住了，它们光彩夺目、温如蜡石，有些被雕成青铜器的模样，曾经是乾隆皇帝的最爱之物。这两类看来相似的古董器物，都包孕着丰富的内涵，吸引中国学者投入大量精力研究。这表明，在过去的几百年里，古物研究处在不断的演进当中，一直持续到今天。

在台北故宫博物馆的地下室里开启的这项研究计划，在诸多个人和团体的支持下才得以开展，最初得到器物处工作人员的帮助，特别感谢张礼端、陈慧霞和张光远处长。这项工作成果以各种不同的形式发表之后，我接到魏斐德（Frederic E. Walkman, Jr.）、郭安瑞（Andrea Goldman）、戴梅可（Michael Nylan）、施泰因费尔斯（Amina Steinfels）热情洋溢的评论。最为受用也极为慷慨的评论来自夏威夷大学出版社的几位匿名评审，我非常感激他们的付出，同时感谢责任编辑帕特里夏·克罗斯比（Patricia Crosby）耐心的扶持。最为重要的是，如果没有叶文心教授坚定不移地襄助，如果没有和叶教授跨越三大洲的富有启发性的交流，这项研究计划就永远不会形成目前这本专书。

就研究资料所获得的帮助，夏威夷大学马诺阿（Manoa）分校汉密尔顿图书馆的姚光天（K. T. Yao）等馆员提供了无比慷慨的协助，加州大学伯克利分校东亚图书馆的周欣平（Peter Zhou）等管理员给予了同样的相助。研究过程中，我到过北京的中国第一历史档案馆、国家图书馆、中国社会科学院图书馆、中国人民大学图书馆、北京大学图书馆，受到馆员和工作人员的热情接待。向旧金山的亚洲艺术博物馆的倪明昆（Michael Knight）深表谢意，他帮我查阅到埃弗里·布伦戴奇（Avery Brundage）的档案；同样感谢以下机构的院长、馆长和工作人员：檀香山艺术学院、牛津大学图书馆、柏林国家图书馆、法国社会科学高等研究院。

富布莱特－海斯博士论文奖学金提供了基金资助，加州大学伯克利分校和夏威夷大学马诺阿分校慷慨允诺这项研究计划。在柏林马克斯·普朗克科学史研究所洛雷恩·达斯顿（Lorraine Daston）任名誉教授的机构里，我参加了"艺术与科学的共同语言"团队，研究为期一年，这一研究为本书探究的众多主题营造了催人奋进的环境。

本书中某些章节曾经以论文的形式先期发表。第五章讨论的题目曾以《何为中国古器物？甲骨的跨国收藏家林泰辅和罗振玉》为题，收录在许冠儿（Vimalin Rujivacharakul）主编的《收藏"中国"：世界与中国的收藏简史》（*Collecting"China": The World, China, and a Short History of Collecting*）中，由特拉华大学出版社出版。第六章阐述内容有一部分以《处在边缘的档案：罗振玉的大内档案与中华民国的民族主义》（"*Archives at the Margins: Luo Zhenyu's Qing Documents and Nationalism in Republican China*"）为题，收录在高哲一（Robert Culp）和韩子奇（Tze-ki Hon）合编的《晚清民国时期史学创作中的政治学》（*The Politics of Historical Production in Late Qing and Republican China*）中，2007 年由位于莱顿的博睿学术出版社（Brill）出版，见于该书第 249-270 页。

在这项研究的不同阶段，诸多学人给予慷慨的反馈与鼓励，其中有阿部贤次（Stanley Abe）、阿梅龙（Iwo Amelung）、安雅兰（Julia Andrews）、白瑞霞（Patricia Berger）、彻诺克（Arianne Chernock）、高哲一、黄巧巧（Nixi Cura）、邓尔麟（Jerry Dennerline）、傅佛果

（Joshua Fogel）、陆康（Luca Gabbiani）、郭琪涛、何予明、韩瑞（Ari Larissa Heinrich）、安克强（Christian Henriot）、吉德炜（David Keightley）、柯马丁（Martin Kern）、罗绍丹、马国瑞（Rui Magone）、拉纳·米特（Rana Mitter）、韩书瑞（Susan Naquin）、罗助华（Joshua Rosenzweig）、沈揆一、苏荣誉和威廉姆斯（John Williams）。我在夏威夷大学的同事和朋友都极其出色，尤其是安乐哲（Roger Ames）、安保罗（Poul Andersen）、巴罗尼（Helen Baroni）、张萍华（Rosita Chang）、雷凯思（Cathy Clayton）、丹尼尔（Marcus Daniel）、戴安德（Ned Davis）、霍芬伯格（Peter Hoffenberg）、乔丽（Karen Jolly）、郭颖颐（Daniel Kwok）、兰佐纳（Vina Lanzona）、刘长江（Frederick Lau）、劳森（Matthew Lauzon）、龙梅若（Kate Lingley）、麦克纳利（Mark McNally）、雷普森（Richard Rapson）、罗马涅洛（Matt Romaniello）、魏瞩安（Giovanni Vitiello）和王文生。这项研究同样以各种不同的方式得益于中国史学史和古器物学中几位前辈学者的研究成果，尤其是艾尔曼（Benjamin Elman）、罗覃（Thomas Lawton）、桑兵、王晴佳和巫鸿。

　　有那么多亲爱的朋友和家人，或近或远，在这本书一点一滴完稿的数年里一直耐心待我，此处不能向各位一一表达我的谢意，但请明白我无比感激你们出现在我的生命里。向我的父母、祖父母、姐妹们和他们的家人、外子的家人，致以衷心而又谦卑的感谢。这本书献给我的私人船长和他的船员——丹诺（Danno）、达什（Dash）和里弗（River），你们的爱洋溢在每页的字里行间。

目 录

导　论

（未得者则）爱其文字，而聚之、辨之、思之、传之。于古　1
人之书法，则求之于吾腕；于古人之叙事，则求之于其例；于古
人之用意，则求之于其理；于古人之作字，则求之于其义。

——陈介祺致王懿荣（1875）

18世纪的伟大小说《红楼梦》以奇妙的逸事开篇：一个僧人发现
一块补天石，对其质朴无华的外观深感满意，于是想在上面"再镌上
数字，使人一见便知是奇物"[1]。这种嗜好正是中国鉴赏家偏爱的模式，
他们都渴望拥有古老的物件。实际上，在18世纪的话语体系里，无
文字的古物是不具收藏价值的。

大约百年之后，另一处不可思议又不无可疑的发现再次验证了这
种偏好。1899年，古文字学家王懿荣在北京因患疟疾卧病。他精于金
石学（研究青铜器、石刻之学问，该词与"进士"谐音），在附近药房
抓药时，除了各种中草药，其中最不寻常的是几片刻着古怪文字的骨头
碎片。[2]正如学人后来所断定的，这些骨头碎片是商王朝用来占卜的工具，
现在称作甲骨，上面镌刻着的文字是汉字最早的形态。这一重大发现
使全世界的历史学家和古文字学家兴奋异常。[3]

这两则逸闻对于鉴赏古代文本或古物而言都是很鲜活的例证，但　2

[1] 曹雪芹:《红楼梦》，第4页。
[2] 董作宾等编:《甲骨年表》，第1a-1b页。
[3] Keightley, *Sources of Shang History*, p.57.

补天石的寓言、甲骨文的发现其实发生在迥然不同的概念世界里。整个 18 世纪，考证学大行其道。考证学即对古典文本的诠释，属于校勘学和小学流派，在研读青铜器和碑刻时优先强调其文字和音韵。相形之下，晚清学者已开始接纳古器物研究的理念，这种方法经西方自然科学引介而来，他们研究更多样化的原始资料，包括无文字的资料。他们的古物研究还反映出解决当时中国的政治和社会困局的意图。几种因素交相作用，削弱了考证学的重要性，促使古物研究者把视野投射到历史学等其他领域，他们深信世纪之交的历史学具备重大的实用价值。

王懿荣社交圈子的几个人物，是引领这一转型的成员，其中有知名的古体书法大师吴大澂、政治维新派和教育家孙诒让。他们的古物研究转而影响到 20 世纪早期两位最杰出的学者：哲学家和文艺评论家王国维和他的导师罗振玉。罗既是古董商和出版商，也是文物专家。罗、王二人向历史学家展示如何研究甲骨文和青铜器，展示了这些材料在研究上古中国政治与社会时，如何弥补文字资料之不足。他们以传统金石学的方法作为起点，同时又开创新的研究方法，这种方法最终成为研究上古中国史的主流方法论。

何谓金石学

金石学通过系统研究古代物件和独一无二的铭文来了解往昔。对中国学者而言，这种研究方法几乎和古物本身一样古老。千百年来，统治阶级和精英阶层通过在表面耐磨的岩石上勒文来保存重要文献。石刻尺寸巨大，柱基上有装饰性的雕刻，固定在龟背或者其他象征长寿的动物的石像身上。中国统治者还在青铜器（比如鼎）的内壁上镂刻一些有价值的文字，外壁则饰有饕餮纹或其他式样古怪的动物造型。到战国时期，这些文字通称为金石铭文（金文），即刻在青铜器或石碑上的文字。哲学家墨子大概最早使用"金石"这一术语，《墨子·兼爱下》曰"以其所书于竹帛，镂于金石"。另一则出处始见于秦朝石刻，指官方为庋藏而铭刻于金石的政治文书。[4]

到北宋时期，金石已不再仅仅指经久耐磨的书写对象，而成为学者们的学术领域。他们以金石为证，用于研究古代礼仪、语言、书法和政治学。[5] 宋代精英阶层把这种研究形式视为创造性的愉悦活动。据欧阳修云，此为退隐后"消磨时光"之良法（"留为归颍消日之乐也"）。[6] 但金石学并非琐碎细故，恰恰相反，它是王国维所谓的"消遣"，王试图把文学艺术这类闲暇性研究作为有效的工具，以此证明个体的才智和精神高度，这其实就是尼采的权力意志论。[7] 从第一本残存的金石目录印行的 1092 年，到 1920 年第一座石器时代考古遗址的发掘（这一发掘被考古学家张光直称为中国科学考古研究的序幕），考古学这一领域不仅享有威望，而且备受尊崇。[8] 碑刻保存了文字，金石保存了碑刻。古文物专家通过研究古物来捍卫历史，他们是中国文化遗产的守护者。[9]

金石学领域的漫长发展谱系不应被误解为裹足不前。宋朝金石学家受到后世专家的尊崇，而金石学一直处在持续发展演变当中。19 世纪金石学发生突变，各个学科的学者踏入这一领域，他们通过关注教育维新、西学、视觉文化，改变了原有的研究旨趣和研究范式，"自金文学兴，而小学起一革命"[10]，正如报人、历史学家梁启超在研究青铜铭文时所观察到的那样。20 世纪 20 年代中国史学家采用古器物学方法，则是该领域几百年以来持续演变的又一全新阶段。

但这一领域里有件事始终不变，即其名称。该领域一直使用"金石学"，即使后来其实际范围囊括了古器物的诸多门类，并不限于青铜器和石刻，还涵盖无字的古器物。[11] 金石一词亦蕴含复杂的情感因 4

[4] 朱剑心：《金石学》，第 2-3 页。儒家经典的石刻保存于西安碑林和曲阜孔庙。这些石刻拓片价值较高，但通常不入金石学范畴，故本书并未将其考虑在内。

[5] 朱剑心：《金石学》，第 2-3 页。

[6] 欧阳修：《集古录跋尾》，第 1211 页。

[7] 王国维：《人间嗜好之研究》，第 1796-1797 页。Bonner, *Wang Kuo-wei*, p.101.

[8] K. C. Chang, "Archaeology and Chinese Historiography", p.156.

[9] 朱剑心：《金石学》，第 203 页。

[10] 梁启超：《清代学术概论》，第 59 页。

[11] 马衡：《中国金石学概要·绪论》，第 1 页。

素。一些术语如"考古"（对古物的系统性研究）、"好古"（对古董的热爱与亲昵）所蕴含的，"金石"能够激发出某种在句法上掌握佶屈聱牙文本的自豪感，同时唤醒了人们对古物所体现的消逝岁月的喜忧参半的怀想。由于"消遣"蕴含对中国学者而言的多种寓意，也蕴含研究材料和研究方法多样性的涵义，我选择将"古物研究"译成"金石学"，而不选择书面的、狭隘的译法，如"青铜器与铭文研究"或者"铭文学"。[12] 当然，在比较金石学与欧洲同类学科之间的共性与差异时，使用"古物研究"仍不失为有效进路。

欧洲的古物学大概比金石学在时间上要晚近一些，但它对历史学和实证研究的发展同等重要。古物学源自古罗马历史与文化研究，学者以此表达对历史与遗址的景仰之情。[13]16 世纪以来，这一领域得到迅猛发展，部分原因是殖民帝国的扩张，强势的消费文化促使学者们通过收集异国他乡的工艺品、艺术品和科技产品，来呈现帝国的财富横流、"普世大同"和"天纵禀赋"。[14] 在此时代背景之下，这种小团体通过鉴赏古希腊、古罗马遗迹的方式，来维护古典世界的价值观，此乃文艺复兴时期人文主义的精神实质。[15] 由此导致研究者大都致力于研究古典世界的钱币、雕像、器具等，为重新复原古典世界奠定基础。正如阿纳尔多·莫米利亚诺（Arnaldo Momigliano）指出的，这种研究并非史学研究，因为它未能形成独有的叙事方式。当英国历史学家爱德华·吉本等学者终于开始运用非文字参考资料时，学界认为这是名垂青史的创新。[16]

考镜中国金石学源流，将其与欧洲传统进行对照不无裨益。明末和清代中期经济繁荣，同样刺激了消费文化的发展，促使学者们通过收集古代物件来展示自身的品味和社会地位。[17] 青铜器一类的物件象

---

[12] 在本书中，我的古器物学指的是古器物的搜集、铭文研究、古文字或朴学著作的刊刻等。不过，在适当的时机，我用"青铜器和石刻研究"（bronze-and-stele studies）来翻译金石学，尤其是在一些专著里使用该术语，特指彝器铭文和碑刻及其相关材料的研究。

[13] Momigliano, "Ancient History and the Antiquarian", p.288.

[14] Swann, *Curiosities and Texts*, pp.5-7.

[15] Swann, *Curiosities and Texts*, pp.107-108.

[16] Momigliano, "Ancient History and the Antiquarian", pp.290-291, 293.

[17] 明代消费文化研究，参见 Clunas, *Superfluous Things*; Brook, *Confusions of Pleasure*。

征着商周时期文化中心地带的向心力，可类比人文主义者所推崇的古典世界。跟文艺复兴时期同调相仿，金石学家通过研究古董，为其维新寻找正当理由，这些维新可能采取政治改良、新学、新奇的书法字体形式。[18] 除此之外，中国学者与欧洲人的接触日益频繁，程度或许 5 可以和西方帝国的影响力相映照，刺激了他们品鉴异国情调的胃口，兼收本国未有的稀罕物件。[19] 最终在这两种背景之下，学术研究传统开始关注非文字资料，由此逐渐整合进历史研究的实践之中。

当然，正如在欧洲一样，融汇古物学与历史学的过程，并非通常所认为的那样一帆风顺。宋代金石学家如欧阳修等在史学研究中，曾因运用碑刻铭文，故能流芳百世。但数百年来，历史学仅为金石学的一个分支。在研究汉朝以前的彝器和其他文字时，礼仪研究可能尤其重要，因为它能够描绘在古典文本中记录的礼仪过程。[20] 再者，并非所有古物都能用于史学研究，毕竟有些时间太短了。正如柯律格（Craig Clunas）提醒我们的，中国收藏界使用的"古"字，含义指"古旧"或者"古老"，既能指一千年前的文物，也能指几十年前的旧物。[21] 在金石学研究中，这就意味着某些古物目录，有的始于周代的编钟，而有些则收录了几十年前的石刻碑文。

到了 19 世纪，即便是再古老的石刻，也并非都为史学研究者看重，并非是因为这类材料不重要，而是由于朴学已遭受全面攻击。到那时为止，多数古物研究都与考证运动并肩而行，考证的首要目标是校订儒家经书的语言文字，旨在恢复原初时代的固有意义。这种研究方法称为考据学，在更宽泛的意义上亦可称为"注经"，即校勘和笺注经典文本。一百多年以来，这种研究方法在金石学和历史编纂学里占据主流地位，但在 18 世纪晚期这种热情明显在降温。思想家章学诚指斥以考证学方法研读古典文本乃是"不知当代而言好古，不通掌

---

[18] 关于人文主义与欧洲科学之间关系的讨论，参见 Grafton, *Defenders of the Text*, pp.4-5。

[19] Bai, *Fu Shan's World*, pp. 15-20.

[20] 由于古物研究与礼仪研究之间的相似性，朴学家从未将其研究视为完全实证的，其本来目的是发掘古物内在的伦理和美学价值。他们的态度与欧洲人文主义者和古典学家非常相似，参见 Levine, *The Battle of the Books* 对此类态度的讨论。

[21] Clunas, *Superfluous Things*, p.81.

故而言经术，则鼙帨之文，射覆之学，虽极精能，其无当于实用也审矣"[22]。如果这还不够的话，几百年来热忱却草率的研究，更加降低了金石学的声誉。朱一新提醒说，铭文图录里错误连篇，结果只在书法鉴赏方面有些价值，其实际内容则价值不大。[23] 这一变化正值欧洲史学家放手使用非文字史料时，中国的同行对此领域却失去了信任。

结果，在19世纪的大部分时间里，热衷金石学的人未敢自视为历史学家，宁愿自认为是后来称为金石画派（Epigraphic School）这一艺术运动的拥趸。他们收集大量文物，焚膏继晷地研究其外观形态，把铭文作为书法、仿古绘画的灵感来源。即使未被尊为历史学家，他们的学术活动还是催生出古器物作为实物资料的新方法，该方法对后世历史学家而言至关重要，他们早在西方考古学引入之前就强调对出土文物的研究。对那些19世纪晚期成长起来的学者而言，古物研究的意图是为当时纷乱的政治局面奠定伦理基础。方法论革命终将爆发，古物研究开始进入最为波澜壮阔的时代。

科学与艺术

中国金石学的范畴远比古文字学宽广，是中国艺术实践和书法欣赏的进一步延伸，中国学者收集古董的热望，推动了金石学的发展，使之久负盛名。因此，金石学的历史涵盖诸多方面，如艺术和视觉文化，包括图像的生产和艺术品的流通。实际上，这一学科的成熟来自几个学科的交互作用：艺术、古器物学、历史学等。

金石学最初一直与美术等其他种类的视觉艺术联系在一起。的确，中国最早的金石学文本其实是一些艺术藏品的图谱目录。自宋朝开始，私家学者和皇朝宫廷都曾编纂图谱。这些图谱由不同的知识谱系构建，它们绵延数百年，秉承着不同的文化传统。尽管对考古学作

[22] Nivison, *The Literary and Historical Thought of Chang Hsüeh-ch'eng*, p.303.（原文出自章学诚《文史通义·史释》。——译者注）

[23] 朱一新：《无邪堂答问》，第436-437页。

用有限，但对皇宫内廷、王公大臣、学人士子而言，它们在古物本身、历史和礼仪研究方面，都忠实反映了艺术品购藏者那异乎寻常的热情。坚持使用"金石"这个术语，可能会掩盖长久以来方法论上的重大变化，持久不变的艺术品收藏、图谱目录的呈现方式也会掩盖在收藏活动、研究方法、美学趣味等方面重大变化，这一变化在19 世纪尤为突出。

　　在过去一段时间里，艺术史家一直认为19世纪是中国艺术和视觉文化的转型时代。这不仅表现在中国艺术家里开始流行创作新颖的肖像画和透视画，而且表现在媒体文化的繁荣方面，还有机打图片的大量印刷，这要归功于石版影印术等技术的引入。石版影印术日益普及，为中国读者提供了视觉盛宴，不论其涉及主题是新的还是旧的，是外国的还是本土的，都使读者产生一种与之相应的印象："多样化、流动性、内在差异性"（彭丽君语）[24]。尤其在诸如上海和北京这样的中心大都会，图文书籍对植物学和药学变得日益重要。[25]

　　为了寻获更多图片，深入掌握视觉文化，中国知识分子跟世界上许多地区的知识分子一样，经历了一个规模宏大的时刻：工业技术设备使图片复制成为可能，这些印刷品包括海报、明信片、杂志等，此处只提及这几个例子。这一变革时刻不可避免地与政治、文化、社会权力等诉求联系在一起。[26]19世纪机械印刷使视觉文化尤为普及，这是现代生活的关键标志。这是传统与现代之间的分水岭，传统社会的文化实践由习惯所控制，这与前工业技术水准相辅相成，取代它的现代社会则是迅猛发展、混乱不堪和日益破碎的世界。

　　金石学的转型恰好发生于此时，中国的视觉文化、印刷工艺、政治和文化现代性等关键事件都交汇在一起，这绝非巧合。19世纪的金石学家充分利用石版影印术等新工艺，创造出本土的图片式样，例如

7

---

[24] Pang, *Distorting Mirror*, p.10. 中国19世纪晚期的视觉文化相关研究还有：Vinograd, *Boundaries of the Self*; Hay, "Chinese Photography and Advertising"; Ye, *Dianshizhai Pictorial*.

[25] 参见 Fan, *British Nationalists*; Heinrich, *Afterlife of Images*.

[26] 世界观的概念来自海德格尔的文章《世界图像的时代》，指的是对世界的概念和想象。视觉与现代性之间关系的讨论，参见 Jay, "Scopic Regimes of Modernity"; Pinney, *Camera Indica*; Stanfford, *Good Looking*.

立体的铭文拓片。他们在研究中国书法时——从欧阳修开始，到吴大澂及陈介祺，书法字体素来受金石学家的倾心——创制出非正统的书体，把怪异与非正统的趣味与日渐增长的大同主义世界观和向往政治维新联系起来。与此同时，金石学家原本都希望积累财富、提升其政治地位。金石学在 19 世纪开始吸引那些正处于向上流动的社会阶层。他们家境并不富裕，期望搭建社会与政治人脉，迫切希望变革教育和社会制度。这些新晋鉴赏家和收藏家需要奇珍异宝，以及更大数量的古玩，这推动了古玩商品市场走向新阶段，导致整个古董行业里新阶级的诞生。反过来，这又扩充了金石学研究方法，进一步拓展了"金石"这一概念的边界。

8

我之所以强调金石学在视觉文化中的作用，是由于笔者运用的方法迥异于此前中国金石学的研究方法。比如，艾尔曼在他对 18 世纪中国朴学的早期研究成果里认为，清代金石学家的艺术兴趣和技术兴趣密不可分，同时又认为在书法中碑学复兴受到铭文研究的激发，而非受其他相关方法的影响。[27] 尽管他的研究出色地理清了清代中期金石学复兴与考证学之间的关系，但他对视觉文化毫无兴趣，不自觉地反映出中国考古学家固有的偏见，他们总是抨击鉴赏家高估了古代铭文的书法之美。[28]

20 世纪初，许多中国历史学家同样贬低金石学的艺术史价值，却更重视金石学的消遣成分，因后者看上去像朴学一样冷静、系统、科学。[29] 那个年代，他们极力向自身也向外界证明，中国拥有本土的科学传统。百年弹指一挥间，我们觉得再也没有必要为了提高科学的地位而去贬低视觉文化了。

科学史的最新研究表明，我们确实应该采取相反的路径。譬如，以西方现代自然科学的视角来看，视觉文化的生产，连同收藏家钟爱的古玩一起，既有助于解释为何选择某一物件作为系统研究的对象，

---

[27] Elman, *From Philosophy to Philology*, p. 197, p. 191.

[28] 李济：《中国古器物学的新基础》，第 60-61 页。

[29] 梁启超：《清代学术概论》，第 121-123 页，第 31-35 页。

又有助于解释科学家评估的实物依据。[30]18 世纪金石学的真正意义，在于它是现代实验科学的先驱之一，而现代实验科学在西学引入中国之前业已存在。[31] 不过，中国金石学家素来赏识古董，是看重其历史价值，沉醉于古董所代表的美学、货币和礼仪价值。而且，研究艺术品收藏，令我们不仅要思考某个收藏家的动机，还要思考其正式与非正式的制度背景，包括视觉文化作品的生产与搜集、古董的商业市场，以及刚萌生的中国博物馆制度。[32] 世纪之交的金石学研究，总会 9 提及一个饶有兴趣的疑问：为何中国学者通常不支持博物馆？对这一问题的回答有助于解释在官方和大学早已牵头建立图书馆和博物馆之后，为何中国学者依然偏好私家图书馆和私家收藏艺术品。

将金石学与科学进行比较，引出一个重要的方法论难题。20 世纪，在既不轻视又不突出强调现代主义者太过蔑视的传统中，用何种方法最能维护中国的传统学术？就科学问题上的争论而言，中国知识分子在揭露前辈们的缺漏方面不遗余力。为了获得更加全面的观点，我们有必要远离反传统学者们强烈批判的态度，尽管那代历史学家都非常严肃地研究问题。毕竟就传统领域的优缺点而言，他们更有话语权。[33] 否则，我们就会犯周蕾所说的"伟大的东方主义者谴责第三世界国家丢掉鲜活的本土传统，丧失掉非西方的古代文明"[34]之类的错误。以今日考古学和史学史的观点来看，晚清金石学虽然不乏革新，但也有不少无知或极端的错误。当然，我们没有必要重蹈 20 世纪初期知识分子的覆辙。在现时代，有很多理由去判定金石学的谬误，但我们将会看到，不是所有理由都与金石学的实践活动有关联。

在这个意义上，福柯曾经提醒我们，不要高估思想史上那些先前不被欣赏的描述。他说："系谱学的碎片一旦发现与公开，它们就会冒

[30] 我对视觉文化和物理学等自然科学之间关系的理解，得益于以下两书：Galison, *Image and Logic*; Jones ed.; *Picturing Science*。

[31] Wang, "Beyond East and West", p.490.

[32] 关于收藏实践与科学发展之间的关系，参见 Findlen, *Possessing Nature*。

[33] 20 世纪初文学与历史学迫切需要各种新的研究方法，引起了现代主义者的批评，最新的讨论参见 Kai-wing Chow, Hon, Ip, and Price 合编著作的导论部分，尤其是第 3-5 页。

[34] Chow, *Writing Diaspora*, p.12.

被重新解码、重新殖民的危险，但事实可能并非如此。"[35] 鉴于他的警告，笔者的目标并非将金石学拔高于各种历史知识之上，过度纠正现代主义者压抑过的传统。但我们必须意识到，金石学在被人预言退场之后几十年，依然具有生命活力。它的影响体现在坚信历史功能的态度、图像的意义、古器物的价值、公立机构与私家学者之间的复杂关系等。这些更加广阔的现代生活实践仅仅表明：和世界其他国家一样，在中国，没有什么比古董更现代的了。

古董与现代史

要解释 19 世纪末期中国学者为何如此沉溺于上古史，我们应该考虑那个时代的总体氛围。历史学对那一代知识分子尤为重要，因为面对帝国主义列强，国家在军事、经济、士气上的孱弱暴露无遗，令他们倍感绝望。如果现代性的经验就是如马克思所说的剥夺感，"一切坚固的东西都烟消云散了"，那么晚清知识分子就身处这种迷雾之中。他们非常清楚天朝正日薄西山，渴望力挽狂澜，于是竭力寻求大国历史上的经验教训，尤其是那些在帝国版图扩张中如日中天的西方列强。

历史的说教功能当然并非最新发明。编年史、大事年表、传记如司马迁的《史记》都为士大夫提供一些历史上政治、道德的经验借鉴。但在 19 世纪晚期，中国史学家已经不满足于司马迁的"个案研究法"了。[36]1902 年，梁启超撰文反对王朝的历史，而主张国族的历史，着力描述社会的转型，认为西方和日本就是通过鼓励读者认同国家和同胞公民而实现了现代化。因此，梁启超的历史观中的"国家的镜鉴"和"爱国主义的来源"为晚清的革命话语奏响了嘹亮的前奏。[37]

[35] Foucault, *Power / Knowledge*, p.86.

[36] 张光直在《考古学和中国历史学》（"Archaeology and Chinese Historiography"）中表达了对个案研究法的不满。

[37] Tang, *Global Space*, pp.62–63.

缺乏这种思想的历史著作，因间接导致政治上的停滞而受到摒弃。

在政局动荡不安的民国时期，历史佳作的本质与古代史的地位依然极为重要。一些学者希望与外国建立起种族的、语言的、宗教上的联系，以此营造一种全球互联互通的感觉。第二类学者强调固有的本土传统。第三类学者则认为，至少从现有可获取的资料来看，文字材料因为过于神化而被污染，要想研究上古史几无可能。解决之道是求助于古器物和古文字，金石学家能够演示怎样运用这类资料。但他们并未将古老的方法往前推进一步，相反，他们推荐的方法是由古器物研究者和晚清改革家提炼的，这反映出金石学的崭新生命活力。

为理解金石学何以保持活力，我们要追溯这种消遣活动在宋、元、明各朝代的源流，以及在清代的复兴，还要对语言、礼仪和视觉呈现等方面进行持续不断的探究。晚清时期，精英学者群体再度从事古器物研究，把金石学作为艺术活动的出发点，同时作为政治维新的工具。我们将会在吴大澂的个案中看到，晚清的收藏活动、视觉呈现的技术有助于为古器物研究创造新方法，这为 1899 年发现甲骨文打下必要的基础。世纪之交的甲骨文研究先驱孙诒让、罗振玉发现，他们寻找上古史与现代政治之间的相同点时，新方法极为有效。但辛亥革命之后，罗振玉的观念日趋保守。尽管他作为独立的出版家和古董商，生意做得风生水起，但在史学研究领域他已经走向边缘。这一重任留给了他的弟子王国维。在 20 世纪 20 年代，王国维将金石学与新创的学术话语融会贯通，向年轻一代史学家展示了古器物研究对史学研究如何重要。

金石学这种本土学术在 20 世纪仍能幸存，原因是虽然在文化与社会等领域里，价值观念发生了转变，但金石活动依然具有自我复原能力。金石学的实用功能并未消失殆尽，西学为其注入了新的活力。当然，这些活力跟金石本身一样分属若干层面。20 世纪金石学持续发展证明了科际整合的重要性，它汇通了传统与反传统的因素、科学与人文学科的研究方法、文本的与视觉的形态。通过将艺术研究与古物研究引入历史研究，中国学者形成了现代的混合研究形态。

第一章

金石学及其系谱

> 吾谓：欲观三代以上之道与器，九经之外，舍钟鼎之属，曷
> 由观之？
>
> ——阮元:《积古斋钟鼎彝器款识》(1883)

从清代开始，学者们坚持认为金石学肇始于北宋史家之手，他们因把碑刻铭文融入史学研究而备受赞扬，由此建立起学术上的实证传统。自诞生之日起，这项消遣就整合了许多重要学科，尤其是礼仪研究和书法艺术。实际上，大收藏家兼金石学家阮元在鉴赏碑刻书法方面开辟了一个新方向，他不仅尊崇北宋金石学家的历史研究方法，而且尊崇他们对待传统礼仪的态度。[1] 欲要全面了解近代金石学，我们需要同时思考艺术、礼仪、历史学等方面，目的在于理解纷繁复杂、变动不居、时而相互冲突的方式，这些方式是金石学家解释古代遗留下来的器物时所采用的方式。

礼制与政治

金石学产生于充满争议的年代。唐朝灭亡以后，中国陷入战乱和分裂。此时佛教风靡全国，这种发源于印度的宗教在正统的儒家看来
14 永远是外来之物。宋朝统一全国之后，儒学改革家欧阳修等人努力复

---

[1] 阮元:《商周铜器论》，第3-5页。

兴原本更为本土化的政治和学术组织，这些都未被佛教浸染过。[2]他们的研究上溯夏、商、周三代。根据欧阳修的说法，那个时代"礼乐达于天下"[3]。

宋朝复古运动的拥护者支持古体散文和重印新注的孔孟之作。尽管通过复古来澄清政治文化的理念早在晚唐时期已经流行，但到11世纪才成为思想界独特的潮流。当时的人们迫切地寻求某种方法，通过巩固传统道德准则使帝国经千秋万代而永存。为达到这一目的，他们不仅考掘经书的微言大义，而且沉浸于古人流传下来的物质文化中。[4]政治家和史学家司马光常常穿着根据《礼记》裁剪成的服饰闲庭信步，[5]即使家居服饰都依据古代的样式裁剪。宫廷礼仪中所需要的合制器具，其重要性可想而知。公元960年前后，聂崇义（活跃于10世纪）向朝廷呈送一份图谱，上面记载着乐器、服饰、祭器等国家大典中所需的器用。这些器用的尺寸都严格按照古代经书的记载，且符合皇室藏品的规格。聂呈送此书之意，是为宫廷的礼仪器具树立新的制造标准。[6]

但这些全新的仿古器具很快招致纯粹主义者的批判，他们认为唯有古代青铜器才配用作真正的礼器。但必须在准确理解器具的式样与功能之后，才有可能正确使用这些器具。[7]对欧阳修的朋友刘敞而言，这种研究使得"礼家明其制度，小学正其文字，谱牒次其世谥"[8]。宋代儒家人士相信，青铜器上的装饰图案表现出古代的伦理道德，正如书法家在搦管挥毫的书法作品中，能够表现作者的道德精神一样。[9]诚如画家李公麟所言："圣人制器尚象，载道垂戒，寓不传之妙于器

---

[2] De Pee, *Writing of Weddings*, p.44.

[3] 欧阳修：《礼乐之谛义》，第 1a 页。欧阳修对礼乐的讨论，参见 Pol, *This Culture of Ours*, pp. 195-196。也见《新唐书·志北一·礼乐一》。

[4] Bol, *This Culture of Ours*, pp.152-155.

[5] De Pee, *Writing of Weddings*, p.267, n.85.

[6] 聂崇义：《新定三礼图》，13:1a-2a；De Pee, *Writing of Weddings*, p. 69.

[7] Harrist, "Artist as Antiquarian", p. 241; Sena, *Pursuing Antiquity*, pp. 90-91.

[8] 刘敞：《先秦古器记》，第 15b 页。

[9] Ebrey, *Accumulating Culture*, p.181.

用之间，以遗后人。"[10] 三百多年后，明代一位鉴赏家总结三代的文化 15
特征在于：夏代尚忠，殷商尚质，周代尚文，无不体现于彝器纹饰之
中。[11] 通过识别青铜器的外观尺寸，根据其礼仪功能进行分类，学者
才能对彝器的物质实体表现出尊崇。

　　宋代儒学的复兴促进了之后两百年间疯狂的青铜器收藏活动。数
百种彝器出土，被金石家在朋友圈子里热烈地讨论着。李公麟的一幅
画里，众人在山间寓所围成一个半圆，旁边立着一个童子，大家都在
注视着扁平巨石上的一只铜鼎（见图 1.1）。在李公麟的另一幅画里，
铜鼎作为煮食的器皿，架在熊熊烈火上，这与纯粹主义者回归青铜器
的原初功能——如准备和提供食物等——相一致。[12]

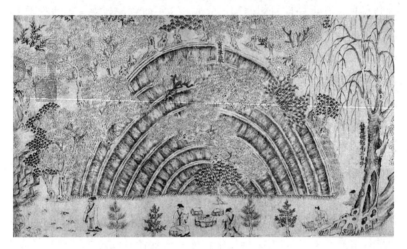

图 1.1　《龙眠山庄图》局部，李公麟绘。

　　收藏家对古代礼器方面日渐丰厚的专业知识颇为自得，他们制作
出与聂崇义的单线构图法的图谱相类似的图册。不幸的是，这些图册
大多已年久失传。只有刘敞《先秦古器记》之序言得以幸存，收入一
部 12 世纪中国图谱类的百科全书。另一个失传作品的是李公麟的《考

---

[10] 转引何芳：《清宫收藏研究》，《中华文化论坛》，2004 年第 1 期，第 97 页。

[11] Cao Zhao, *Chinese Connoisseurship*, p.10.

[12] Harrist, "Artist as Antiquarian", p. 240; Sena 在 *Pursuing Antiquity* 第 100-104 页对李公麟的
　　 画作亦有讨论。

古图》。为了使古物看上去更重要一些，李可能误判了其中某些古物的年代。[13] 第一种留存下来的图谱由吕大临所作，书名跟李公麟的作品重名，亦为《考古图》，他将两百多种彝器分类编纂，尤其强调其礼仪功能。他对青铜铭文进行了文献学方面的研究，使其内容能够跟书面资料相对照，但总体而言他并未探讨这些文字的历史、政治和哲学含义。实际上，即便是杰出的文字学家如欧阳修和刘敞在释读青铜铭文方面都极其困难。[14]

这些图谱最重要也是最重大的贡献之一，是它们呈现古器物图像的方法。由于宋版书早已遗失，我们顶多靠明刻本来进行断定，这些图谱以单线构图，主要目的是摹画出古器物的核心要素，勾勒出大体轮廓和外壁的饕餮式样。具体细节比较匮乏，遑论完全不搭配的尖顶这类明显失误，不免让人疑窦丛生。很有可能艺术家在制图时，并无机会目睹这些古董，而是仅凭记忆或者依据相关的描述来创作。[15] 另 16 一奇怪的细节是，这些青铜器在坟墓、水底或者其他高压环境中埋葬了千年之久，在其表面上竟然看不到任何铜绿、腐蚀、损坏等瑕疵。这就要考虑古物收藏的文化意图，质地纯正尤为贴切：因为彝器体现礼仪价值，其外观在各个方面都该完美无缺地绘录在册。实际上，"方册者，古人之言语;款识者，古人之面貌"[16]。换句话说，早期的青铜图谱都是虔诚的载体——用克里斯汀·德·皮的说法——让儒家学者"在己身与古人之间有直接的身体接触"[17]。

与古为徒有着重要的政治寓意。因为夏禹下令铸造有象征意义的九鼎，每鼎象征一州。通过使用古代青铜器来参与典礼，大宋皇室宣称帝国权力来自天意的授命 [18]。宋徽宗是位传奇的收藏家，搜集林林总总的艺术品和古董，曾下令去研究古代编钟的记载，重新铸造实物

---

[13] Poor, *Sung Albums*, p.11; Rudolph, "Preliminary Notes", p.171.

[14] 如刘敞不能释读他收藏的青铜器铭文达五六成，参见 De Pee, *Writing of Weddings*, p. 46. 至于欧阳修的释读困难，参见 Sena, *Pursuing Antiquity*, p. 68.

[15] Poor, "Notes on the Sung Dynasty Archaeology Catalogs", p. 33, p. 37; Shaughnessy 在 *Sources of Western Zhou History* 第 8-11 页讨论过这些画册。

[16] 郑樵:《通志·金石略》，第 1a 页。

[17] De Pee, *Writing of Weddings*, p. 48.

[18] Wu Hung, *Monumentality*, esp. pp. 17-24.

用于国家庆典。[19] 这一工程大获成功后，徽宗又下令搜集全国各地的古物真品，将其作为国家大典所用新制礼器的模具。诗人叶梦得描述过朝臣尊听皇帝敕令所引发的后果：

> 士大夫家所藏三代、秦、汉遗物，无敢隐者，悉献于上。而好事者复争寻求，不较重价，一器有值千缗者。利之所趋，人竞搜剔山泽，发掘冢墓，无所不至。往往数千载藏，一旦皆见，不可胜数矣。[20]

各地地方官员"令民有罪皆入古器自赎"，有的古器容量大到能装下六七岁的孩童。[21] 徽宗在朝廷典礼上使用真正古器物的做法，得到官员们的交口称赞，翟耆年（活跃于 1142 年前后）写道，徽宗器重古物及其用途，"他大笔一挥，就拭去汉唐士子之胡思乱量"（翟耆年《籀史》："一洗汉唐诸儒臆说之陋"）。[22] 徽宗搜集藏品达惊人的近九百件之巨，他令官员王黼编纂了一部图谱《宣和博古图》，本意不仅为载录宫中珍藏，而且为新礼器的制造统一标准。[23] 一些含有宇宙论意义的青铜物件，如镂刻着吉祥符号、八卦和神灵的铜镜，为皇帝和群臣所普遍钟爱。[24]

宋人喜欢青铜编钟、礼器、铜镜，因为它们是儒家道德准则和宇宙观的象征物，这种嗜好一直延续到清朝末年。18 世纪中期，乾隆皇帝也是一位有收藏癖好的统治者，既眷注一时风行的古玩，也收藏具有宇宙论意义的古董，他也下令为自己数量相当可观的青铜器藏品编纂了一部图谱。在这部图谱的序言里，他赞美这些古董"历世恒远，良以质坚而体厚"，可清晰见到"三代以上规模气象"[25]。乾隆还

---

[19] Ebrey, *Accumulating Culture*, pp. 159-166.
[20] 容庚：《宋代吉金书籍述评》，第 5-6 页。
[21] 容庚：《宋代吉金书籍述评》，第 5-6 页。
[22] De Pee, *Writing of Weddings*, p. 25.
[23] Ebrey, *Accumulating Culture*, pp. 166-174.
[24] Ebrey, *Accumulating Culture*, pp. 196-203.
[25] 梁诗正等编：《西清古鉴》，卷一，第 1a-1b 页。

用古代青铜器作为模具，来生产陶瓷和玉器仿品，以用于宫廷礼仪之中。[26] 即使在远离宫廷神圣祭坛的地方，古代青铜器或近代复制品等各式各样的器皿，在儒家的、佛教的、道教的仪式上持续使用，如此一直持续到 20 世纪。

图 1.2　1901 年陕西出土的一套礼器线描的木刻本插图，端方收藏。该图出自端方青铜器图谱《陶斋吉金录》（1908），图像展示了最初陈列时的配器。

古器物的礼仪价值在清代高官端方那里得以体现。端方是金石名家，认为诸家图录"皆以根据典礼流传古文，裨益经训为宗旨"[27]。1901 年，陕西发掘出一套著名的十一件彝器及青铜配器。端方攫取到手，将其作为模范放入其青铜器图谱当中。此书插图用单线勾勒，木刻印刷。端方的吉金图谱跟宋代的图谱有些相似，不过他更注意饕餮的装饰细节，显示出青铜器无与伦比的理想状态，毫无损坏或腐蚀的

---

[26] Zito, *Of Body and Brush*, pp. 160–163.
[27] 端方：《陶斋吉金录》，卷一，第 2b 页。

迹象。这组陕西出土的青铜器也是端方所拍照片里的焦点，照片摄于同僚们为他的斩获办的庆祝会。在两幅图片中，这组青铜器乃是青铜器藏品之精粹，作为考古发掘的重大发现品，其在礼仪方面的重大意义不容忽视（参见图 1.2）。[28] 这组礼器在图像中摆放，并不意味着端方真用它们来供奉典礼，只是反映出端方对彝器等礼仪器具的无尽尊崇而已。实际上，青铜器及其仿品和其他国宝一样，一直被视为祭祀用具和政治符号，它们出现在邮票上、国庆游行的花车上，象征着中华文化的源远流长。[29] 通过这种方式，流行话语继续尊崇青铜器原初的政治和礼仪价值，反映出中华民族的文化认同有着旺盛的生命力。

艺术史上的碑刻

徽宗编出古物图谱之后不过几年，宋朝就陷入金王朝的大举入侵。宫廷艺术藏品全部星散四方，其中有些后来被私家团体收购，然后转售给南宋的统治精英。事实上，这些外族征服者对收藏青铜器毫无兴趣，当然这与他们对礼仪与道德的无知有关。[30]

在金征服北宋期间，最著名的艺术品和书籍私人收藏家之一是赵明诚。他是欧阳修的私淑弟子，其夫人即天才女诗人李清照，他俩收藏了大量青铜器、绘画和碑刻。这对年轻的夫妇对古物有着共同的嗜好，尤其偏爱碑刻拓片。[31] 跟诸多金石家一样，他们偏好从碑刻上拓下来的文字（碑帖），这类文字通常特意刻在石头上，比如墓志铭和寺庙里的纪念碑。这些碑刻的目的，按韩文彬（Robert Harrist）的说法："立碑即为公众阅读"，表述了"正统的历史观、宗教教义、家谱和祖先的丰功伟业"。[32] 这种碑刻与另一主流形式的碑刻——法帖——

[28] 端方：《陶斋吉金录》，卷一，第 1b 页。Lawton, *Time of Transition*, p.22.
[29] 关于中国艺术和古董的政治功能的讨论，参见 Elliott, *Odyssey of China's Imperial Art Treasures*, 尤其是第五章和第六章。
[30] Poor, *Sung Albums*, 5n.1.
[31] 李清照：《金石录跋》，第 1a 页。
[32] Harrist, "Chinese Calligraphy", p.9.

迥然有别，后者是书法，最初书于纸张或绵帛之上。例如有宋一代，最著名的法帖碑刻是镂刻书圣王羲之的书法，作为临摹的范本。

这两种碑刻在目的与外观方面皆不相同。法帖碑刻通常用来展示草书，相比之下，碑帖碑刻通常用更正规的字体，如篆书、隶书和楷书。[33] 这类字体在形态上横平竖直，善用重笔，笔画宽度一致，字字清晰并相互分离。金石学家宝爱碑帖，部分原因是按照儒家的艺术判断标准，书法是艺术家学养、政治观念和内心世界的外在表达。他们指摘王羲之等书法大师，因为他们华而不实的书法风格显露出政治上的颓废萎靡。相比之下，楷书大家如儒家典范颜真卿运笔时"坚定、刚劲和独特"，反映出刚正不阿的道德品质。[34]

宋代士人重视书法碑刻，但通常又忽略画像石刻，宋人研究汉代武梁祠时即是如此。[35]

欧阳修在学习儒家书法楷模的过程中，曾收集到数百种碑刻拓片。这些拓片的原版图谱已经遗失，但其中四百种拓片的原图和评注得以留存，由其子刊刻发行。由此可知，在刘敞等友朋的襄助之下，他收藏过不少青铜器拓片，其中有毛伯敦（一种有盖子的古代食器）、20 石鼓文（刻在鼓形石上，描述春秋时期秦王出猎的事迹），还有秦朝度量衡的铭文。他的藏品直接从青铜器上拓下来的不足二十种，那些文字无论如何他都无法识读。[36] 藏品绝大多数是碑帖拓片，由颜真卿和其他晚近时期的儒家人物所书写。这种收藏品味促使欧阳修去批判宫廷馆阁所提倡的"王羲之体"，这同时质疑了皇帝的审美格调和政治判断力。[37] 当清代碑刻研究再度复兴之际，欧阳修的先例鼓舞后人尊崇碑刻书法，把儒家美德如道德品质、人格自律、政治忠诚等，与功德碑上最常见的书法大家的字体联系起来。

---

[33] McNair, "Engraved Calligraphy in China", p.109. 篆书的字面意思是"刻章的字体"，在清代之前，这种字体几乎全部用来刻章，由此得名。

[34] McNair, *Upright Brush*, pp.127-128. 包弼德曾注意到"在当下活动中尚友古人，用实在的、简朴的、伦理的替代文雅的、精妙的、美感的"，这并非新颖的美学判断，而是数个世纪以来由复古派学者倡议发起的。参见 Bol, *This Culture of Ours*, p.23.

[35] Wu Hung, *Wu Liang Shrine*, pp.39-40.

[36] Sena,*Pursuing Antiquity*, p.67.

[37] McNair,*Upright Brush*, p.15.

因此，欧阳修对碑刻的兴致与期望以推广某种书法风格来复兴儒学正统紧密相连。但在清代学人看来，他最不朽的贡献却是运用碑文做历史研究。在搜集拓片的那段时间里，他正积极从事几种史书编纂，其中包括撰写五代史，主持官修的《新唐书》。考虑到他精擅碑刻书法，欧阳修喜欢用碑刻作为历史资料就不足为奇了。例如他在重写唐朝历代帝王本纪时，就参考过皇子李元懿在寺庙里立的碑，碑上面刻着他十个儿子的名字。[38] 他坚信石刻碑文远比书面资料更加真实可信，所以才有意识地为子孙后代尽心保存碑文内容。[39] 相比之下，当他处理文字资料时就相对缺乏敬意。在编撰《新唐书》时，他一改原始文本里所用的华丽辞藻，使用更加平实的古代文体，且删除了那些超自然事件的记载，如伴随着唐朝开国皇帝的诞生，总有吉兆显现等内容。[40]

碑文比书面资料更加可信的理念到了宋朝更加风行。赵明诚主张："以金石刻考之，其抵牾十常三四。盖史牒出于后人之手，不能无21 失，而刻词当时所立，可信不疑。"[41] 这种方法被当成宋代史学家严密实证主义的明证，但他们很清楚并非所有碑刻文字描述都准确，或是均刻立于事件发生的同时期。实际上，有重大政治意义的文本能够制造、毁坏，或根据以前的拓片重刻，而不会败坏收藏家的兴致（尽管可能会有所影响）。[42] 由于青铜器和碑刻都是儒家文化的器物，其中蕴含的内容绝非全部据史直录，收藏家对非文字资料的尊崇就沾染了别出新意的色彩。[43] 正如李清照指出的，只有极少数士人用碑文来校正历史记载的谬误，正统金石学家只想从中体悟圣人之道。[44]

然而，欧阳修利用铭文，尤其是利用碑刻铭文作为历史资料深刻影响了后来的研究范式。在清代朴学全盛时期，他被尊为金石学科的

[38] 欧阳修：《集古录跋尾》，《欧阳修全集》，第 1156 页。
[39] 欧阳修：《集古录跋尾》，《欧阳修全集》，第 1154-1155，1167 页。
[40] Davis, "Chaste and Filial Women", p.204.
[41] 赵明诚：《金石录》，卷一，第 1a 页。
[42] Sena, *Pursuing Antiquity*, pp. 46-49.
[43] Sena, *Pursuing Antiquity*, pp. 63-75, 讨论过欧阳修利用青铜器铭文来做历史研究的观点。
[44] 李清照：《金石录跋》，第 1a 页。

开山之祖，正是因为他能够利用碑文来纠正文字记载的舛误。他的实证主义到明朝金石学家手里反而成了颇有争议的遗产，这个朝代充斥着奢华、欢娱与社会抗争的不安氛围。

明代金石学与赏玩的问题

金朝的征服不仅仅造成古董藏品的流离四散，它还标志着在整体的社会心态上，对作为儒学和历史遗产的古董渐趋冷淡。南宋精英阶层依旧尊崇彝器和碑刻，但主要为提升书法造诣。宋朝金石学著作数量锐减，如薛尚功功编纂的《历代钟鼎彝器款识法帖》有些声望，不仅显示出作者朴学和礼学上的才干，而且是研究青铜器书法形态的典范。明代收藏家再度褒扬草书范本，将其置于正书大师颜真卿等人之上。他们重视彝器，不过是关切装饰及内壁饰物的功能。13世纪的鉴赏家赵希鹄有一篇文章，清楚表达了金石学家对古器物外在式样的重视。他格外重视外在特征如色调、纹路甚至味道。他提醒收藏家说："三代古铜并无腥气，惟新出土尚带土气，久则否。若伪作者，热摩手心以擦之，铜腥触鼻可畏。"[45] 明朝初年，曹昭著《格古要论》，开篇讲青铜器章节，只关注其色调，"铜器入土千年，色纯青如翠，入水千年，色纯绿如瓜皮"[46]，他关心外观而非文字。此书还论及铜制香炉和花瓶，"古铜器入土年久，受土气深，用以养花，花色鲜明如枝头"[47]，青铜器甚至还有驱逐邪灵的功能。

明代鉴赏家品鉴铜绿、着色、气味等感官特征。与宋代相比，元、明鉴赏家将注意力集中在古物的外在特征上面。尽管吕大临图谱中收录了十四种玉器，但在朱德润之前，不曾有人专为玉器做过一部书。朱编写的《古玉图》，收录了三十九种玉器，详尽标注其尺寸、颜色和出处。周密亦在其艺术藏品图录中收录玉器。明朝时期，

[45] 转引自 Kerr, *Later Chinese Bronzes*, p. 22.

[46] Cao Zhao: *Chinese Connoisseurship*, p. 22.

[47] Ibid., pp.12–13.

曹昭、诗人杨慎和戏曲家高濂都撰文讨论过古代玉器的式样、铭文和玉石出产地域。元明时期的另一创新是篆刻兴起，最早专门研究篆刻的著作是《印史》，作者是画家和书法家赵孟頫，另有吾丘衍《学古编》。难怪元朝先锋的篆刻艺术家首先发现在软滑石上面具备刻字的可行性。[48]

与北宋金石学更加鲜明的区别是对待金石的态度，金石成为地位的象征和娱乐的对象，艺术品收藏只是一种玩乐形式。袁燮《行状》记载，袁文"颇喜古图书器玩，环列左右，前辈诸公笔墨，尤所珍爱，时时展对，想见其人"。[49] 这种寻乐态度到晚明时期达到顶峰，古玩成为鉴赏家的娱乐对象，用来装饰书房和家庙，或两者兼用。[50] 嘉靖时期士子们收藏艺术品与古董，营造私家花园，豢养歌女。[51] 几十年后，吴其贞在他的画评中说"雅俗之分，在于古玩之有无"[52]，但是他的洞见只适用于富家大族，他们通过购藏青铜器来猎取文雅之名。较为明显的是，古物并非全都比晚近的作品如书法或元代绘画等更加珍贵。[53] 实则万历年间，藏家已痴迷于当代珍品（译者注：时玩），如绘画、香炉甚至西洋舶来品。[54] 他们购置镶嵌金银的青铜器，（大概是仿古制品而非真正的古董）用作砚池、镇尺、香炉，当然还有花器。[55]

可以确定，金石学家在研究古器物时绝非最早在明朝表现出的赏玩之意。欧阳修在搜集碑刻拓片时说"足吾所好，玩而老焉可也"。他将象牙、犀牛角、金玉、珠玑等与古器物相对比，将之视作与经久

---

[48] Bai, *Fu Shan's World*，pp. 50–51.

[49] 吴功正：《明代赏玩及其文化、美学批判》，《南京大学学报》，2008 年第 3 期，第 114 页。

[50] Clunas, *Superfluous Things*, p. 100.

[51] Clunas, *Superfluous Things*, p. 107.

[52] 转引自张长虹：《明末清初江南艺术市场与艺术交易人》，《故宫博物院院刊》，2006 年第 2 期，第 24 页。

[53] Clunas, *Superfluous Things*, p. 104.

[54] 王世贞嗜好北宋艺术，批判当下转向时玩的趋向，他说："画当重宋，而三十年来忽重元人，乃至倪元镇以逮明沈周，价骤增十倍。窑器当重哥、汝，而十五年来忽重宣德，以至永乐、成化，价亦骤增十倍。"转引自沈振辉：《元明收藏学略论》，《社会科学》，1999 年第 3 期，第 68 页。

[55] Clunas, *Superfluous Things*, pp. 98–100.

不变的金石同等贵重。[56] 韩文彬亦有相关论述:"宋朝搜集古董之风盛行,某些道学家觉得有必要发出声明,他们购藏奇珍异宝并非喜好把玩、炫人耳目,而是发思古之幽情。"[57] 李公麟警示道,既然圣人制造青铜器是为了"载道垂戒",那么它们绝不能仅作为赏玩娱乐之物。[58] 吕大临更加严肃地对金石学同行提出建议:"非敢以器为玩也。观其器,诵其言,形容仿佛,以追三代之遗风,如见其人矣。"[59]

　　明代许多藏家都分外钟爱碑刻与古玩。收藏家麻三衡纂有一部古墨之书,其中记载了墨汁的发明,以及墨界古代圣贤的丰功伟绩。[60] 明朝末年,碑刻文字研究成为全新的研究兴趣,这个群体成员中有郭宗昌,他收集过华北地区的许多碑刻文字。这些明代收藏家能将碑文用于史学研究,所以受到清代金石学家的尊敬,他们的作品一再被重新刊印。

　　尽管有郭宗昌及其朋友几个例外,由于缺乏文字学上的精深研究,明代金石学还是受到全面的批判。历史学家兼金石学家钱大昕指斥道:"元明以来,学者空谈名理,不复从事训诂、制度、象数,张口24茫如。"[61] 陶宗仪《古刻丛钞》因收录不少珍稀石刻而受到颂扬,但同时又被批评未能系统解读这些碑文。[62] 1940年出版的《金石学》总结说:"递传至元,承前宋极盛之后,难乎为继,是固因风尚之不重实学,亦由金石器物之少所发见也。……大抵辗转稗贩,罕有新识,叠床架屋,徒形其赘。甚且纪载失实,真赝莫辨,但逞臆说,毫无考订。"[63] 我们可以看到,明代鉴赏家表现出来的这种感官享受一直令后世心有不安。

　　实际上在晚清以前,宋人的贡献也不太受重视。19世纪的一本金石学著作胪列了约150位清代金石学家,金元时期仅收录17人,明代

[56] 欧阳修:《集古录目序》,《欧阳修全集》,第1087页。

[57] Harrist, "Artist as Antiquarian", p. 240.

[58] 转引自 Harrist, "Artist as Antiquarian", p. 242.

[59] 吕大临:《考古图》,第8页。

[60] 麻三衡:《墨志》,第1a页。

[61] 钱大昕:《重刻孙明复小集序》,第380页。

[62] 纪昀编:《四库全书总目》,第三卷,第1734页。

[63] 朱剑心:《金石学》,第29,33页。

则有 44 位，宋代较受重视，不过收录了 60 余位。[64] 著名考古学家容庚的妹妹容媛辑过一部金石学导引，其中收录宋代金石学家与金石作品不足 30 则。[65] 刘承幹承认金石学滥觞于欧阳修和赵明诚，但又认为这门学科到清代中期才真正有所发展："乾嘉之际，学术炽昌，群彦勤于考古，研讨金石者骈出响臻，证经纠史，恢拓土宇，遂自成其为专家之业焉。"[66] 金石学形成新的谱系，朴学在其中厥功甚伟。

碑刻与汉学

暂且不谈元明金石学贡献的大小，不可否认的事实是，宋朝之后金石学研究的风气有所消退。清代金石学再度复兴，但有所转型。清代士人利用金石来缓解常见的周期性焦虑：历经千载的经书早已腐朽败坏。于是他们通过朴学研究来断定哪部分真实可信。首先考订版本，然后才能准确注疏经典，由此更加自信地发挥聪明才智。清朝人主中原以后，对经典的朴学研究远优于被视为迂腐不堪的明代理学。他们解释前代王朝的衰亡，苛责明人沉迷于玄奥的理学沉思。理学由南宋哲学家朱熹创立，因此又称为宋学。作为对理学的反动，清代学人推崇汉学，重视考证和小学研究。汉学的拥趸钱大昕及其弟子戴震尤重训诂学和音韵学，他们诠释经书与朴学研究之间的关系是："经之至者，道也。所以明道者，其词也。所以成词者，未有能外小学文字者也。"[67]

宋代金石学家不相信汉代学者，对古人缺乏足够的尊重。[68] 但清代经学家从汉代注疏里重新汲取足够的养料。如金石学家卢文弨说："汉人去古未远，其所见多古字，其习读多古音。"[69] 与之相应，汉学

---

[64] 李遇孙：《金石学录》，第 6-10 页。
[65] 容媛：《金石书录目》，第 1-24 页。
[66] 转引自陆草：《论近代文人的金石之癖》，《中州学刊》，1995 年第 1 期，第 82 页。
[67] 戴震：《古经解钩沉序》，第 146 页。
[68] De Pee, *Writing of Wedding*, p. 47.
[69] 卢文弨：《九经古义序》，第 19a-19b 页。

运动自发轫之日起，研究古代碑刻就成为其最重要的组成部分。清初最知名的金石学家大都是汉学圈子里的成员，他们围绕在顾炎武这位备受尊崇的博学之士周围。

顾炎武及其友侪猛烈批判明朝学术，精研音韵学，据以理解古人怎样正确发音，由此发掘出微言大义。[70] 他们致力于研读碑刻，解读早期经文里出现的各种字体，厘清其词源。汉学拥护者后来都注重实证，"实事求是"即含有考证话语的因素。晚清高官张之洞曾经告诫道："考据确，方知此物为何物，此事为何事，此人为何人，然后知圣贤此言是何意义。"[71] 寻求原初意义并非对经典的亵玩，而是力图维护其伦理权威，用周启荣（Chow Kai-Wing）的话说是"重申儒家伦理的核心价值观念"[72]。为了更好理解古代语言的结构与发音，顾炎武等学者希望获取更加原始的古书版本，为新时代的学术奠定理论基 26 础。顾炎武说："天之未丧斯文，必有圣人复起，举今日之音而还之淳古者。"[73]

顾炎武的密友之一是才华横溢的阎若璩，阎著有《尚书古文疏证》。在此书中，阎若璩梳理《尚书》的流传过程，汇总出商周时期的典制、王侯间的对话、卜事、王礼等版本。汉朝时出现所谓"古文尚书"，乃发现于孔庙墙壁之内，内容多出十几篇，且用古代字体书写。这个版本作为标准文本而成为权威版本。但阎研究发现，这些新出篇章并非商周时期的文字。它们其实不过是从一大堆史料中拼接而成。以汉学门派的观点来看，阎推翻千载以来的赝品，真可谓振聋发聩，因为他瓦解了明代理学的根基。[74]

顾炎武交际圈中的一些朋友对汉学的兴趣，体现在古代书法鉴赏方面。傅山专精汉代隶书，尽量在书法作品中减少字形变化，以免出

---

[70] Elman, *From Philosophy to Philology*, p. 31.

[71] 张之洞:《輶轩语》,《张之洞全集》, 第 9781 页。

[72] Chow, *Confucian Ritualism*, pp.162-163. 对经书稍欠恭敬的方法论研究，参见 Elman, "Historicization of Classical Learning"; Elamn, *From Philosophy to Philology*, pp. 76-79; Wang, "Beyond East and West", p. 499.

[73] 转引自 Elman, *From Philosophy to Philology*, p. 61.

[74] Elman, *From Philosophy to Philology*, pp. 30-31.

现时代颠倒的字体。[75] 他书法临摹的范本主要是碑刻，这对顾炎武及其友朋辈而言，同样具有重要而新颖的艺术价值。而且，作为被征服一代的前朝子遗，他们效忠清朝，但忠诚度远不如思念大明。他们常常通过远足的方式，体验金石之爱，远足志在"访碑"。像元朝末年画家王履到名山去旅行，亲眼得见其壮丽景象一样，顾炎武和友朋远行偏僻之地，寻访历史遗留的石碑，一旦发现碑文记载的是刚被颠覆的明王朝，他们就兴奋得无以名状。[76] 访碑是情感上的游历，渴望与消逝的历史重逢。他们游历至蛮荒之境，那里崎岖不平，与他们政治上的疏离情感正相契合。[77]

在寻访的各种石碑中，顾炎武最为看重的是追溯到宋元尤其是明朝等最近几个王朝的碑刻。例如顾炎武在安徽一座山上发现明代石刻后，写道：

27　　　　　右小石刻一通，在霍山中镇庙西壁上。予行天下，见洪武、永乐以来祭告岳渎之文及它碑记甚多，独未有建文年者。意其在位日浅，又或文皇御宇之日，而臣下之献谀者从而铲去之也。乃此文杂于数十百碑之中，而字画完好无缺，故亟录之。

　　　　　后之君子每痛国史不存建文一代事迹，无从考证。若使通雅之士历深山穷谷而求之，如此碑者世间或尚有一二，不止霍山庙也，不犹愈于罗永庵之诗，程济、史彬之录为伪撰而无稽者乎？因并书之，以告后人之能信古者。[78]

顾炎武强调远行到偏远地区的必要性，正如他身体力行的那样。清初学者明确唾弃明代金石学家过于舒适的出行方式，他们只会慵懒地指派仆人代为收集拓片。[79] 顾炎武的主要目标和欧阳修一样，一旦发

---

[75] Bai, *Fu Shan's World*, pp. 167-168.

[76] 王履对石刻的最初兴趣，在对碑上对大山自然风光的描述，而非碑文，参见 Liscomb, *Learning from Mount Hua*, p. 119.

[77] Bai, *Fu Shan's World*, pp. 174-178.

[78] 顾炎武:《求古录·建文碑》，第 39a-39b 页。

[79] Bai, *Fu Shan's World*, pp. 180-181.

现石碑即为子孙后代保存碑文，因为这些资料迟早有一天会被历史学家用来考证史实的真伪。因此，清初碑文研究复兴，既能作为小学研究的辅助，又是艺术鉴赏的对象，这都促进了中国历史编纂学的再生。

古器物和 18 世纪的历史编纂学

顾炎武在历史研究中重新利用碑刻文字，他呼吁保护古物，发动了一场持续两百年的新金石学运动。18 世纪有个特别著名的事件：清代官员朱筠在中世纪王朝都城遗址中发掘出了一批辽代碑刻。此前他与同僚还曾发掘出类似的未知文字的碑刻。朱筠意识到有必要在全国范围内保护这类石碑。1772 年，他出任安徽学政，向皇帝吁汇编一 28 部新的文库，以便容纳欧阳修、赵明诚、吕大临等人所编著的图谱著作。朱筠还奏议朝廷派员调查全国所有的石刻，这意味着文库应涵盖非文字史料，那些覆盖全国各个历史时期的碑刻成千上万，有史以来首次被征集在一起。[80]

可惜，全国性的碑刻目录最终未能告成。或许朝廷不愿鼓励本来在金石研究中业已存在的地方意识。[81] 但是编纂一部新的官方文库的理念在皇帝那里获得支持，不久乾隆就授权御前会议和翰林院去搜购几种庞大的图书集成等类书。令人印象最为深刻的是，规模宏大的《四库全书》工程重印了数千种书，都是各地官员搜集和藏书家捐献上来的，包括数百种宋版元椠明刻等过去一直以为早已遗失的珍本。与之相随的目录，实际容纳比《四库全书》多得多的书目，为藏书分类树立标准，沿用了近两百年。但同时也引发争议，即非文字材料到底应该怎样正确分类，这类争议最终有助于廓清金石学应该归入史部，而非归入小学类。

---

[80] 王重民编：《办理四库全书档案》，第 3b-4a 页。

[81] 各种地方文献包括地方志、碑刻等，南方官员如阮元尤其推重，他在广东粤海堂刊刻了数种地方碑刻铭文和彝器目录。对地方意识与金石学研究的讨论，参见 Miles, "Celebrating the Yan Fu Shrine."

　　既然自欧阳修开始就利用碑刻文字作为历史资料，对《四库全书》的编纂者而言，将金石学归入史部似乎不言自明。事实是，在四部（即经、史、子、集）图书分类法的归类问题上，他们亦深感困惑。正如我们所看到的，这是因为并非所有金石都用作历史研究。如果一部作品阐述文字学，对注疏经书大有裨益，编者认为应该将其归入经部。但这又给青铜器等图谱类著作定位分类带来困难——这类图谱常有碑文拓片，因此对文字学价值匮浅，但又未必属于小学研究的范畴。最终编者将金石学作品分归三个不同的门类：欧阳修等人的著作注重碑文，对历史研究价值甚高，所以归入史部；图谱类著作本身根据器物外在形式编著，蕴含着礼仪功能，所以就归入子部，属于哲学门类；最后，文字学方面的作品归入小学，是经学下面的分支之一。[82]

29　　但有些学者并不认可这种分类方法。钱大昕为 18 世纪的学者代言，他们认为碑文对所属时代最有价值，所以应当用作历史研究的工具。他与赵明诚持有同样的看法："竹帛之文，久而易坏，手抄板刻，辗转失真。独金石铭勒，出于千百载以前，犹见古人真面目。其文其事，信而有征。"[83]

　　王晴佳（Edward Wang）的研究表明，18 世纪的金石学家并非全都如此，他们为尊重史实而挑战历史学家的成见，当然信服看似迥然有别的史实。[84] 碑刻仍然是运用最为广泛的非文字资料，但现在边疆地区新发掘的碑刻文字异军突起。譬如钱大昕曾竭力抢救郭宗昌的碑文研究成果，钱参考了敦煌碑文里的文字信息，校正郭书中汉朝击溃呼衍部落（当时北方最大的边疆游牧的匈奴部落联盟之一）的记载。[85] 此外，他还引用碑文去考证元代航海家杨枢的西方航行记，这比著名的明代郑和下西洋还早一百多年。[86] 朱筠的朋友王昶通过

---

[82] 姚名达：《中国目录学史》，第 359 页。清代金石学还有另外一个学派，以哲学家黄宗羲为代表人物，主要用铭文来作为文学创作的修辞范文，但这类作品大都不被认为是金石学研究。参见梁启超：《清代学术概论》，第 32 页。

[83] 钱大昕：《关中金石记序》，第 367 页。

[84] Wang, "Beyond East and West," p. 495.

[85] 钱大昕：《潜研堂金石文跋尾》，卷一，第 8a-9a 页。

[86] 钱大昕：《诸史拾遗》，第 207 页。

宋、辽、金石刻，校勘元朝时期蒙古族史学家脱脱主持编纂的各部王朝史。[87]

这些研究偏离了先前金石学的轨道，因为他们既看重征服王朝遗留的碑文，又看重佛教寺庙遗址留下的碑刻。那个时代与外国包括西方列强（尤其是对清代边疆地区施加巨大压力的俄国）的联系日益密切，所以征服王朝与边境问题显得尤为突出。作为杰出的数学家和天文学家，钱大昕撰写过许多文章，讨论西方带来的挑战，表示支持"西学中源论"，认为欧洲科学起源于古代中国改革家早已熟知的原理。[88] 他还学习过蒙古语并成为元史专家。[89] 面对西方强敌，中央权威衰落到前所未有的程度，钱大昕及其同代人明确表达出在西方入侵和文化渗透的影响之下，坚信历史遗产的优越性，重要的是用史学研究为维护民族团结提供保障。再如龚自珍写过数篇有关蒙传佛教、小学、地理等方面的文章，警告"灭人之国，必先去其史"。因此历史学家对国家的作用至为重要，他警示道："史存而周存，史亡而周亡。"[90]

重视征服民族与边疆问题，意味着佛教遗址的碑文和非汉族王朝的石刻都被当作金石学资料，实乃有史以来之第一次。这一创新给这门学科带来新活力，尤其对那些着迷于非正统字体的艺术家而言更是如此。金石学家不只被正统的石刻碑文所吸引，也会在中国美学和文献传统的大传统里运用不常见的碑文，这体现出一种崭新的全球意识。

碑刻书法的新视野

傅山的个案说明，艺术活动和鉴赏家的作用在清代金石学的复兴中起到关键作用。乾隆决定刊印其画册和古董藏品图谱之后，一大批

---

[87] 王昶:《金石萃编》，卷一，第 1a 页。

[88] Chu, "Grand Tradition," p. 200, pp. 206–207.

[89] 杜维运:《清代史学与史家》，第 300 页。Wang, "Beyond East and West," p. 510.

[90] 龚自珍:《古史钩沉论二》，第 21–22 页。

清代高官步其后尘，如书法家兼诗人梁诗正（后来他又主编了官方的古器物图录）也刻印个人收藏的书法和绘画图录，其中有书法大师的法帖。司空见惯的是，在18世纪汉学如火如荼之际，众多士子效法傅山，尤为推重汉代碑刻文字。如下级官员、杰出的艺术家黄易，在识读出汉代碑文后大为兴奋，即使并无其他佐证来证明其内容归属。[91]

　　黄易的忘年交和赞助人阮元同样尊崇汉代碑文，声称碑文上的每个字都价值千金。[92]在阮元的倡导下，19世纪流行的金石书法风尚，转向了北魏前后的碑刻书法，那个时代亦由异族统治中原。千百年来，魏碑书法被视为粗野、不入流，北魏时期制造了大量碑刻，那时
31 华北地区由拓跋民族统治，这些碑刻只被欧阳修极为勉强地接受。他承认魏碑书法通常运笔娴熟，却抱怨北魏书法家太过粗俗，把野蛮人的无知注入书学之中。魏碑上有太多佛教词语，所以这种书体不宜作为临摹的范本。[93]欧阳修的书里收录过几种魏碑文字，但明刻本大都将其删除（其他异族政权下的拓本也一并被剔除）。[94]

　　由于跟洋人的接触日益频繁，以及对边疆史地的兴趣渐浓，金石学家不由重新思考异族统治时期的书法艺术。1629年，在北魏首都洛阳附近的龙门石窟里，鉴赏家发现了一块无比完美的石刻。渐渐地，金石家的品味转为欣赏华人德所谓的"僵硬"又"单调"的北魏书法形态，开始揄扬其"无拘无束的表达"和"内在的自由感"。[95]王昶甚至在临摹王羲之的法帖时，吐露出"憎恶"之感。[96]相应地，他和钱大昕在所编图谱中收录了数十种北魏碑刻。龚自珍称汉代到隋朝之间（包括北魏等几个异族王朝）的石刻"精致而丰厚"，还专门刻制了一枚印章以显示他的偏好。[97]

　　阮元是北魏书法艺术最坚定的支持者之一。在两篇有关书法地域

[91] Hsu, "Huang Yi's *Fangbei* Painting," p. 245.

[92] Hsu, "Huang Yi's *Fangbei* Painting," p. 243.

[93] McNair, "Engraved Calligraphy," p. 111.

[94] McNair, "Engraved Calligraphy," p. 112.

[95] Hua, "History and Revival," p. 117.

[96] 王昶：《金石萃编》，卷一，第1a页。

[97] 龚自珍：《语录》，第437页。

特征的文章里，他倡议把魏碑作为历史研究和美学欣赏的对象。他说："古石刻纪帝王功德，或为卿史铭德位，以佐史学。"他同时称许魏碑文字的"朗然、平实"，多半为敬献佛教而虔诚勒石。最为鲜明的是，他认为北魏书法像儒家碑文一样，蕴含着同样的美学和历史价值。[98] 阮元还是研究石刻画像的先行者，在好友黄易发现了武梁祠画像以后，他就精心做过研究。[99]

阮元同代人并非全都欢迎碑刻书法的复兴，或者都认为此物对历史研究有所助益。儒家礼仪的拥趸凌廷堪极为警惕这种新涌现的把魏碑作为书法范本的风气。他提醒说，如果金石学家真想师法欧阳修、赵明诚、薛尚功的话，那就必须利用碑文来研究和解释古物，而非仅仅"宝其字画之工整也"[100]。黄易的朋友翁方纲也提醒说，魏碑书法模糊了此物对历史研究的重点所在。他自言不敢"仅言鉴赏似游客之所为，故于碑帖先求其与史传之合否"[101]。钱大昕认为，一直存在两种类型的文物家：一类是考稽史传事迹之异同，一类是研讨书法辨源流之升降。[102] 言外之意是，只有前者才算真正的学者。

这种对艺术和历史之间交互作用的焦虑，敦促金石学家警告同侪：在研讨碑文时勿要轻下论断，也勿要因对碑刻拓片的审美爱好而妨碍对其真伪的判断。著名藏书家缪荃孙之友来函云：

> 世之言金石者，喜求宋拓，宋拓诚足宝贵，何可多得，得之而藏之秘之，其去玩物者几希。次则讲求文法笔意，皆未可与言金石之学焉。[103]

1907年，刘师培依然对人们太过注重书法而降低了金石学的功用有所顾虑。尽管他承认清代中期小学研究成就非凡："兼考书法之

[98] 阮元:《南北书派论》，第39页。
[99] Wu Hung, *Wu Liang Shrine*, pp. 42-44.
[100] 凌廷堪:《答牛次原孝廉书》，第196页。
[101] 翁方纲:《考订论上之三》，第304页。
[102] 钱大昕:《郭允伯金石史序》，第366页。
[103] 顾廷龙编:《艺风堂友朋书札》，第一卷，第1页。

变迁，则又与考古之中，兼寓赏鉴之意，可谓征实之学矣。"[104] 王国维批评这种观点，认为这会刺激端方等藏家盲目尊崇书法而收集假古董。[105] 换句话说，现代研究者依旧在争论：金石学对艺术、历史、朴学、政治之意义何在？ 19 世纪晚期的维新派充分利用了金石学的多重方法，来实现其消遣功能，并表达了他们的政治诉求。

---

[104] 刘师培:《论考古学莫备于金石》，第 464 页。
[105] 王国维:《国朝金文著录表序》，第 311 页。

第二章

维新时期的金石学

> 方光绪初元，京师士夫以文史、书画、金石、古器相尚竞，扬摧翁大兴、阮仪征之余绪。当时以潘文勤公、翁常熟为一代龙门，而以盛、王二君为之厨。
>
> ——震钧:《天咫偶闻》(1907)

19世纪金石学进入迅猛发展时期，到清王朝灭亡，共有九百多部著作问世。[1] 这种迸发的热情被政治维新派康有为生动记录了下来:

> 乾嘉之后，小学最盛。谈者莫不借金石以为考经、证史之资。专门搜辑、著述之人既多，出土之碑亦盛，于是山岩屋壁、荒野穷郊，或拾从耕夫之锄，或搜自官厨之石，洗濯而发其光采，摹拓以广其流传。[2]

因为金石是18世纪汉学方法论上的凭证，清末汉学已饱受攻击，所以金石学的复兴就有些费解了。章学诚早年曾经批评当时学界"四方才略之士挟策来京师者，莫不斐然有天禄、石渠，勾坟抉索之思，而投卷于公卿间者，多易其诗赋举子艺业，而为名物考订与夫声音文

---

[1] 容媛:《金石书录目》，第1-24页。
[2] 康有为:《广艺舟双楫》，第201-202页。

字之标，盖骎骎乎移风俗矣。"[3] 在迎接全球化的挑战时，朴学被认为过于佶屈聱牙。经世学派强调有必要进行河道疏浚和制图等方面的技术训练，此举被看作是应对全新的政治、军事挑战时更加务实的方法。[4] 例如，魏源为了找到证据驳斥中国的自然资源不如西方列强丰富，深入研究中国周边及其他国家的地理知识，探求其社会风俗、技术和经济制度。[5] 还有一些学者提出内部革新，影响较著的有冯桂芬，他著书提出开设技术导向的学校课程，使用外语教学。[6] 实则到 19 世纪最后几十年，几乎每个知识分子都已变成某种类型的改革者，有的主张全盘接受西方的技术和政治制度，有的像欧阳修那样主张回归古代儒家仁政，以达到国家富强之目的。

尽管金石学运用了汉学的方法论，但研究者们仍正处于改革的风口浪尖，耿直的儒家士子并未对当前时局视若无睹，如书法家张裕钊在劝解吴大澂时就是如此。[7] 晚清金石学家的政治抉择已被其独特的生命体验所决定，他们可谓悲剧的一代，大都目睹过太平天国运动，战乱将帝国核心地带的数百座城池夷为平地。张之洞在击溃太平军时，拯救过孙诒让的父亲和唯一的兄弟。他们共同的朋友画家赵之谦的妻子和女儿在太平军攻陷杭州时殉难，赵含恨将她们埋葬。[8] 他们在悲惨的动荡中苟全性命，愈加尊敬清代中叶汉学在学术上的成功，但对金石学的亲昵不免跟向往更加稳定繁荣的年代联系在一起。他们也声援更加务实的经世学派，探究边境地区和外国事务，竭力追求学术研究的社会效应。金石学能够满足他们学术上的求知欲和大同主义的世界观，恰恰因为其有助于实现他们改造中国政治、社会和文化的愿望。

35

---

[3] Nivison, *The Life and Thought of Chang Hsüeh-ch'eng*, p. 51.

[4] 艾尔曼认为，早在 19 世纪之前已有对经世致用的关切，但在 19 世纪头几十年，经世派才赢得大多数人的支持，这既是对考证学的反动，又是对中国军事、政治孱弱的挽救尝试。关于经世派与维新、考证之间关系的讨论，参见 Elman, *Classicism*, pp. 76-78, pp. 298-300；Cheng, "Nationalism"，p. 62.

[5] Polachek, *Inner Opium War*, pp. 195-200; Millward, "Coming Onto the Map"，pp. 85-86.

[6] 冯桂芬：《改科举议》，第 37-39 页；Elamn, *Civil Examinations*, pp. 578-580.

[7] 张裕钊：《赠吴清卿庶常序》，第 7a 页。

[8] Hummel, *Eminent Chinese*, vol. 2, p.677; Brown, "Thunderous Events"，p. 30.

古物研究与清代的社交网络

金石学的复兴并非凭空发生，它由京师两个位高权重的命官潘祖荫和翁同龢通过几代人的社交网络搭建起来的。他们是成熟的政治家，在金石学和宫廷政治等各个层面广纳门徒。在他们培植的数十位门生中，不少人后来出任过政府高官。另有一些门生没有在政治生涯中平步青云，但也成为满腹经纶的学者。

像京城其他社交网络一样，他们的小圈子通过雅集交织在一起。[9] 潘祖荫的雅集充满轻松愉快的氛围，如民国时期的回忆录里描述道：

> 光绪时，某科春闱后，张香涛与潘伯寅大集公卿名士，宴于陶然亭。先旬日发柬，经学者、小学者、金石学者、舆地学者、历算学者、骈散文者、诗词者各为一单。州分部居，不相混杂。至期来者百余人。两公纡尊延接。是日天朗气清，无不兴高采烈，飞辨玄黄，或评书论画，或对弈联吟，余兴未尽。[10]

这种雅集曾在晚清小说《孽海花》里描述过，主要是向社会上层流动的场合。[11] 但潘祖荫的门生却铭记着活动中的学术价值。来宾赏鉴古物和拓片，辨识难认的古字，吟诗作赋，最后潘祖荫拟定出拓片、砚石、钱币等方面的题目。[12]

这类雅集吸引了不少名人，有张之洞的妻兄王懿荣、同僚吴大澂、画家赵之谦、政敌李慈铭，还有早慧天才孙诒让——二十五岁就撰成一部古文字学研究著作《古籀拾遗》（1873 年），此书校正了薛尚功、阮元等古文字家的许多谬误。参加雅集者还有：杨守敬，最早以

---

[9] 端方是袁世凯组织的相似社交网络成员，在 19 世纪 90 年代常常参加雅集，吟诗作赋，当然要比潘祖荫和翁同龢的网络小一些，他们都有着相同的金石癖好，参见浅原達郎：《端方传（二）》，第 58-59 页。

[10] 易宗夔：《新世说·纰漏》，第 20a 页。

[11] 曾朴：《孽海花》，第 118 页。

[12] 孙诒让：《古籀余论后序》，第 2a 页。

36 通晓地理学而扬名；王闿运是经学家、诗人，曾入改革派官员曾国藩幕府；缪荃孙后来成为江南图书馆的首任总办，该馆 1907 年由端方创办，端方是另一个雅集圈里的成员。[13]

不论是否有智识上的创造，还是仅为投机者出没的场所，这种奢侈的雅集给年轻士子带来心理上的诱惑，催生出沉迷金石的风气。震钧（满族人）和叶昌炽（冯桂芬和潘祖荫的苏州门生）等作家注意到，京师的莘莘学子都着力效仿欧阳修和赵明诚，换句话说，他们都想成为金石学家。[14] 他们盘桓在潘祖荫位于米市胡同（位于琉璃厂附近，是京城的古玩之地）的府邸，祈求能够入室拜师。[15] 在《孽海花》里，潘祖荫的书房摆满无数青铜器等奇珍异宝，为交流铭文、瓦当、砚台、钱币和玺印营造出惬意舒适的环境。雅集追赶着最新潮流，诗人们的对联都悬挂在墙壁之上。[16]

不难理解潘祖荫作为发起人的巨大号召力。他的曾祖父是大学士，父亲是京城颇有权势的官员，许多亲戚在官僚体制中厕身高位。他学富五车，踌躇满志，年方二十六岁就出任殿试官。在长期官宦生涯中，他担任过实录馆纂修、大理寺少卿、兵部尚书等职。他最早闻名天下是在镇压太平军时，力挺曾国藩的战略战术。或许是巧合，曾国藩的三弟曾国荃正是潘的知交，同是金石学家。[17] 翁同龢的父亲是帝师，翁同龢本人 1856 年高中状元，随后成为同治和光绪两位皇帝的师傅，在四十年时间里他都居于宫廷政治的核心位置。1898 年，他向光绪皇帝推举康有为，劝其聆听和接受南方士子广泛散布的政治维新计划。一直到 19 世纪结束，两人在京师政坛构建了无比强大的联盟，在财富、权力关系和社会影响上无与伦比。

他们联络的纽带是通过金石这一共同爱好维系的。两人都来自苏州府，此地素以浓郁的文化氛围知名。他们 1856 年出任陕甘乡试考 37

---

[13] 被邀请参加雅集的名单，见张之洞致潘祖荫的信，见《张之洞全集》，第 10103-10104 页。

[14] 叶昌炽：《语石》，第 36 页。

[15] 震钧：《天咫偶闻》，第 483 页。

[16] 曾朴：《孽海花》，第 118 页。

[17] 支伟成：《清代朴学大师列传》，第 345-346 页。Polachek, "Gentry Hegemony", p. 238. 曾国荃的金石活动，参见潘祖荫：《秦輶日记》，第 42-43 页。

官，于是结伴同行，这种行旅为众多访碑人士提供了到荒僻寺庙的机会。在淫雨霏霏的日子里，他们栖宿客栈，饮酒作诗，感慨旅行经过的千年古镇，相互赞叹对方的古文字学知识。[18]潘祖荫日记里还记录了从数百年前的碑刻上制作拓片的过程。[19]

他们的雅集小圈子十年之后不再是新生事物，这是含有某种政治意图的智识网络，数百年来一直是京师生活的显著特征。[20]尽管是为了文学艺术而相聚，这些小圈子通常要弱于正统的师生关系——在儒家文化背景里师生关系牢不可破。[21]在很多方面，19世纪的社交网络新奇、独特而又正统。在高官之间加强联络的时代，他们产生的最大影响是接受了新理念：只有通过自治，才能更好解决中国的政治、经济问题。正如张之洞等19世纪的改革家所提的口号：中国不缺自然资源，而是缺才能之人。（"中国不贫于财，而贫于人才。"）[22]晚清雅集的目的是在经学、朴学、艺术活动等方面对年轻人进行指导，帮助他们出任官职。

这种形式的教养无比重要，因为按当时的教育体制，学子登上科举顶峰，却与现实存在巨大的鸿沟。在通过县试和乡试之后，年青学子通常麇集京师，参加全国范围内的进士考试。他们金榜题名之后才能出任高级行政职务，但从寒窗苦读到蟾宫折桂所需数年，有时甚至数十年。这段时间里，举子们需要接受更高水平的训练，这是在故乡无法获取的教育资源。正如张之洞劝诫他们说：

> 伏处乡僻，不见胜己，不惟无师，抑且无书，见闻何由广博，志气何由激发？古人千里负笈，岂得畏难辞劳？若守一先生之言，必致俗陋相承，愈传愈谬。名师固难，益友不少，果能虚 38

---

[18] 翁同龢：《题潘伯寅藏瘗鹤铭精拓本》，第14a页；潘祖荫：《秦辅日记》，第71页。

[19] 潘祖荫：《秦辅日记》，第16-17页。

[20] Guy, *Emperor's Four Treasuries*, p.39.

[21] Polachek, *Inner Opium War*, p.26.

[22] 张之洞：《张文襄公治鄂记》，《张之洞全集》，第18页。可以肯定的是，善人对政府管理的重要性要大于善法的理念，见于《荀子·君道》，第209页"得其人则存，失其人则亡"。

心，广益友即师也。[23]

张之洞的劝诫实际就是金石学家社交网络的信条：朋友与恩师位高权重、慷慨大方、家藏丰富，对于在学业和政坛上有所建树至关重要。张之洞与翁同龢关系密切，部分原因是他与翁家世侄翁曾源私交甚厚，两人都以书痴闻名，"常读书至眼花力竭"（"每观书则睡眼蒙眬，或两三时，或一昼夜。"）[24]通过参加这类社交网络，士子不仅能够顺利完成举业，而且能够接触到最新的艺术动向，寻找到工作机会，锻炼年轻人的政治敏感度。

潘祖荫及其门生的政治定位是与清议派结盟，即为政治评论家，他们怀抱文人之见和抗谏之风，大都是中下级官吏，通过抨击国家的政策失误来扬名立万。清议派官员的特征是为官清廉、官运不佳，自视为儒家仁政的基石，勇于挑战腐败与无能。19世纪80年代以后，他们当中不少人加入清流派，通常被视为保守、好斗和排外。[25]举个例子来说，他们鄙夷李鸿章妄图用国际法来跟西方列强讨价还价。[26]当然潘祖荫的门生联盟并非单边行为，他们的议程并非全都反动。19世纪70年代初，吴大澂与潘祖荫圈子关系最紧密之时，在金石学家莫友芝引荐之下，吴进入李鸿章的幕府工作。[27]而且直到19世纪末，清流派成为维新的通道，其成员协助光绪皇帝努力实现政府的近代化。在此之前，这一流派的官员被贴上了爱国、保守的政治标签，他们实际上更希望改良国家的基本制度。[28]

吴大澂是年轻金石学家的模范，他曾受到清议派言论的启发，我们有必要进一步考察此人。1863年，他还是未曾入仕的布衣，就直接向皇帝请愿（这一举动相当危险），要求翰林院入职考试必须保留诗赋内容——翰林院是贯彻朝廷文化政策的机构，五年以后吴到此任

---

[23] 张之洞：《輶轩语》，《张之洞全集》，第9773页。

[24] 易宗夔：《新世说·容止》，第32a-32b页。

[25] Ayers, *Chang Chih-tung*, pp. 65-66.

[26] Eastman, "Ch'ing-I and Chinese Policy Formation", p. 599.

[27] 顾廷龙：《吴愙斋先生年谱》，第30，39，45页。

[28] Zarrow, *China in War and Revolution*, p.22; Rankin, "'Public Opinion' and Political Power", p.456.

职。（吴大澂的鲁莽行为在二十五年时间里从未有人重蹈，此后才有　39
康有为以布衣身份向光绪皇帝请求变法维新。）他的请愿书开篇是训
练才能之人，这对管理社会和遏制腐败具有深远意义。接下来，他专
章上奏支持翰林学士在查核四川学生时，考察其西学知识与科目如兵
器和财政。[29] 这篇请愿书内容非常广泛，不少主题都能在冯桂芬的书
中找到，包括大力消除腐败、减少民众贫困和提高官吏士气等。[30] 有
材料证明，张之洞曾读过冯桂芬 1860 年在上海写的那些文章，而吴大
澂请愿书的内容表明，他可能也深受这位著名改革家的影响。

　　见怪不怪的是，社交网络的政治功能是，为年轻士子提供了在政
府系统中建立关系网及晋升的机会，他们舍此并无他法。这种联络常
给他们提供强大的资金支持。1868 年吴大澂以探花高中进士，进入威
望甚高但薪水微薄的翰林院供职。几年之后，潘祖荫委托他为其礼器
图谱画像，赵之谦负责临摹篆书铭文，王懿荣负责誊抄正书碑文，张
之洞则负责总体的文字疏通，这类工作帮助年轻门生增加他们微薄收
入。[31]19 世纪 80 年代，叶昌炽协助潘祖荫完结几项工作，包括为其
藏书编目。李慈铭相当大的一部分收入来自老师，1883 年受到潘祖荫、
翁同龢及其他师友的馈赠（或许以他的绘画作为交换），所得数额是
其任政府官员年薪的数倍。[32]

　　有些门生家境富裕，具备很好的人脉关系，有时甚至超过他们的
恩师。盛昱出身爱新觉罗家族，是王朝缔造者的后裔；他的母亲那逊
兰保（蒙古族）是有名的诗人。[33] 他们并不喜好金石，家境富裕且身
为皇亲国戚的他们对金石的热心只是表面应付。沈垚将金石学家置于
知识界的最下等，因为这些富家子弟徒然收集古玩，如秦权、汉瓦、　40
晋甓、唐碑，他指责说这批人"自谓考据金石，心极贪鄙"，认为彼
辈研究金石，不过是因为无需挣钱谋生。[34]

[29] 顾廷龙：《吴愙斋先生年谱》，第 14-21 页。

[30] Elman, *Civil Examinations*, pp. 578-579.

[31] 潘祖荫：《攀古楼彝器款识》，第 2 页。

[32] 张德昌：《清季一个京官的生活》，第 94 页。

[33] 高兴璠：《爱新觉罗·盛昱》，《满族研究》，1995 年第 4 期，第 37 页。

[34] 沈垚：《与张秋水》，第 23a-23b 页。

加入潘祖荫的社交网络能够带来事业、经济和社会利益，就不难理解有那么多年轻士子趋之若鹜，或者削尖脑袋攀附了。吴大澂一直到去世，都与早年的老师保持着密切联络；甲午战争期间，他驻防前线，几乎每天都给翁同龢写信，向这位帝师报告其他统领的意见。[35] 吴的女儿嫁给袁世凯之子，袁在后来的辛亥革命之后成为中华民国总统；他的孙子吴湖帆迎娶了潘祖荫有才华的侄女潘静淑。他还与张之洞保持友好的交情，在接下来的十多年里，张之洞成为清朝最有权势的官僚之一。他们创办过好几处现代学堂，联手贯彻清流派的主张——尽管是强硬的，但又是近代化的——同时他们保持着朋友间的金石雅好。比如为庆祝张之洞六十大寿，吴大澂恭送了丰厚的礼品，包括数十件青铜器、砚台、玺印等古玩。[36] 为效法潘祖荫鼓励年青金石学家加官进爵，张之洞也培养了罗振玉等青年学子，罗在维新时期加入他主掌的学部。

吴大澂成为著名的书法家和画家的赞助人，可谓至死不渝。1895年，他参加苏州国画家顾麟士发起的怡园画社，旨在倡导文人画风格。他们雅集的特征是勉励有天分的画家如吴昌硕，吴昌硕曾做过吴大澂的幕僚，后来又成为罗振玉和官员兼小说家刘鹗的朋友，刘鹗是收藏甲骨文之第一人。[37] 大量相互重叠的金石网络到 20 世纪依旧非常发达，这既延续了金石领域的方法论，又滋养出金石派书法及相关艺术形式。

金石画派

潘祖荫、翁同龢及其门生都身兼艺术家、收藏家和学者的身份，他们创立了现代称为"金石画派"的书画艺术流派。这种画派艺术风 41
格多变，带有实验运动的性质，用沈揆一先生的定义是："故作天真，

---

[35]《吴大澂致翁同龢》，第 5-6 页。

[36] 顾廷龙：《吴愙斋先生年谱》，第 253 页。

[37] Shen, "Traditional Painting"；p.84, Andrews, "Traditionalist Response", pp.80-82.

略显笨拙风格，源头最终追溯到晚清出土的汉魏碑刻书法。"[38] 这种艺术有助于阐明晚清金石学与此前金石传统以及 18 世纪的朴学之间的分歧所在。如同汉学一样，这门艺术的风行标志着学者自信心的提升，使清流更加热衷参与政治运动。要理解其原因，我们不妨将金石画派与德川晚期、明治时期日本同行创建的诗社进行比较，后者强化了成员的国家的认同感。[39] 与日本同行相似，晚清艺术家利用书法和绘画来影响公共舆论。

潘祖荫和翁同龢都出身于显赫的书画收藏之家。翁家大规模的收藏始于翁同龢之父翁心存，完整地传承了四代人，其中不少作品属金石画派。[40] 潘祖荫的伯父潘曾莹是知名的金石派画家，如其将一米多长的手卷《河朔访碑图》献给朋友、同为金石学家的沈涛，由著名金石僧六舟（姚达受）题诗。[41] 但此画的金石性质已超越主体与客体的问题，其运笔与构图避开中国山水画的典型技法，擅长用单线勾勒多层次的远景。不用复杂的色彩分层，用笔锋着墨，疏简轻逸，形式突兀，仿古文字的典雅而瘦削。[42] 在绘制花卉和石头时，吴昌硕等艺术家也曾尝试运用碑刻艺术。[43]

在书法艺术上，19 世纪的艺术家都是阮元的拥趸，不遗余力地鼓吹以龙门石窟为代表的遒劲有力的北魏书法之优美。包世臣在《艺舟双楫》里颂扬这种书法线条结构疏朗、严谨、字体严密。他还详细解释怎样在其他介质上取得同样的效果，鼓励学者们在各种非正式场合里使用篆书、隶书，运用于信函、对联等，而通常认为用草书等晚近一些的字体更为恰切。[44]

42　　尽管包世臣的倡导使艺术家们更愿意临摹碑刻，但并非所有金石学家都采用这种临摹方法。他们注意到更早时期金石书法家金农，他

---

[38] Shen, "Traditional Painting", p. 80.

[39] 对这类组织的政治意义的探讨，参见池田英子, *Bond of Civility*.

[40] Sheng, "Through Six Generations"; Bai, "From Composite Rubbing", pp.52-53.

[41] 蔡星仪:《道咸"金石学"与绘画》,《美术研究》, 2008 年第 2 期, 第 41 页。

[42] Little, *New Songs*, pp.106-107.

[43] Shen, *Wu Changshi and the Shanghai Art World*, p.172.

[44] 包世臣对阮元文章的技法探讨，参见 Bai, "Chinese Calligraphy", p.74.

创造的字体样式有碑版痕迹，这种碑版来自藏族佛经文字，或者清朝石碑和在官衙前悬挂的牌匾上的满文。[45]整个19世纪，一直存在类似的尝试，尽力融合各种艺术形式，同时保留古色古香的韵味。[46]何绍基年轻时曾临摹草书法帖，但在接触到阮元和包世臣的书后，便偏好金石书法。他后来成为草体篆书的先驱，这种篆书用笔尖把各字连接起来，其草书写法需要持久努力才能获得怀旧的效果。[47]他写道："每一临写，必回腕高悬，通身力到，方能成字，约不及半，汗浃衣襦矣。"[48]其他艺术家如赵之谦受碑刻书法的吸引，是由于其非正统的文字。他著有玩笑式的《六朝别字记》，排斥傅山那种一丝不苟的书法艺术，而在两百年以前出于朴学的严谨性，人们一般都回避荒诞不经的字体。

一些研究铭文的金石学家的态度已经远离了实验性质，走向神秘主义的边缘。例如陈介祺所言："心不能自有所得"，"古文字之好，有时亦不免近于弛放"[49]。书法家都已熟知，临摹古人书法需要情感和精神上的专注，这与手指的技巧同等重要，陈写道："刻书固是极劳心力之事，刻古人书尤甚。"[50]古文字看似笨拙，但其精神或者说"气"极为独特而无法模仿，所以通过研究古代碑刻拓片就可能辨别出伪造的古物。[51]而且，碑文的视觉特征能够帮助学人更好地理解其内容，最终还需要洞察力来分析其书法。张之洞建议"因书法而考碑版，由碑版而通小学、考史事，韩昌黎（唐代著名文学家，原注）所谓'因文见道'，正此意也"[52]。实际上"见道"的观念并非全为比喻。金石学43家认为在抄录古代文本时，不假思索的看要优于琅琅诵读，当他们见

[45] Hay, "Culture, Ethnicity, and Empire", pp. 204-205.
[46] Ledderose, "Calligraphy at the Close of China's Empire", p.191, 讨论了怪异的金石派书法家伊秉绶的个案。
[47] Little, *New Songs*, p.118.
[48] 转引自 Liu, "Calligraphic Couplets", p.370.
[49] 吴民贵:《晚清人物与金石书画》，第 48 页。
[50] 陈介祺:《陈簠斋丈笔记:附手札》，第 4b 页。
[51] 参见陈介祺 1874 年致王懿荣的信，载张光远:《西周重器毛公鼎》，《故宫季刊》1972 年第 2 期，第 55 页。吴民贵讨论过陈介祺自信能够品味铭文中的"气"，见《晚清人物与金石书画》，第 48, 51 页。
[52] 张之洞:《輶轩语》，《张之洞全集》，第 9811 页。

到新发掘的古物时，总会赞扬"古往今来，从未见过"。在这方面，金石学话语依然援引宋代的理念，即视觉本身传达出更多哲学涵义，这才有可能与古物内涵建立起更直接的联系。

但与宋代金石学相比，金石画派成员更热衷青铜器铭文，也能更娴熟地解读其文字。前辈学者太过关注碑刻，但陈介祺怀抱满腔的热忱，写道："吉金虽古文字之一种，而真切莫过于是，何能不深系学者之心？"[53] 他与朋友们逐字抄录青铜铭文的内容，把这种字体运用到对联创作、画幅题款上面。为了深切表达"金石精神"，他们甚至在最私密的文字中都运用金石书法。[54] 如吴大澂用金文写信给朋友，信笺上都装饰着鼎等古玩的图像。潘祖荫收到很多封这种来信，不足半年就装满四大盒子。他起初还嗤笑他这个门生把金文用到私人信函上面，因为看起来过于拘谨。但经过深思熟虑后，他改变了看法，夸赞吴大澂的书法"精妙无比"，鼓励他在来信中继续使用金文。[55]

尽管限于同僚之间有限的流转，这类绘画、书法、信函、对联是19世纪学者的政治角色极其重要的表征。青铜器等古董是政治符号，通过借用其字体形态，学者将个人理念和社交网络融合在一起，建立起一种意识形态上的认同感。所以不难解释，支持维新者大都支持金石画派，当然，他们各自特定的政见并非像人们预期的那样，如在金石学等方面那样总能步调一致。

金石学与晚清教育改革

在19世纪金石学家支持的改革计划中，教育体制的近代化迫在44　眉睫。吴大澂和张之洞受到清议派致力于培养天才的启发，猛烈批判传统科举制度，鼓励学习外语、科学、地理学等最近引入的学科，这些学科甚至超越了他们本人的专业知识。在他们的指引下，作为旧式

---

[53] 转引自吴民贵：《晚清人物与金石书画》，第48页。

[54] Bai, "Chinese Letters"，pp.393–394.

[55] 易宗夔：《新世说·巧艺》，第15b页。

教育制度组成部分的金石学，看来随时都有可能被废除。

主张教育改革的金石学家本身在科举考试中都是成功登阶者，尽管不免有挫折。吴大澂和张之洞都在太平天国运动时期获取了功名。在十几年的战争期间，张之洞先在顺天府的乡试中拔得头彩，但直到1863 年才奋力通过进士考试。主要原因是他在殿试（科举考试的最后阶段）的朱砂卷里，抨击政府未能减少普遍的贫困，未能缩减开支和降低税赋。他还建议恢复汉代创立的察举制度，增加举荐数额，这条建议大概抄自那位直言不讳的批评家冯桂芬。[56]

吴大澂和张之洞在赢取功名之后，分别出任陕甘、四川的学政，但两人对本职工作及生徒均不满意。吴大澂反对科考制度下学生只会机械学习，对汉学的基本方法茫然无知，他向陈介祺抱怨道："今俗为以时艺相炫。"[57]张之洞同样对科举制度的腐朽备感失望，在 1863 年朱砂卷里，他认为科考"资格太拘，科目太隘"[58]。19 世纪 70 年代中期，张之洞出任四川学政之职后，为当地书院学子编著《书目答问》，鼓励他们阅读西方数学著作，还推荐江南制造总局刻印的一系列介绍西方军事技术方面的书籍。[59]

在 19 世纪 70 年代，金石学依然包括在考试科目里。例如 1862 年京师同文馆创办，开设的课程中就有古物和铭文研究。[60]为了四川考生，张之洞甚至把金石学界定为独立门类，在附录中把金石学家和书画家（如金农）罗列出来，清代各个领域的名家亦列名在册。为了引介科学与西学，他鼓励学子购置青铜器图谱，研究其铭文，推荐的书目涵盖宋代经典之作到 18 世纪末 19 世纪初的作品。他要求学子们娴熟利用许慎的《说文解字》，这是西汉时期编著的字典，用于帮助政府官员解读经典，这对金石学研究相当重要。[61]

---

[56] Ayers, *Chang Chih-tung*, p. 29, pp. 32-36, p. 37. Elman, *Civil Examinations*, pp. 578-580.

[57] 吴大澂：《吴愙斋（大澂）尺牍》，第 18 页。

[58] 张之洞：《殿试对策》，《张之洞全集》，第 10044 页。

[59] 张之洞：《书目答问》，《张之洞全集》，第 9918，9915 页。

[60] 冯君：《洋务派的近代人才观》，《广西社会科学》，2004 年第 12 期，第 149 页。

[61] 张之洞：《书目答问》，《张之洞全集》，第 9985 页；查晓英：《"金石学"在现代学科体制下的重塑》，《中山大学学报（社会科学版）》，2008 年第 3 期，第 85 页；Bai, *Fu Shan's World*，p. 260.

张之洞劝学子研究金石学有些实用主义，因为那时古器物问题常常在科场问卷中考到。王懿荣两次参加乡试（分别在 1873 年和 1880 年），第二场考试着重考察经学知识，引文取自古物上的片段。1880 年的考试题目是评论一段出自《仪礼》的篇章，目的是在寺庙中正确安放两尊青铜彝器。问题在于这一断章早已湮灭不清，释读文字和确认外观极其相似的古器物的用途都颇为困难。起初王懿荣的回答似乎依据金石学规律，他写道："近来学子不远万里，搜竭全国猎取明器。"大概他们的收藏活动已经搜集到足够多的样本用来鉴定彝器。但王懿荣最主要的依据是朴学，援引朴学大师王念孙著作来解读彝器上的铭文。事实上，他认为即便他们不认识祖先留下的字迹，不能解读它们，士人依然能够依据从经书上摘引的相应片章来识别上述两种青铜器上的文字。[62]

1873 年，王懿荣的考试要求去辨识两种镀金铜器上的文字，他再次援引经书文字来作答，解释其礼仪上的功能。[63] 在这两次活动中，既没有人要求王懿荣展示对非文字资料的娴熟运用，他也不觉得非这么做不可。或许他清楚在讨论古物问题时，提问者都是些门外汉，但至少有一位考官能够判断他的回答正确与否，此人便是身为金石学家的缪荃孙。

就青铜器的礼仪价值断章取义，提出的问题陈腐不堪，这不仅令金石学家感到气馁，而且预示着更大的危机。大批学子提出抗议，他们从 19 世纪 60 年代开始就痛感必须采取措施，来纠正科举考试的弊端：考试科目不能反映当下的学术趋向，考试题目重复且能够预测，考试过程不能提供实践训练。[64] 但直到 19 世纪 80 年代几所近代学堂创办之后，他们的某些建议才付诸实践。

或许令人生疑的是，那么多金石学家都支持变革，金石学在新科目中的地位不免岌岌可危。1887 年，在吴大澂的协助下，张之洞在广东创办广雅书院，拟定课表中有经学、史学、理学、政学等科目；

[62] 王懿荣：《时文》，第 337 页。

[63] 王懿荣：《时文》，第 421-422 页。

[64] Elman, *Civil Examinations*, pp. 578-584.

1890 年他又创办两湖书院，课程中有经学、史学、理学、文艺、算学和政学。这两家书院都未提供专攻金石学的课程；尽管金石研究属于经学或史学门类，看来事实并非如此。[65]1898 年张之洞作《劝学篇》，是对风靡一时的政治维新的稳健反应，他推荐的核心书目中只字未提金石学。1907 年他在湖北创办存古学堂，开设科目有外语、地理、算术，也没有古器物研究或者铭文研究方面的课程。[66]但他照旧鼓励学子研究小学，目的是与外语学习相对照，或者为翻译西书之用，但他已经承认：令当今学子精通作为专门学科的金石学，已经全属无用。[67]

张之洞和吴大澂或许已经注意到卓越的翻译家严复的批判。严复抨击传统科举考试制度，主张汲取更多西学知识。通过与现代科学相比照，严复猛烈批判金石学家整日沉迷于钟鼎文、礼仪和古器物之中，百无一用。他写道："然吾得一言以蔽之，曰：无用。非真无用也，凡此皆富强而后物阜民康，以为怡情遣日之用，而非今日救弱救贫之切用也。"[68] 这正是上一代清议派改革家张之洞辈的典型话语。

47 张之洞在他新建的书院中删除金石学科，看似已接纳严复的观点。然而他并未全盘抛弃金石学，而是用博雅教育的方式将其保留下来。他还是将阅读经史的教育目的类比于西方人学习古希腊语和拉丁语，出于博雅目的，意在培养学生体悟古代思想的基本道理。[69] 再如张之洞在创办存古学堂后，援引西方人重视宗教研究，将其作为培养道德品质的良法。同样地，他认为汲取古代圣王流传下来的经验教训，以及学习儒家哲学，有助于学生树立爱国心，最终能够促进中国的经济和军事发展。[70] 研究小学、文学等科目对保存中国的国粹至关重要，他认为外国的学院也尊崇本土发源的传统科目。[71]

---

[65] 查晓英：《文物的变迁：现代中国的考古学的早期历史》，中山大学博士论文，2006 年，第 33 页。

[66] 周汉光：《张之洞与广雅书院》，第 232-234 页。

[67] 张之洞：《劝学篇》，《张之洞全集》，第 9731 页。

[68] 严复：《救亡决论》，第 44 页。

[69] 张之洞：《劝学篇》，《张之洞全集》，第 9725 页。

[70] 这种方法在下一个十年非常流行，如夏曾佑将古希腊对西方的中心地位，类比于周朝对中华文明的地位，参见 Hon, "Educating the Citizens," p. 92.

[71] 周汉光：《张之洞与广雅书院》，第 231 页。

"国粹"一词，是 19 世纪末期日本学者的新造词，目的是制衡过度的西方化倾向，梁启超等中国知识分子采纳这个词，用以调和年轻学子表现出来的"蔑视本族"和"崇洋媚外"。梁启超否认儒教是宗教，与其师康有为的理念完全不同，张之洞在创办存古学堂时大概参考了他的意见，他们秉持的相同观念是：研究古代历史和哲学有助于维护民族国家的认同感。[72] 世纪之交的国粹派如出版家、艺术品收藏家邓实回应了一百年以前龚自珍的话语，说："国以有学而存，学以有国而昌。"[73]

张之洞大致赞同中国史学、哲学应该稳居现代学科中的核心位置，仍给金石学留下一个狭小但又重要的位置。金石学不再作为阅读书目中的基本组成部分，而被重新界定为高等专家与精英阶层里的专门之学。[74] 此后金石学的地位比较接近欧洲古典学，基本上丧失了实用价值，一直到 20 世纪仍然作为博雅教育的顶尖学科，铭刻着深刻的历史印迹。[75] 张之洞由此成为智识界的泰山北斗，尽管他略显排外的倾向不无争议。他的见解也并未令罗振玉、王国维这样有抱负的年轻人迷失方向，他们继续发展金石学那严苛的研究方法，以此彰显他们的过人才智。[76] 在教育改革中，金石学虽然在现代科目中的作用降 48 低，但依然能够持续繁荣，原因就在于才智之人、博学之士对之绵延不绝的钟爱。

地理学的作用

金石学继续流行不仅仅是精英主义（Elitism）的原因，但它确实

---

[72] 梁启超强调民族自豪感，采纳国粹一词，参见 Sang Bing（桑兵），Japan and Liang Qichao's Research in the Field of National Learning; Zarrow, "Late-Qing Reformism."

[73] 转引自罗志田：《清季保存国粹的朝野努力及其观念异同》，《近代史研究》，2001 年第 2 期，第 32 页。

[74] 张之洞：《劝学篇》，《张之洞全集》，第 9726-9727 页。

[75] 王国维虽然批评张之洞教育改革的诸多计划，但他还是支持更加专业的教育革新。Bonner, *Wang Kuo-wei*, pp. 39-40.

[76] Yue, *Shanghai and the Edges of Empires*, pp. 39-40.

与几个被认为紧迫、具有实用价值的学科紧密联系在一起。其中最重要的一门大概是地理学。地理学是晚清时期被视为头等重要的学科，因为能帮助国家建立和维系外交关系。[77] 笼统来说，中国学者被地理学所吸引，是希望在急剧变迁的世界里能给国家以定位，使他们在快速变迁的时代里能始终关注国际局势。[78] 大致说来，数十位晚清外交家和新闻记者的海外游记定下了实践原则，中国知识分子据此有能力掌控日益扩大的、常带异国情调的世界事务。

清代金石学家对历史地理学尤其感兴趣，因为他们可以定位城市、河流等碑文里提到的某些地貌，反过来，该研究亦能解决当下的政治争议，比如国家的边界问题。[79] 其中有些石碑用多种语言勒刻，矗立在遥远的古战场上作为纪念，向子民宣示中央政府统治的事实。[80] 还有些石碑是金石学家亲手树立起来的，例如19世纪80年代吴大澂在大西北任职时，曾耗费几年时间就边界争议同俄国人谈判，达成了中国对该地区的解决方案。在新迁移的村落里立碑，他亲笔题写额篆，碑文用中俄两种文字，此碑成为新的边界标志物。[81]

金石学家还绘制地图、撰写游记。吴大澂做过深受好评的边境防卫策，刘鹗完成了一部黄河治理方法图考，两书都大量辑录了19世纪90年代刊行的国内外地理学方面的资料。[82] 值此之际，游记还留存了另一种金石遗风——编纂碑文图谱目录，这在清末外交官群体中尤

---

[77] 晚清利用地图来作为政治统治的要素，参见 Millward, "Coming Onto the Map", pp. 62-65; Perdue, *China Marches West*, pp. 442-461; Hostetler, *Qing Colonial Enterprise*, pp. 76-80.

[78] 范发迪说，20世纪初期"地理学是国粹派在民族叙事里的核心要素，他们寻求解决民族的空间问题。这个民族的领土在哪里？这个国家的边界何在？国家与人口的关系如何？对于历经晚清帝国的动荡和日益增长的地方主义，那时这些问题是头等重要的。"Fan, "Nature and Nation", p. 427.

[79] 孙星衍：《京畿金石考》，第1a页。

[80] Perdue, *China Marches West*, pp. 429-435; Zarrow, "Imperial Word in Stone".

[81] 高艳：《爱国爱民的一代名臣吴大澂》，《黑龙江史志》，2005年第4期，第43-44页；赵尔巽等编：《清史稿》，卷四五七，第10552页。

[82] 王锡祺辑《小方壶斋舆地丛钞》收录了不少国外的人文地理学著作，如冈本监辅《印度风俗记》，但大部分著作都是清代游记，涉及俄罗斯、朝鲜、安南（越南）、日本等，以及全国十八省份数百种广泛的调查文本。参见艾素珍：《清末人文地理学著作的翻译和出版》，《中国科技史料》，1996年第1期，第29页。

其流行。刘喜海和赵之谦都做过朝鲜碑刻文字研究，外交特使傅云龙　49
编印过金石目录，日本碑刻辟为单独一章。杨守敬被清代外务部派驻
东京时，翻印过日本碑刻图谱，在日本书法家的帮助下，他还了解到
金石画派的技法。[83]

　　清代金石学家在金石研究中囊括外国文本，他们开始运用古器物
研究和铭文研究的方法，来寻求与其他国度和异域文化传统之间的共
通性。这种大同主义的世界观在康有为的碑刻书法研究中有所体现，
他是最早提出金石学对人类政治和社会发展研究具有重要意义的人。
19 世纪 80 年代后期，康有为开始对金石画派产生兴趣，当时他正寓
居潘祖荫所在的米市胡同下段。[84]他不时接触到潘祖荫、翁同龢金石
圈子的边角，但更亲近著名诗人沈曾植。他还著书向包世臣致敬，极
力提倡北魏书法。康有为大同主义的世界观甚至扩展、逾越到异族王
朝，把中国早期书法同古代印度、埃及、美索不达米亚平原地区的书
写系统相对比，认为这些语言都发源于共同的象形文字。[85]这是华夏
文明起源于埃及理论的早期描述，这一理论假定中国和西方文明有着
维系在一起的语言、文化根源，在维新派知识分子里颇为盛行，因而
对甲骨文字的早期研究也很重要。[86]

　　短短几年之后，康有为就向皇帝上书，要求国家在教育、军事制
度方面进行更大范围的革新，宣称政治变革是人类发展不可避免的过
程。作为布衣之作，这篇文章在内容和形式上可谓轰动一时，其依据
是潘祖荫和翁同龢圈子里早已散播的内容，不少高官早有耳闻，但无
人敢于呈送到皇帝面前。康有为对政治维新的条陈，最终还是通过

---

[83] 杨守敬:《日本金石年表序》，第 2a 页；杉村邦彦:《杨守敬与日本书学研究》，第 61 页。

[84] 康有为:《康南海自编年谱》，第 15-16 页。

[85] 康有为:《广艺舟双楫》，第 181-182, 202 页；Bai, "Chinese Calligraphy", pp. 74-75.

[86] 这些理论受到拉克伯里（Albert Terrien de Lacouperie）和英国传教士艾约瑟（Joseph Edkins）等人的启发。1871 年，艾约瑟出版 China's Place in Philology（《中国在文献学上的地位》），想证明欧洲语言和亚洲语言可能有相同的起源，即来自美索不达米亚和亚美尼亚地区。这种理论在传教士中颇具吸引力，因为《圣经》里都说众生平等，人们一度都说着同一语言。1903 年梁启超主编《新民丛报》刊登一篇文章，讨论拉克伯里所谓华夏文明起源于巴比伦的理论，参见 Edkins, China's Place in Philology, pp. 11-12; Hon, "Sino-Babylonianism", pp. 140-142；葛兆光:《〈新史学〉之后——1929 年的中国历史学界》,《历史研究》，2003 年第 1 期，第 85 页。

各种方式传到皇帝的耳朵里，最终敦促皇帝发起 1898 年的百日维新运动。

康有为的改良主义与他对金石学的兴趣几乎出现在同一时期，他不断强调金石学与政治维新之间互相交融。通过研究古代语言，康有为提倡的全球化的人文主义观念的确具有某种可行性，即便对那些最具改革意识的学者来说，也希望通过金石研究促进中国与西方及日本的交往。年轻士子大声疾呼，要求通过金石研究来促进维新变法，无论在收藏活动、视觉呈现，还是在古器物研究方面，金石领域的变革亦日趋加深。

第三章

热爱古物：平面与立体

> 子贡曰："有美玉于斯，韫椟而藏诸？求善贾而沽诸？"子曰："沽之哉！沽之哉！我待贾者也！"
>
> ——《论语·子罕》

晚清金石学家应该是什么样子的？依据他们的日常活动，这项消遣包括三个方面：购买古董和拓片、赏鉴、刊刻图文目录等。这些活动都能产生极端而难以名状的愉悦。对金石学家而言，最大的奢侈品是时间。如刘鹗所述：

> 盖人生世高寿不过七八十岁，少年后志于功名，老来耳目手足俱不适用，中间三四十年，家室之累，衣食之资，日奔走风尘，以求锱铢之利而不可必得，况有余资搜集古人书籍、文字、金石之美，岂不难哉！即有余资，而此类者非若黄金、白玉、越锦、吴绫之可立致之也。即集之矣，人事之烦搅，家室之丛杂，自朝至于深夜，又无寸晷之闲，俾得摩挲而玩赏之。然则如今日者，求之于一生之中，不知其有几次也。悲哉！[1]

一些学者纠结于私密的欢愉产生的后果，尤其是在某些爱护古董 52 的国度里，博物馆和文物保护已日渐通行。但很多人都能理解刘鹗，他作为重要的钱币、佛像、甲骨收藏家，每天花费时间去摩挲金石的

---

[1] 刘鹗：《刘鹗日记》，第188页。

确是人生"乐境"。[2]

金石的乐境体验在 19 世纪的历史进程中发生重大的变化。有上进心的年轻人想在这一领域成名成家，日渐繁荣的古玩市场能够满足他们的需要，各种各样的物件都有获取的渠道。比如 1905 年端方游历京城，购买到"建国铁砚一方，积古斋有半面拓本，不知是砚。汉建昭铜灯一对。唐砖塔铭一方。宋石造像两尊。小石造像两块。龟板二百余块"[3]。在一百多年以前，只有砚台和唐砖塔铭才会有人收藏，其他都被视作非正统或者琐碎之物（造像大都是佛教的），或者被视为禁忌（铜灯大概是从坟墓里偷掘出来的），当然还有一些此前从未发掘的甲骨碎片。

为研究这些古物，辨别其真伪，学者们依然主要依靠铭文拓片，运用此前几百年发展成熟的朴学方法。他们也设计了新奇的拓片方式和新颖的图像目录，愿意尝试立体的呈现方式。这一转变促进了世纪之交古器物研究的诞生，换句话说，金石学的娱乐性具有重大的方法论意义，它决定了金石学家收藏哪些物件，还决定了他们怎样善待这些物件。

痴迷与正统

当时的大收藏家都收集了大量古玩。陈介祺拥有数百枚玺印，这一专藏令他名声大噪，他还藏有两百件青铜器，其中有赫赫有名的毛公鼎。潘祖荫拥有大约五百件古董，王懿荣有数百件铜器。到 1886 年，吴大澂收集到百余件青铜器，还有为数更多的玉器和玺印。[4] 其他学者亦拥有数量相当可观的藏品，收藏的规模和范围，以及购置所需要的花费，表明他们为了雅好而深陷其中，这项消遣完全占据了最驰名收藏家的心灵。

53

---

[2] 刘鹗：《刘鹗日记》，第 188 页。

[3] 端方：《陶斋（端方）存牍》，第 201 页。

[4] 陈小波：《国宝毛公鼎与大收藏家陈介祺》，第 23 页；朱杰勤：《清代金石学述要》，《东方杂志》，1943 年第 1 期，第 108 页。

晚清金石学家专注于搜藏古代流传下来的物品。例如刘喜海"余素有嗜古癖，搜罗金石文字积四五千种"[5]。画家李佐贤注意到："吾辈皆百年过半之人，偶得一小如榆荚之泉，传观叹赏，诧为得未曾有。旁观必有大笑为痴绝者。此中真乐，洵不足为外人道也。"[6] 对叶昌炽而言，他专藏碑刻拓片，已收集到八千余件，"日夜把玩，不知老之将至"[7]。他们如此沉湎于这种嗜好之中，因此他们被人标上一个医学术语"癖"。[8]

实际上，收藏古董有点像坠入爱河，在感情上炽热、温柔、患得患失。刘鹗"好古如好色"[9]，几乎每日都要把玩藏品，作诗表达他因未能找到更完美的藏品的惋惜之情。王懿荣坦承自己"好古成魔"，力图探究古物里的"古人精神"，那才是最为可敬之处。[10] 吴大澂亦称许铜鼎之可敬。[11] 1904 年，孙诒让见到新出土的古物后，写信说"爱玩不已"[12]。与这些收藏家同好一样，叶昌炽也坦承爱古成癖，写道："每得模糊之拓本，辄龈龈辨其跟肘，虽学徒亦腹诽而揶揄之。"[13] 当他老来丧子时，依然致信缪荃孙，一述对古器铭文的爱好。他笔调谦恭曰："此儿质虽驽下，书淫墨癖，颇有乃父之风"，在夭殇之前还在抄录铭文篇章。爱子撒手人寰，"从此遂为若敖之鬼，可胜痛哉！"[14]

这种炽热的爱好缘于某些晚清士人的怀旧情感和美学追求。戏剧鉴赏家尤为热衷惠顾心仪的演员，为最佳角色和剧本撰写详尽的介绍词。[15] 这种情感折射了晚清学术文化的总体风貌，传达出晚清学人

---

[5] 转引自陆草：《论近代文人的金石之癖》，《中州学刊》，1995 年第 1 期，第 82 页。

[6] 李佐贤：《古泉汇》，第 11-12 页。

[7] 叶昌炽：《语石》，第 21 页。

[8] Zeitlin, "Petrified Heart," pp. 10-11.

[9] 齐鲁青：《不朽的收藏大家刘鹗》，第 30-31 页。成语"好某如好色"出自《论语》，孔子曰"吾未见好德如好色者"，刘殿爵译本中将"色"译成"美丽的女子"。参见 Lau, *Analects*, p. 98。

[10] 王懿荣：《病起即事书示同人并索和诗》，第 111 页；《与缪炎之》，第 145 页。

[11] 吴大澂：《吴愙斋（大澂）尺牍》，第 42 页。

[12] 孙诒让：《契文举例》，第 1a 页。

[13] 叶昌炽：《语石》，第 21 页。

[14] 顾廷龙编：《艺风堂友朋书札》，第一卷，第 405 页。

[15] Goodman, "The Nun Who Wouldn't Be," pp. 76-77, pp. 110-115.

的纯洁与特性。[16] 当然，无论这种愉悦之情有多么浓烈，金石学家依
54 然心怀忧虑，况且在考证运动落潮之后，金石之好已变得落拓不羁。
1728 年，宫廷画师呈送给雍正皇帝一幅卷轴，图用亮色给青铜器着
墨，青铜器周围环绕着各式的瓷碗、鼻烟壶、笔架等物品，题名《古
玩图》。[17] 一百年以后，《四库全书》的编修使汉学成为国家正统，潘
祖荫断言"我朝家法不尚玩好"[18]，搜藏它们（彝器）绝非仅仅出于爱
好。但既然好古跟好色一样，那么青铜器为何就不能作为古玩呢？

　　这种高贵而又朴素的情感有着复杂的成因，其中包含社会地位的
焦虑。柯律格在对中国现代早期（译者注：明朝时期）的物质文化研
究著作中，认为社会急速变迁的时代，收藏艺术品和古玩尤其重要。
比如明代精英阶层积聚了大量艺术藏品，他们宣称与暴发户不同，只
有他们真正懂得物质世界的制造过程。[19]

　　毫无疑问，晚清金石学家经常炫耀财富，通过参加排外性的雅集
进行社会交往，或者相互登门拜访去欣赏新购买的藏品。著名报人王
韬指责这帮人一心与文人厮混在一起，装模作样爱好艺术，不惜巨资
购置艺术品，其实对其一窍不通，不过借机提高社会地位，或是充当
精英赞助人。[20]

　　古物收藏活动具有异常广泛的社会功能，远远超过显摆身份这一
点。要想成为优秀金石学家，需要收集大量藏品，但是一旦学者认定
这种角色后，通常会尽力担负起高尚的责任。换句话说，问题并不在
于金石是把玩对象，而在于把玩金石是种情感体验，最好与解读儒家
经典、保存古代文字的严肃的道德任务区分开。

　　晚清收藏家认为该用正确的态度看待雅集，毕竟雅集实质是金石
圈里传承儒家传统的公共聚会。潘祖荫宴会上联诗，听上去更像是赛
诗会，而非金石迷的呓语。王懿荣乃爱古成癖之人，他作诗云："彝

---

[16] Song, *Fragile Scholar*, pp. 104–108.

[17] Bai, "From Composite Rubbing," p. 57.

[18] 潘祖荫：《攀古楼彝器款识》，第 1a 页。

[19] Clunas, *Superfluous Things*, p. 8.

[20] 转引自 Shen, "Patronage and the Beginning of a Modern Art World," p. 14.

鼎何所得？名山与大川。椎来文不识，姬孔未生前。"在《检书》诗中又云："宋元慎雕刻，文字惟求书。散尽千黄金，犹难一时购。"[21] 连 55
张之洞都委托王懿荣替他购买有趣的物件。张作诗道出金文拓片之功能："鼎彝何足好，所好其文字。款识多通假，往往证经义。"[22] 换句话说，这些金石物件所具有的文字学研究功能而非消遣娱乐，才是藏家热衷求购的正当目的。

　　为进一步理解这些枯燥方法的源起，我们有必要记住明代金石学家明显的纰漏，以及明代好色与轻佻的社会风气。晚清士人极其憎恶把古器物当成玩物，这就解释了藏家使用的名词或避免使用的名词。他们反对把收藏的古物称为"古董"、"古玩"或者"玩物"，不言而喻，"古玩""玩物"两词都含有"玩"这个字眼，意味着玩具或把玩。因此，张之洞就嘲弄清代收藏家杭世骏不过"钱癖，所爱当时钱"[23]。描绘青铜器色泽的一整套词汇在明代极为通用，但被清代学者删除殆尽。吴大澂曾花大价钱去购买特殊色调的彝器，但除了呈贡御览的少数几种手工上色的抄本外无所斩获。清代图谱几乎毫无例外皆为黑白两色，里面甚至根本没有提及所载古物的颜色。[24]

　　学人严肃的主张掩饰了收藏古物时的强烈愉悦感。但他们在金石领域里通力合作，鼓励学人之间慷慨相待。王懿荣出资为缪荃孙购买古物（他已向老友许诺，无论想买何种物件，碑刻抑或彝器，必将倾力相助）。他已经构建出知识分子想象的共同体，更看重实物作为共享资源而非私人愉悦的对象。[25] 事实上，学者们编纂的图谱是同心协力的结晶，其中收录了数十位友朋与同僚的藏品。当然这种方式自有一定局限：收藏和展览这些古物的博物馆等公共场所，依然得不到支持。出于各种原因，这一问题在进入 20 世纪时仍然悬而未决。虽然

---

[21] 王懿荣：《消夏六咏和潘郑庵侍郎师》，第 104-105 页。"千金散尽"来自李白诗《将进酒》。

[22] 张之洞：《书札一》，《张之洞全集》，第 10126 页；张之洞：《和潘伯寅壬申消夏六咏》，《张之洞全集》，第 10488 页。

[23] 张之洞：《和潘伯寅壬申消夏六咏》，《张之洞全集》，第 10489 页。

[24] Shen, "Ming Antiquarianism", p. 66；顾廷龙：《吴愙斋先生年谱》，第 58 页。

[25] 吴大澂：《吴愙斋（大澂）尺牍》，第 31 页；王懿荣：《天壤阁杂记》，第 261，264 页；王懿荣：《与缪炎之》，第 153 页。

金石学为公共学术领域，但金石学者们作为独立和私人收藏家，顽固保留了这块私人领地。

私家收藏与博物馆之争

自宋朝开始，金石学家就坚称铭文与古物是共同的遗产。他们为后代保护稀世珍宝，特意刊刻图谱，而不是仅让珍宝堆满他们的书房。因而，他们在隐蔽而又防卫森严的密室里，与个人的古物癖好相纠结。

直到 20 世纪，多数中国藏家仍认为艺术品归于私家，而非归博物馆等公共机构。他们用来描述收藏的辞藻是"秘藏"，字面意思是私家的或者秘密的收藏。例如龚自珍称其珍爱的秦镜、汉玉、晋朝书法为"三秘"[26]。吴大澂暗中收藏青铜器，原因是为了避免与座师潘祖荫直接竞争。[27] 由于收藏活动大都秘密进行，清代藏家不得不承认，这类专业知识大都通过独占和隐瞒才能获取。[28] 隐藏处大都位于闲人免入的书房，专门用来归置藏品，通常是为了防止失盗或者伪造。[29] 一些欧洲访客被书房里陈列的无价之宝如此随意地放置感到惊讶。[30] 但这里才是收藏家能够将宝藏封存的地方。他们小心翼翼地拭去青铜器铭文上的氧化物，给它上漆或者用蜡封，然后放入贴着不同标签的、布制外壳的纸板箱里（手卷同样如此存放），陈列时就摆放书桌或者架子上面。[31] 之后，藏家再将这些古物重新与朋友们共赏，或者独自把玩。

尽管金石学者偏爱在私人空间里欣赏古董，但他们已经了解欧洲

---

[26] 孙延钊：《孙衣言孙诒让父子年谱》，第 162 页。

[27] 吴大澂：《吴愙斋（大澂）尺牍》，第 19 页。

[28] 艺术家和学徒们在编书时用到的水墨都是严防死守、秘而不宣的。Hay, "Painters and Publishing in Shanghai", p. 173.

[29] 在陈介祺的藏品中，已经发生过好几起被伪造的事件，包括毛公鼎。参见张光远：《西周重器毛公鼎》，第 54-55 页。

[30] Beurdeley, *Chinese Collector*, pp. 189-190.

[31] 吴大澂：《吴愙斋（大澂）尺牍》，第 7，10 页；Lawton, "An Imperial Legacy Revisited", p. 56; Lawton, *Time of Transition*, p. 41.

和日本公共博物馆和展览馆的发展情况。旅行家、地理学家徐继畬曾讨论过多家欧洲博物馆和图书馆——他称之为"古物库"和"集奇馆"，直译了当时欧洲的术语。[32] 林则徐曾任两广总督，因焚烧了英国走私的鸦片而声名远扬，1841 年他编写的《四洲志》中，讨论过英国创建的大英博物馆和不列颠图书馆。王韬参观了爱丁堡博物馆，印象至为深刻，他谈及展出的各种动植物标本，如动物骨骼、稀有矿石，尤其是埃及石棺，令他大为震撼。[33]

57

19 世纪 70 年代到 80 年代，日本发展起来的博物馆树立了一个更近的榜样。1871 年，日本首次通过文物保护法，几个月后就创建了第一家博物馆。[34]80 年代和 90 年代，各种公共展览馆展示出艺术品、工艺品、动植物标本以及其他古玩。这些场馆向不同性别和年龄的游客开放，成为他们的娱乐和教育之地，其功能与戏院、公园和动物园相似。[35]

1895 年，康有为提出有必要建立博物馆以"开民智而悦民心"。[36] 他努力促成上海博览馆的创建，祁珊立（Lisa Claypool）解释说，这是能够"满足热情而好奇目光的展厅"[37]。考虑到19世纪大多数博物馆的展览重心在于动植物标本，将其作为研究铭文拓片的地方，显然不合时宜。[38]

实际上，汉语词汇里被广泛接受的"博物馆"，本身就蕴含着浓厚的博物学含义。"博物"一词借用了日语词"博物"，原意是"自然科学"。中国第一家博物馆于 1868 年由法国传教士、动物学家韩伯禄（Pierre Marie Heude）在上海创建，展览过中国青铜器、陶瓷、玉器、古代钱币，但其主要目的并非展示其美学价值，亦非迎合华人的金石

---

[32] 徐贲：《全球化、博物馆和民族国家》，《文艺研究》，2005 年第 5 期，第 45 页。
[33] 孔令伟：《博物学与博物馆在中国的源起》，《新美术》，2008 年第 1 期，第 66 页。
[34] 铃木廣之：《好古家たちの 19 世紀》；金山喜昭：《日本の博物館史》。
[35] 铃木廣之：《好古家たちの 19 世紀》，pp. 91-93.
[36] 徐贲：《全球化、博物馆和民族国家》，《文艺研究》，2005 年第 5 期，第 45 页。
[37] Claypool, "Zhang Jian and China's First Museum", p. 568.
[38] 动植物标本的概念讨论，包括中国早期博物馆的讨论，参见 Claypool, "Zhang Jian and China's First Museum", pp. 580-587.

趣味。[39] 直到 20 世纪 20 年代，展览古器物、金文拓片的理念牢固树立之后，实业家张謇在上海以北的南通创建了博物馆，陈列"古代文人的诗歌、散文、书法、绘画，以及古代青铜器和碑刻"，涉及"自然、历史、美术和教育等方面的艺术品和实物"。[40]

　　总之，在 20 世纪以前，除了士绅的私家书房，几乎没有任何地方来展示这些能够体现金石价值的文物。私人藏家非常敏感，觉得有必要守护祖国的古物、书籍、绘画等，尤其是经历过 1860 年英法联军洗劫圆明园以后。[41] 吴大澂利用西方影印石板术翻印铜鼎上的金文拓片，旨在为中国学界保存这些拓片。[42] 他拒绝将部分藏品出售给洋人，包括某位日本指挥官和普鲁士的海因里希亲王（在义和团运动期间此人亲率德国军队侵华）。吴大澂过世之后，由于没有儿子，藏品

58 最终由三个女儿继承。[43] 但数十年来，无人努力去创建官办的博物馆，亦未通过立法保护来阻止文物的出口。1908 年，罗振玉痛惜中国没有文物保护法，太多新近发掘的文物如瓷器、佛像等被洋人收购、运送出海。他写道："我国若不定古物保存律，恐不数十年，古物荡尽矣。可不惧哉！"[44] 就在同一年，张謇向江苏士绅大声疾呼，为保护国宝、反抗外国军队的抢掠，尽早创建博物馆。[45]

　　但实话实说，中国收藏家自身对文物造成的危害可能更大。早在 19 世纪 70 年代初，潘祖荫就抱怨说，由于金石收藏越来越热，古物日渐稀少。[46] 王懿荣在四川一座佛教寺庙里看到石像要么无首，要么有首无体，无一完存，或者毁于太平天国之乱，或者被收藏家偷走。他自己都想从龙门石窟搬走一座公元 6 世纪的石碑，因为体积太大而

---

[39] 孔令伟：《博物学与博物馆在中国的源起》，《新美术》，2008 年第 1 期，第 66-67 页。

[40] Claypool, "Zhang Jian and China's First Museum", p. 571.

[41] 圆明园的浩劫参见 Claypool, "Zhang Jian and China's First Museum", p. 569 ; Hevia, "Looting Beijing."

[42] 吴大澂：《愙斋集古录》，卷四，第 11a-11b 页。

[43] 王国维：《吴清卿》，第 147 页。

[44] 罗振玉《俑庐日札》，第 324 页。

[45] Claypool, "Zhang Jian and China's First Museum", p. 570.

[46] 潘祖荫：《攀古楼彝器款识》，卷一，第 1b 页。

不得不放弃。[47] 由于不断地制作拓片，碑刻逐渐被磨平。叶昌炽曾写道，西安碑林由于几百年来制作拓片，对碑刻造成巨大损坏：

> 字之四围，空地皆不损。惟每字陷一坎窞，模糊不辨，望之如一行白鹭，又如成团白蝴蝶。此则虽凝神审谛，无一笔可见，一字能释。[48]

国内外收藏家都希望保护文物，正是这种愿望促使金石收藏家接受了博物馆才是保护和展示这些国宝的最佳场所的理念。1908 年，端方在琉璃厂古玩市场开辟了一间公共画室，他还给张謇筹办的博物馆捐赠过一件礼器。[49] 但还要等几十年以后，全国大部分地区才真正建立起博物馆。这段时间里，不论是出于偏好还是别无选择，大多数私人收藏家依然独自行动，通过古玩市场来丰富自己的藏品。古玩市场不仅是藏家购买艺术品和古物的场域，还是他们社会活动和学术活动的场所，这在 19 世纪结束之际尤为如此。　　59

藏主和市场

不足为怪的是，中国金石学家开创的第一家画室位于古玩市场附近，进入 20 世纪，古玩市场起到与图书馆和博物馆相似的作用，它提供材料，促使学者之间通力协作。对大多数金石学家而言，最重要的市场位于北京琉璃厂，此名指的是毗邻专为皇宫制造屋瓦的窑厂。

不像其他市镇的市场那样有季节性、位于城外，琉璃厂位于城内、全年营业。[50] 而且其位置距离翰林院不远，在编纂《四库全书》

---

[47] 王懿荣:《天壤阁杂记》，第 264，266 页。

[48] 转引自 Gulik, *Chinese Pictorial Art*, pp. 92-93。原文载《清稗类钞》，鉴赏类，"叶鞠裳论碑之近拓旧拓"。

[49] 张涵锐:《琉璃厂沿革考》，第 4-5 页; Claypool, "Zhang Jian and China's First Museum", p. 588.

[50] Dong, *Republican Beijing*, p. 147.

期间，编校官每日漫步到此，搜寻珍稀图书。在一百多年的时间里，琉璃厂周围成为金石收藏的集散地。

18 世纪末期，琉璃厂有三十余家书店。到 1900 年，这里开办的专业商店已扩展三倍，有书肆、灯市、眼镜店、南纸店等。[51] 琉璃厂周边地区已经形成某种文化娱乐中心，民国时期一本手册说："王公和高官习惯于厂肆漫步，出入店铺，搜捡古籍字画。"[52] 端方等学人为学习收藏知识，直接拜商贩为师。[53] 经济能力有限的顾客直接到露天旧书摊，而腰缠万贯的金石家在固定的几家——德宝斋、悦古斋、永宝斋等——购买古玩。[54]

人们的金钱在这样文雅的场所很快会挥霍一空，柯律格界定出最主要的立体古玩有青铜器、玉器和陶瓷——通常要比绘画昂贵许多。[55] 吴大澂在短时间里花费了几千两白银去购买玺印、钱币、瓦当和图谱类书籍。[56] 王懿荣典卖衣物，为购买书画和古玩常花得一文不剩，单是购买一册明刻本就花费数百两白银。[57] 这种花销与官吏微薄的俸禄是极不相称的，多数官吏通过受贿或者私人馈赠捞取外快。吴大澂花费政府发放一整年的养廉银的价钱购买了一册古旧拓片图谱，他还用同样的价钱购买了一块红白相间的翡翠，还有一件青铜器。此外，他还聘请青年罗振玉做私塾先生，每年薪水大概也是此数。[58]

收藏看来只是"年轻而有钱的主"的专利，但相对便宜的古董也有市场，它们对数量庞大的士人群体更有吸引力，构成他们消遣生活的一部分。如李佐贤所言：

[51] 孙殿起：《琉璃厂小志》，第 38-44 页；周肇祥：《琉璃厂杂记》，第 1 页。1932 年北京城共有 240 家古玩店，参见 Dong, *Republican Beijing*, p. 138.

[52] Arlington, *In Search of Old Peking*, p. 217.

[53] 端方收藏了无与伦比的青铜器和玉器，但也饱受批评，因为他过于依赖私人顾问的建议。1886 年，他开始跟琉璃厂的古董商私下学习。参见王冶秋：《琉璃厂史话》，第 28 页；陈重远：《文物话春秋》，第 258-259 页。

[54] 张涵锐：《琉璃厂沿革考》，第 4-5 页；孙殿起：《琉璃厂小志》，第 38-44 页。

[55] Clunas, *Superfluous Things*, p. 126.

[56] 王尔敏等编：《近代名人手札真迹：盛宣怀珍藏书牍》，卷九，第 3828 页。

[57] 王懿荣：《天壤阁杂记》，第 260 页；支伟成：《清代朴学大师列传》，第 282 页。

[58] 王尔敏等编：《近代名人手札真迹：盛宣怀珍藏书牍》，卷九，第 3828 页；Bradley W. Reed, *Talons and Teeth*, p. 207；罗琨、张永山：《罗振玉评传》，第 16 页。

　　弱冠后，复有金石书画之好，而金石中尤以古泉为专好。以家贫不能致钟鼎，此轻微者或易致也。初居里门，囿于偏隅，见闻未广。继游历下，之任城，往来齐、鲁、邹、滕[59]间，随地访求，渐有增益。

　　通籍后，供职都门，所见日富，仍苦好之而无力。然遇赏心动目者，每不惜重直购之，虽辍衣减食弗恤也。而海内同好者如…吴我鸥…皆得订交。诸君子亦互有投赠，于是乎积而多矣。[60]

　　李佐贤在社会上和文化界终成收藏大家，因为他专藏不太昂贵的古董。事实上，此法颇为盛行，像吴大澂这类金石学家偏爱无比昂贵的青铜器，反而显得非比寻常。他自言道："世之好古玉者，多喜灵便精品，我独取大者，亦云戆矣。"[61]琉璃厂等古玩市场的运营情况，成为金石家品味的晴雨表。金石家购买什么，他们就提供什么，从青铜器到金文拓片，以及玉器、钱币、玺印、砚台，甚至还有甲骨。

寻求真品

　　市场上涌现这么多古玩，必然产生一个常见的问题：鉴定真伪。琉璃厂的古董贩子臭名昭著、寡廉鲜耻。一本手册提醒逗留的科场士子说"最难者莫过于辨别真伪"，另一位游客说商家最善于"鱼目混珠"。[62]1937年美国汉学家顾立雅（Herrlee Creel）曾抱怨说：

　　　　在中国购买古物的情形令受过西方训练的考古学家异常困　　惑，他们深知：如果某些材料未曾经过现代科学方法挖掘，如果

---

[59] 春秋时代的小国，现在位于山东省。
[60] 李佐贤：《古泉汇》，卷一，第18-20页。
[61] 顾廷龙：《吴愙斋先生年谱》，第190页。
[62] 杨静亭：《都门纪略》，卷五，第218a页；孙殿起：《琉璃厂小志》，第328页。

挖掘人并无声望，那么就要对材料持怀疑态度。但如果抱着这种态度来对待中国材料的话，那几乎寸步难行。见到一件漂亮而又令人兴奋的青铜器，如果问："从何而来？"答案常常是："那谁知道？！它突然出现在北平的市场上。"[63]

但实际上不问古董来路，只享受愉悦并非金石学家的典型特征，亦非多数中国收藏家的典型特征。艺术品或者古董的真伪是首要问题，在中国收藏界如何鉴定印章、绘画等的真实性的记号，人们已经争论过几百年。顾立雅亲历过的困惑，对他的很多中国同行而言，实际上早已习以为常。

中国金石家的应对方式是外出访碑，通过访碑和反思来检验真伪问题。至少从顾炎武在大西北寻找碑刻、充分利用随身日志起，清代金石学家就很期待到内地任职。陈介祺说："好古而即得游古地，真为有福。"[64]有私人幕僚和家仆跟随，国家邮驿系统又能归其支配，官员会携带古玩、书籍和拓片轻松出行。吴大澂在卸任陕甘学政之后，返回京师，携带如此之多的古物，不得不用马车将它们拉回去。[65]但是吴大澂和同代人在旅途中搜集艺术品的方式，已经与顾炎武大不相同。尽管上几代金石学家"不言出土之状"，但他已经基本认可罗振玉的观点，"古器物出土之地于考古至有关系，前人多忽之。"[66]

吴大澂在西安找到苏亿年（活跃于 1850—1875 年间），他经营着一家永和古玩铺，因为曾作为毛公鼎的中间商而轰动一时，此鼎刻有青铜器上迄今为止篇幅最长的铭文。19 世纪 40 年代，毛公鼎在大西北出土，1852 年以非常可观的价格卖给陈介祺，苏因曾经手这一稀世珍宝而成名。[67]为了避开当地的文物贩子，吴大澂经常亲赴乡村寻宝，或者派仆人去。因陈介祺曾给予忠告，他一丝不苟地记录下古物发掘

[63] Creel, *The Birth of China*, p. 29.

[64] 顾廷龙：《吴愙斋先生年谱》，第 45-46 页。

[65] 支伟成：《清代朴学大师列传》，第 279 页。

[66] 罗振玉：《五十日梦痕录》，第 101 页。

[67] 张光远：《西周重器毛公鼎》，第 51-52 页。

的地点，记下其他收藏家的名氏。[68] 吴大澂说，出土文物的新鲜度提升了它的价值，新出土的古物不可能伪造。村民并不能完全理解这些出土文物的重要性，对文物发掘的地点亦未施加保护。[69] 私家的这种收藏方式，还不能视为萌芽时期的考古学，因为他们并未尝试将发掘物与其他特定发掘地点的信息有机联系起来。但是，晚清金石学家肯定早已意识到，如果他们能够直接从地下挖掘古物，那么就能直接消除诸多有关真实性的疑虑。

尽管费尽心机去购置新出土的古物，但是赝品依然大行其道，尤其是经文物贩子之手的古物。就青铜器而言，有时首尾裂为两半，却被焊接起来，使其外观看上去古里古怪。现代仿品的铜绿能经过化学处理人为制造出来。[70] 在这些赝品的案例中，金石家要会通过铭文来判断真伪。一方面，不难通过钟鼎文来鉴定某件青铜器是否为伪造，因为真品的典型印记是那个时代创造的文字，事后的焊接更容易看穿。[71] 陈介祺反问道："不识字之铜贩，多见出土器即能辨其真伪，学士大夫乃不能辨之邪？"[72] 另一方面，金石学家大都自信能够依靠文本线索，来考订铭文是否真属那个时代。吴大澂拒绝旧铜器上镂刻新文字，或者原有铭文又被续刻，或者铭文直接剽窃经书。[73] 因为金石学家认为铭文比其他部位更容易鉴定古物真伪，他们极为尊崇并且沉迷于一种技术工艺：制作拓本，即拓印金文拓片。

拓片

在所有解读古物、图谱和小学的各种路径中，拓片是金石学方法

---

[68] 陈介祺：《陈簠斋丈笔记》，第 2b 页。

[69] 吴大澂：《吴愙斋（大澂）尺牍》，第 50，58，71-72，86-87，114-115 页。

[70] 吴大澂：《吴愙斋（大澂）尺牍》，第 6-7，118，148，157 页。青铜器上人造的铜绿之讨论，参见容庚：《商周彝器通考》，第 195-196 页；Barnard, *Bronze Casting*, pp. 204-209.

[71] 张光远：《西周重器毛公鼎》，第 55 页。

[72] 张光远：《西周重器毛公鼎》，第 55 页。

[73] 吴大澂：《吴愙斋（大澂）尺牍》，第 14，21，25 页。

63 最重要的一项技术。实际上，拓片绝非只是复制铭文的工具，其本身
也是重要的审美客体。[74] 叶昌炽承认，既要研究又要品鉴，要从头到
尾浏览成卷的拓片，在探讨其书法时，就去查阅宋代图录中是否有案
可稽。[75] 李佐贤写道："诸家异泉，俱经借拓，裒然成帙，纸墨之富，
尤足偿所好焉。每当窗明几净，展转摩挲，觉古色古香流溢几砚间，
引人入胜，视寻常嗜好醰醰其有味也。"[76]

　　除了作为金石学家的雅好之外，拓片还是金石学家用来鉴定、辨
伪和释读金文的重要工具，因为他们无法接触到古器物本身。实际
上，多数金石学家进行的大部分研究过程中，不是利用单线构图法的
图片，就是使用金文拓片，没有其他的图像资料。[77] 陈介祺等学者在
市场上出售拓片，限制了毛公鼎等珍稀文物的流通范围，但通常的学
术规则要求他们相当自由地共享拓片，如吴大澂所言："友人每见一器
必于拓。"[78] 一直到 20 世纪，如果金石学家能够辨认出拓片上的金文，
仍会产生特殊的成就感。[79] 因此，拓片几乎跟古器物数量同样繁多，
是金石学家的收藏活动和视觉文化里首要的流通物。

　　依赖拓片有明显的不足，尤其是当学者们高估自身能力的时候。
19 与 20 世纪之交有个笑话，讽刺某些著名金石学家太过傲慢，仅仅
依靠拓片就自信辨认出古代钱币：

　　　　光绪初年，潘伯寅与翁叔平、盛伯熙等人研究钟鼎、篆、隶
　　等文字，书信来往多用大篆，于是都以金石家闻名。潘有一个弟
　　子某生，对他们的研究颇有非议。偶然走在街上，见烧饼店有卖
　　所谓马蹄烧饼，其底面缺口形状好像古钱的孔。他便购回一个马
64　蹄烧饼，在底上蘸上墨汁，然后印在纸上，拿给潘看："原钱价值

[74] 正如巫鸿所言："拓片的材料和视觉成分，不止包含在它所承载的文字中，而且包含在材
　　料、衬托式样、版本、印章上。如果拓片非常古老，它所经历的时代变迁在外观上也能体
　　现出来。" Wu Hung, "On Rubbings", pp. 45-46.
[75] 叶昌炽：《语石》，第 21-22 页。
[76] 李佐贤：《古泉汇》，卷一，第 21 页。
[77] 参见 Sena, *Pursuing Antiquity*, pp. 60-61, 拓片一般保存长久，可成为更为可靠的资料。
[78] 张光远：《西周重器毛公鼎》，第 52 页；吴大澂：《吴愙斋（大澂）尺牍》，第 49 页。
[79] Wu Hung, "On Rubbings", p. 53.

昂贵，买不起，只好以摹迹送给你，请考究其源。"

潘点头，观看了很久才说："这是殷代某帝王铸的钱，是稀世珍宝啊！"某生大笑，把马蹄烧饼拿出来，并叙说了经过，潘羞愧难当，从此再也不敢自夸自诩了。[80]

这则故事当然令人生疑，很难想象潘祖荫竟然真的相信，他的弟子用如此简单的东西，伪造出一枚商代的钱币出来。这则趣闻逸事反映出部分学人对拓片的深刻焦虑，金石学家接触最多、亦是研究古物最重要的拓片，在面对非职业性伪造时都不堪一击。想到有这么多缺陷，吴大澂提醒陈介祺，勿要过于依赖拓片来断定真伪，"摹古文字，求似易，求精亦易，求有力则甚难。"[81]

尽管如此，大量制作的拓本依然是金石学流行的重要媒介，同时对艺术活动和朴学研究亦具有吸引力。像上海博物馆名誉馆长、卫生官员亚瑟·斯坦利（Arthur Stanley）1917 年评论道："拓片制作形成了一个正规行业，几乎每座中国城市都有这种商铺，其生意就是制作和出售拓片。"[82]陈介祺雇佣两个工匠，制作好拓片后将之出售给别的收藏家。[83]还有人雇佣拓片高手，远行至著名佛教寺庙等景点，他们搭起架子，或者垂下绳子来固定住自己，制作拓片。[84]

拓片制作技术非常复杂，形式多种多样。最简单的流程如下：比如制作一张碑刻拓片，用海藻盐熬成糯糊，抹在竹纸上或者桑皮纸上，敷在石刻表面。然后工匠用特制的双头毛刷，轻轻把纸椎进凹陷的碑文笔画中。纸晾干以后，用圆形印泥——印泥用羊毫充塞、丝绸裹住——轻盈地把墨汁扑在凸起的区域。[85]鉴赏家对拓片的色调和式样有不同的喜好，所以使用不同的墨汁来获得不同的效果。浅色着

[80] 白岭编：《中国笑话库》，第 1050 页。

[81] 吴大澂：《吴窭斋（大澂）尺牍》，第 146 页。

[82] Stanley, "The Method of Making Ink Rubbings", p. 83.

[83] 张光远：《西周重器毛公鼎》，第 56 页；陆和九：《中国金石学正编》，第 252 页。

[84] 吴大澂：《吴窭斋（大澂）尺牍》，第 64-65 页；吴大澂《吴清卿临黄小松访碑图册》第 32 页显示了拓片现场景象。

[85] Stanley, "The Method of Making Ink Rubbings", pp. 83-84.

65 墨会形成精致的外观，称之为蝉翼拓。用含油脂的墨拓片，会形成厚重、有光泽、对比鲜明的效果，称之为乌金拓。[86] 这些专有名词本身表明，拓片既可以视为美学客体，亦可视为学术界的资料来源。

这套流程用于拓印石碑等平面物体。如果拓印青铜器一类的物件，就会产生相当程度的变形，圆面物件的拓片看上去呈月牙形，令人无法释读金文或辨别铜器外形。而且，如果不把纸张裁开，或聚墨成滩块，就很难在铜器上制作铭文拓片。[87]

到 19 世纪早期，出现制作立体拓片的全形拓，这项新技术解决了上述难题。19 世纪早期浙江籍金石学家马傅岩（马起凤，活跃于19 世纪 20 年代至 50 年代）完善了这一技术。制作这种拓片时，工匠首先测量古物尺寸，在每页纸上做些清浅的标志符号。整个透视框架是由一页一页的纸张粘贴在物体上，拓片就由小块的单独部分构建起来。[88] 金石僧六舟赠给阮元一册图谱，里面收录一百多件这位大文人收藏的青铜器，每件都用全形拓制作，这一技术从此驰名天下。[89]

陈介祺赞赏全形拓片，因为它对青铜器的外形与尺寸有着更加准确的记录，而且只有真正触摸过实物之后才能制作出来。[90] 实际上，这是一种视觉上的通感，学人在把玩古董时体味着同样的愉悦情感；立体的而又模糊的拓片，反映出他们在把玩这些昂贵、常被高度腐蚀的古董时的彷徨。正如平面拓片使金石学家用一种便捷、袖珍的媒介体现出古物的精神，立体拓片则传达着铜器的实体性，一种可触碰的实体，使得艺术品的把玩充满了魅力。

尽管有拓摹的缺陷，平面和立体的古物拓片日渐流行，成为一种新奇图像艺术风格的起点。最著名的是拼贴画式的八破画，拓片被碎片化，淹没在书法笔画、撕裂的残书、残破的绘画之中，营造出一种

---

[86] Wu Hung, "On Rubbings", pp. 58-59; 陆和九：《中国金石学正编》，第 208-209 页。

[87] 陆和九：《中国金石学正编》，第 336-337 页。

[88] 吴大澂曾讨论过制作整座铜器拓片的问题，参见《吴愙斋（大澂）尺牍》，第 158-159 页；另见 Hu, *Visible Traces*, pp. 107-108.

[89] 桑椹：《全形拓之传承与流变》，《紫禁城》，2006 年第 5 期，第 52 页；桑椹：《青铜器全形拓技术发展的分期研究》，《东方博物》，2004 年第 3 期，第 33-34 页。

[90] 桑椹:《青铜器全形拓技术发展的分期研究》，第 35 页。

迷人的随心所欲的效果。八破画被人视为吉利画，因为中文里"聚集"与"吉利"押韵，但可以确定的是，古代物件把拼贴画与好彩头联系 66 在一起。[91]19世纪最后十年，图像艺术囊括古物拓片的理念变得愈加盛行，当时吴昌硕和任薰引领着博古花卉，这种水墨画用亮色在花瓶上面画牡丹等吉祥花卉，仿照青铜器立体拓片的样式，或者直接在花瓶上面画拓片的摹本。[92]这类技法很像欧洲静物画中运用的透视法、描影法和合成法。这类静物画因提供给暴发户而打开市场，因为暴发户比金石学家更喜欢大红大紫、吉祥如意的花朵。[93]但并非所有金石学家都厌恶博古花卉，吴大澂就很照顾该派画家，如吴昌硕和黄士陵。[94]八破画和博古花卉的流行表明，金石活动已经渗入中国艺术界。

对拓片和所有金石图像而言，仿真只是次要目标。更为重要的是，这些图像反映出古物本身的社会价值和政治价值，因此理想化的、未被腐蚀的宋朝式样的青铜器图像继续大行其道。然而，立体拓片甚至照片在金石出版物中变得日益重要，这是金石领域出现的新变化，金石学家照顾到古物全体，而朴学家只关注铭文。

图谱

当一位家境富裕的收藏家收藏数量达到一定的级别，他的金石圈子具备一定的规模，或者两者兼而有之时，他通常会编纂一部个人藏品图谱。我们前面已经说明，编纂古物图谱的观念发端于宋代。18世纪下半叶乾隆皇帝刊印古物图谱之后，这种风格再度流行起来。阮元曾说，乾隆刊印的图谱启发了一代士人编纂私人图谱。在一百多年时间里，他们私家刻印青铜器、玉器等古物图录，风靡一时，到20世纪

---

[91] Berliner, "The 'Eight Brokens'", pp. 62-63.

[92] Lederose, "Aesthetic Appropriations", pp. 234-237.

[93] Bai, "From Composite Rubbing", pp. 56-57; Erickson, "Uncommon Themes", pp. 40-41; Shen, *Wu Changshi and the Shanghai Art World*, pp. 70-71. 罗覃认为这类画最早能追溯到1814年，参见 "Rubbings of Chinese Bronzes", p. 11.

[94] Bai, "From Composite Rubbing", p. 60.

头十年里依然在印制。[95] 清末官员刘体智在加盟中国实业银行董事会之前，已煞费苦心收集藏品几十年。自云"凡属古物，靡不宝爱。耳目所及，既释其可喜者留之。即远至千里之外，亦必多方罗致。左右67 其间，寝馈不厌三十年，藏弄粗有可观矣。摩挲之余，不欲自秘，因先就吉金一类，绘其形制，拓其文字，记其度数，次为十录，付诸影印，用质当世。"[96] 但因为金石活动中某些领域出现新的视觉技术，他们的图谱发生变化，开始收录的图像具备更加纵深的尺寸，古物表面特征更加逼真，连瑕疵都会呈现出来。这些图录受插图书刊的影响，常运用更宽广的尺寸和受西启发式的科学图解法，在 19 世纪的中国日益流行开来。[97]

当然，宋代图录建立起来的视觉原理依然有用，直到进入 20 世纪，金石学家继续运用单线构图法，勾勒彝器的外形和基本的装饰花纹。因为这类图像画得不受任何时间、磨损、破坏等影响，图像本身彰显着正统，显示出彝器永恒的礼仪价值。（参见图 1.2，端方在陕西收集的藏品，这是 20 世纪初的典型式样）在 20 世纪初，这种画法依然盛行，因为它明确传达着儒教意识形态。叶昌炽认为："前人彝器著录。必图其形制。如《宣和博古图》是也。以此列求之……每一碑节临数十字，摹其款式，详其尺寸……然其界画之工，刻镂之细，摹印之精，断非俗工所能从事。"[98] 换句话说，这种自宋代图录延续下来的视觉模式，是展露精英阶层热衷于搜集和研究古物的另一条路径。

既然拓片已经出现立体样式，图谱亦紧随其后。实际上，乾隆《西清古鉴》里的古物由宫廷画师绘制，他们受过当时流行的西方绘画技术方面的培训，如透视法里的消失点、交叉阴影法等。[99] 画师有

---

[95] 阮元：《积古斋钟鼎彝器款识》，卷一，第 1a 页。这些图谱通常由一大批学者（加上朋僚和刻工）通力合作，寻找原材料、提供拓片、安排影印等。最大的困难在于刻制字模，因刻工不熟练或不认字，在仿照拓片的效果时，刻制阴文最为艰难。参见吴大澂：《吴愙斋（大澂）尺牍》，第 27-30，59-60 页；顾廷龙：《吴愙斋先生年谱》，第 265 页。

[96] 刘体智：《善斋吉金录》，卷二，第 1a-1b 页。

[97] Fan, *British Naturalists*, pp. 41-42, p. 47. 19 世纪末插图出版物的讨论，参见 Hay, "Painters and Publishing in Shanghai"。

[98] 叶昌炽：《语石》，第 322 页。

[99] Berger, *Empire of Emptiness*, pp. 125-126.

丁观鹤（活跃于 18 世纪 40 至 80 年代），其兄长丁观鹏曾跟随久居中国的意大利画家郎世宁（Giuseppe Castiglione）学习过，他们可能接触到法国铜版雕刻技术。在柯升（Charles-Nicolas Cochin）的指导下，画师曾用这种技术刻版庆祝乾隆的军事胜利。[100]丁观鹤 1778 年又编制乾隆的砚台图录，娴熟运用阴影显示效果，在描摹石头、黏土等材料的宽深、纹理时，能够画出裂痕、碎屑等些微瑕疵（图 3.1）。[101]这些新奇效果显露出西方蚀刻术和雕刻术的影响，也表明金石文化在逐渐提高仿真效果，逐步接受古物上的瑕疵与损伤，不再像以前那样呈现完全崭新的展示效果。然而，在乾隆图录中所收的青铜器等祭器上却没有明显类似的瑕疵，说明对礼器等儒家正统符号的恭敬态度依然存在。

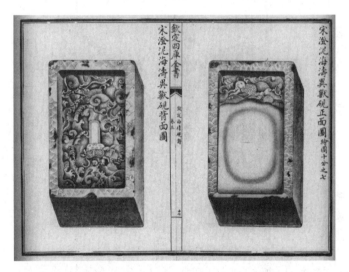

图 3.1　乾隆 1778 年图谱《西清砚谱》中的宋代砚台。请注意名称以及其中细节已显示出破损与纹理。

　　宫廷画师受欧洲影响的式样逐渐地流行，开始影响到翁方纲和阮元等金石学家。[102]在这些新颖插图式样的引领下，金石图录逐步抛开

---

[100] 谢小华等编：《乾隆年间法国代制得胜图铜版画史料》，《历史档案》，2002 年第 1 期，第 5 页。

[101]《西清砚谱》里，第一方砚台用瓦片制作，用阴影技术绘制，画出其凹陷的表面，以及边缘上的凿痕。于敏中编：《西清砚谱》，卷一，第 2a–2b 页。

[102] Bai, "From Composite Rubbings", p. 57; Berliner, "The 'Eight Brokens'", p. 66.

69 宋代风格，开始展示礼器上的裂缝、碎屑等瑕疵。例如吴大澂在他的古玉图里，把象征周代尊贵政治权威的玉如意和玉琮，画得古旧而破损。因此，在很多方面，单线构图开始像立体拓片一样。不久立体拓片亦收录到金石学家的图录之中，如张廷济收藏的古物图集（图3.2），张是阮元的密友，也是著名书法家。最初，只能把立体拓片粘贴到独一无二的剪贴本内页上，这才能够操作。但随着石版影印术的引进，复制拓片运用铜版石印术后，过程简单易行，吴大澂在编第二部青铜器图录时就用此法。[103] 此后几十年，金石学家在编制古物图谱时，就用石版影印术来复制拓片。

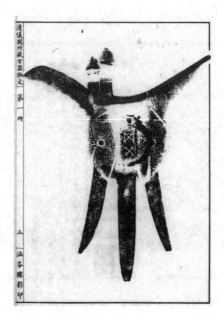

图 3.2　19世纪张廷济收藏爵的全形拓，石版影印术印版。来自1925年版《清仪阁所藏古器物文》。

　　但直到20世纪20年代，真正用照相机拍摄的古物照片仍然极为罕见。因为存在着实际困难：照相设备需要昂贵的开支，还要请训练有素的摄影师，通常在大城市里才能找到，内地也没有那么多金石学

---

[103] 吴大澂：《愙斋集古录》，卷一，第6a页，卷四，第11a-11b页。

家会用到。通常还需要大量时间去接触到实物，藏品在地理分布上极其分散，这对学人来说是另一层障碍。况且这种技术还有美学上的缺陷，照片有时不清晰，显得太过呆滞。图谱使用多层透视、单线雕刻，与其描绘主题形成鲜明对比。拓片依然是呈现铭文的最佳方式，不论在青铜器上，还是在其他古物如甲骨上，皆是如此。

随着视觉文化里种种新技术日益普及，金石领域越来越多地使用照相术。19世纪90年代，照相机首先用于复制中国画，数年之间，照相画亦开始影响到图片的生产。[104] 在下一个十年里，这项技术用来制作甲骨文的压墨拓片，最终还用于拍摄礼器等古物。[105] 早期利用照相术制作古物图录中，就有容庚。他利用古物照片，编成系列图谱（图3.3），这些照片细节清晰，栩栩如生地刻画出腐蚀物等质地特征。因为它们避免了大多数古物图谱的完美无缺的外表特征，标志着从中世纪图谱建立并维系的视觉传统，至此发生重大转折，除少数例外，这种转变一直延续到清朝结束。

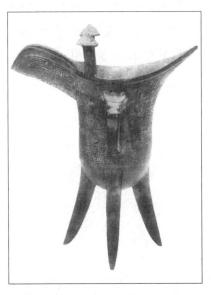

图3.3 刘体智收藏爵的照片。来自1936年容庚编著《善斋彝器图录》。

---

[104] Berliner, "The 'Eight Brokens'", p. 70.
[105] Von Pee, *Wu Hufan*, pp. 114-115.

但大体而言，照相图录不如人们想象得那般新奇。举个例子，他们编著图谱通常使用传统的金石版本，像木刻本图录一样，用黑色边72 框围在古物四周。此外，画幅表层有腐蚀痕迹，可能不仅追求照相技术带来的逼真度，而且是对表面纹路的一种补充与强调，但在 19 世纪最初几十年里，全形拓也能达到这种效果。所以，对古物的重要性而言，照相术本身并未标志着重视古物实体的观念完全改变，毋宁说巩固了这种早已酝酿近百年的观念。

尽管如此，这种对古物实体性极其重视的观念正在出现，金石学家群体开始完全轻视图像的作用。世纪之交时，金石学家依然认为图片和拓片对金石研究极其重要，但在研究中愈加清楚它们实际作用有限。1895 年康有为支持并倡议在上海创办博物馆时，写道"文字明其义，有不能明者，非图谱不显；图谱明其体，有不能明者，非器物不显"。[106] 感同身受的价值最高。吴大澂致信陈介祺说"大澂爱古之苦心，然不见器则不敢滥收也"。[107] 即使是碑刻文字，他认为"若仅见拓本则未敢信也"。[108] 晚清学者开始主张只研究图像远远不够，古物实体才是研究的核心精髓。但在晚清金石学背景里，怎样才能正确研究古物的物质特征？换句话说，古器物研究应该是什么样子？

---

[106] 转引自 Claypool, "Zhang Jian and China's First Museum", p. 595.

[107] 吴大澂:《吴愙斋（大澂）尺牍》，第 148 页。

[108] 吴大澂:《吴愙斋（大澂）尺牍》，第 146 页。

第四章

吴大澂的古文字学和古物研究

> 人生秦燔千数百年之后，何以能识三代文字？曰：幸有钟鼎彝器款识，皆秦以前物也。
>
> ——吴大澂:《愙斋集古录》（1897）

晚清金石学家的日常活动集中于古物收藏、赏鉴、视觉文化的生产，但要实现这种消遣，有一个必不可少的要素：解读铭文的方法。随着金石学在19世纪晚期快速发展，古文字学亦随之发展。我们通过吴大澂的研究历程能特别清楚地看到这一点。吴大澂是当时最为德高望重的金石学家之一，其成就不仅影响了中国学界，还影响到国际学术界。

吴大澂的研究表明，在19世纪最后十年里，通过借鉴西方的学术方法，金石学家能够在多大程度上灵活面对和回应当下政治和学术潮流。在几十年研究生涯中，他探究过金石学科的好几个关键领域，其中之一是古文字学。在他比较年轻的时候，曾利用篆书方面的书法专长（这一能力部分是通过富有想象力地缮写儒家经典《论语》等方式而练就的）去修订最重要的汉语字典《说文解字》。文字素养赋予他高度的自信，他抄写和释读青铜器上艰深晦涩的金文，过去几百年来学人一直在回避这些文字，包括毛公鼎上的铭文。当他以彝器铭文 74 专家扬名天下之后，就开始探究更加晦涩难懂的物件：没有文字的玉器，尝试恢复古代的度量制度。吴大澂的玉器研究受西方自然科学的影响，用无字的古物来论述上古历史，实为金石学研究中首次。吴开辟了实物研究的新时代，作为高歌猛进和精益求精的学者，他赢得了国际性的学术声望。

书法与今文经、古文经之争

吴大澂并非浪得虚名。在金石学史上，就青铜器收藏而言，他仅名列阮元和潘祖荫之后，陈介祺屈居第四。梁启超称赞他的研究成果"精博"[1]。他出身于金石世家，是才华出众的书画家，每当见到古物就不由自主地制作拓片或绘制略图。[2] 他在金石学上保持了四十年的兴趣，在青铜金文书法上的艺术才能，逐渐地夯实了他的古文字研究。

吴大澂年轻时便嗜好金石之学，十三岁学会画画，在金石学上显露出特有的天赋。1877 年他大病初愈后，致信王懿荣说正在起劲工作，虽然带来不少苦痛，但雄心万丈要去编纂一部三十二卷本访碑图谱，每页都配有说明文字。[3] 他披肝沥胆钻研篆体书法，他的篆书甚至比绘画更受世人的推崇。[4] 十七岁时，他拜陈奂为师学习书法，陈是朴学大师段玉裁的入室弟子。[5] 某位 20 世纪评论家评价他的书法作品，认为与其他金石画派大师相比不分高下："论清人之书，在何子贞后得一人焉，曰吴大澂……用笔用墨皆精当，其书小至一二分，大至

---

[1] 陆和九：《中国金石学讲义》，第 249-252 页；梁启超：《清代学术概论》，第 33 页。

[2] 吴大澂外祖父韩崇编过一部金文目录，后来由潘祖荫重刻。对吴大澂及其摹图的描述，参见支伟成：《清代朴学大师列传》，第 279 页。

[3] 《吴大澂致翁同龢》，第 2 页。他无比尊重黄易编的《嵩洛访碑图册》，其中包括了龙门石窟，王念孙等几位名家为其题签。吴大澂之友倪文蔚复制之后，吴终于见到这本梦寐以求的访碑图册。他自己也复制一册，完全按照黄易的图谱和刻板，这标志着金石学家的社交网络，已经通过图录完全浸淫于古人的思路当中。端方在 1905 年亦获得一册黄易的图谱，因为有翁方纲的批注而愈加珍贵。参见 Tseng, "Retrieving the Past", pp. 47-48；《吴大澂致翁同龢》，第 4 页；端方：《陶斋存牍》，第 201 页；Hsu, "Huang Yi's *Fangbei* Painting", p.253.

[4] 吴大澂弱冠之年曾阅读朱熹《近思录》，这是一本教育格言汇成的语录，鼓励学子格物致知。受这种方法的启示，吴大澂想通过书法的形式，专注于沉思冥想。参见顾廷龙：《吴愙斋先生年谱》，第 6 页。

[5] 连吴大澂早期的书画作品都会有人收藏。参见顾廷龙：《吴愙斋先生年谱》，第 4-5 页。

榜书，无不佳妙，实为篆书一大家。"[6]

当把古代铭文作为朴学文本来研习时，他仍能一如既往致力于书法练习。实际上对吴大澂而言，书法是儒家意识形态的表达方式。他以古代字体笔法为师，这样才能打破今人的陋习。[7]尽管文字研究和 75 书法禀赋密切相关，但对吴大澂等学者来说，艺术创作在时间上早于文字研究。甚至可以说，前者可能更加重要。

不幸的是，他沉溺于古物之中，有时会成为一种政治负担。1894年，甲午战争爆发。吴大澂时任湖南巡抚，主动请缨去防守辽东半岛，十年以前他曾经驻防过此地。他的主力部队按部署行进至牛庄时，遭遇日军"声东击西"策略的陷阱而大败。吴大澂溃败后羞愧无比，因为日本人不久以后就攻占了相邻城市营口并大获全胜。吴最初想要自杀殉国，但被副官劝阻下来，然后就被革职不用了。[8]

他并不比战时的同僚们更无能，不过因为痴迷于金石，使批评者对其在军事上的溃败有了具体解释。梁启超主编的《新民丛报》（1902年在日本横滨发行）上刊登了一首诗，作者是外交官兼政治改革家黄遵宪，诗歌讽刺了吴大澂不合时宜地迷信一块汉代玺印，印文镌刻反讽式地证明中国对辽东地区的管辖权。（刻有"度辽将军"字样）《度辽将军歌》描绘吴大澂曰"平章古玉图钟鼎，搜箧价犹值千万"。战争结束以后，"燕云北望尤愤多，时出汉印三摩挲。忽忆辽东浪死歌，印兮印兮奈尔何！"[9]黄遵宪的批判矛头绝非针对吴大澂一人，而是直接指向许多晚清官僚对儒家文化的愚忠愚孝。虽然黄遵宪谴责吴大澂沉溺金石学、分散了他的从政精力，但事实是吴的研究内容都含有艺术成分、学术旨趣和政治抱负，尽管这几方面不能等量齐观。

吴大澂的第一个金石计划受到篆书书法才能的启发。19世纪60

[6] 王潜刚:《清人书评》，第833页。
[7] 吴大澂:《吴愙斋（大澂）尺牍》，第16页。
[8] 赵尔巽编:《清史稿》，卷四五七，第10552页。
[9] Schmidt, *Within the Human Realm*, pp. 290-291; Bai, "From Wu Dacheng to Mao Zedong", pp. 253-255.

年代，他正在准备科举考试，经常出入潘祖荫的书房，对许慎《说文解字》里三十六个篆体字产生兴趣，许慎说过孔子编订六经皆用古文。由于他颇具书法禀赋，于是决定用篆书把整部《论语》抄写一通，这项工作时断时续，前后花费近十年。[10] 他尽力构想《论语》当初在编纂时的情况，在晚清朴学家看来，这种释读方式纯粹是政治行为。

76 早在清王朝建立之前，学人就不断梳理经书版本，古经早被秦始皇焚毁，后来由汉代学者用隶书重写出来。但汉代中叶越来越多的史料被发现，尤其是在孔庙墙壁中发现的经书，乃用籀书写成，换句话说是用汉代之前的字体写成。这就是所谓的"古文经"。官员将其供呈给朝廷，并整合进已有经书之中。但后世学者用朴学方法证明，汉代的今文经书更加可靠，正如我们在阎若璩对《尚书》的研究中所看到的。到清朝末年，今文经的拥趸倾向于政治维新的主张，用阐释今文经学的方式，为变革政治制度寻找合理化依据。例如今文经学家康有为在 19 世纪 90 年代名噪一时，为支撑他对清帝国的全盘维新计划，他声称孔子亦是改革家。

以当时标准来看，吴大澂用篆书抄写《论语》，似乎自视为古文经学派，因此是政治保守派。但实际上吴大澂的工作已经重新界定了这场争论。阎若璩等许多朴学大师不过简单地梳理过字体形态的历史，其结论主要依据文字资料的内在分析。[11] 相比之下，吴大澂尝试把彝器铭文与经书互相参照，意味着仅依靠经书的内在理路进行研究是远远不够的。虽然康有为对经书的研究主要是文献学方面，但他和同时代人已开始借鉴金石学的研究方法。例如刘师培宣称，今文经书已经被汉代碑刻所证实。[12] 因此，吴大澂奋力用古代字体抄写经书，不应视为完全保守的行为，因为他促使其他政治思想家重新把金石作

---

[10] 潘祖荫的家藏中还有一部日本刻古文《孝经》，吴大澂也用篆书抄录了一遍。参见潘祖荫：《滂喜斋藏书记》，第 1b 页。

[11] 阎若璩认为到东晋时期梅赜（活跃于 317 至 322 年）重新发现古文《尚书》的时候，籀文早已不再通用。参见杨善群《古文〈尚书〉流传过程探讨》，《学习与探索》，2003 年第 4 期，第 119-121 页。

[12] 刘师培：《论考古学》，第 466-467 页。

为原始资料。换句话说，以临摹书法为开端，最终会得出一个重要的结论：这位未来的度辽将军并不一定反对维新，就金石学研究而言更是如此。

铭文与《说文解字》

运用最新的原始资料是吴大澂与其同好最杰出的成就之一。正如我们早已看到的，与 18 世纪朴学家相比，金石画派成员对青铜器上 77 的铭文极感兴趣，陈介祺认为这些文字更加古老，因此比六经更重要。[13] 吴大澂抄完《论语》之后，打算用青铜铭文来为《说文解字》增加新字，于是著成《说文古籀补》。这是一项卓绝的成就，为古文字学家提供了上千个新字，其视野和精确度表明，不像几百年前的先辈，19 世纪金石学家最终能够解读出最复杂的青铜铭文。

吴大澂抄《论语》时，能释读很多许慎未曾释读的文字，于是激发出写作《古籀补》的灵感。实际上，他觉得《说文解字》在解释某些古字时作用有限，这些古字是古文或籀文（"籀"字不同于周朝的"周"字），或"古籀"合成一词，一般认为比许慎所用的小篆时间更早。《说文解字》里收录的九千多字中，只有两百多个籀文和五百多个古文。朴学大师段玉裁对此做过解释，他认为许慎在遇到无法辨识的篆体字时，会有意遗漏掉。但吴大澂认为是许慎压根儿不认识这些远古的篆体字，所以才故意漏掉，尤其在他主要依靠书面资料的情况下。[14] 在吴大澂看来，有清一代如此之多青铜器等古物重见天日，他和同行在考镜文字源流方面，比汉代任何一位学者更有优势。[15]

吴大澂通过研究《说文解字》，在清代学术史上开拓出一个新方向。清朝最初几十年，不少学者已经着手修订这部字典，希望能够补

---

[13] 转引自吴民贵：《晚清人物与金石书画》，第 48 页。

[14] Qi, "A Discourse on Chinese Epigraphy", pp. 20–22.

[15] 吴大澂：《吴篆论语》，第 1b–2a 页。

正早期版本里存在的不准确的释读。[16] 下一步工作是增加字汇。龚自珍曾经预言，将来有朝一日会用彝器铭文来增补《说文解字》。在庄述祖、严可均和王筠广受好评的《说文》研究中，曾经参考过一些彝器铭文。[17] 但这项学术事业的确艰难而又枯燥。张之洞承认说"《说
78 文》初看无味，稍解一二，便觉趣妙无穷"[18]。吴大澂等学者既擅长彝器铭文书法，又对许慎字典有无限耐心，终使龚自珍的预言变成现实。

为了弥补许慎在古文和籀文方面的不足，吴大澂决定专门研究春秋末期到战国初期使用的文字。这几乎要重写许慎数千条目中的一大半。吴收字是通过采集新近发掘的青铜器上的铭文，尤其是那些篇幅较长的铭文，如毛公鼎（有 479 字）。他还采集印在泉币、陶瓷和石鼓文上的字，这些都是此前《说文解字》研究者所未曾利用过的参考资料。[19] 他小心翼翼、一丝不苟，只援引亲自鉴定过的文字，或至少亲手接触过的拓片。[20]

在古物研究领域，吴大澂对《说文解字》的地位构成了严峻的挑战：它不再是解读中国早期文字最具价值的典籍，彝器铭文才是。实际上，通过运用青铜器铭文来重编字典，吴大澂已向世人证明，利用钟鼎文对经书做哲学和历史研究如今已具备可行性，由此超越了数百年来金石学家在古文字研究方面的能力。

吴大澂的《说文》研究获得了普遍的赞誉。潘祖荫夸他堪与薛尚功和赵明诚相比肩。[21] 考古学家李济称《说文古籀补》"可以说是作为清朝一个经学家的中国学者，在研究金石文字的基础上所撰写的第一部系统指出《说文》错误的著作"[22]。吴很快成为公认的《说文解字》

[16] Boltz, "Shuo wen chieh tzu", p. 430.
[17] 唐兰：《古文字学导论》，卷二，第 23b 页；龚自珍：《商周彝器文录序》，第 267 页。
[18] 张之洞：《輶轩语》，《张之洞全集》，第 9779 页。19 世纪刻印过数十种《说文》研究著作，其中几种为潘祖荫的学术圈子成员所撰写。莫友芝编著唐朝《说文》的残本，王懿荣刻印了郑珍那部颇有抱负的《说文遗字》，该书目的是重新把今文经里的字汇增补进字典里去。
[19] 吴大澂：《说文古籀补》，卷一，第 3b 页；罗振玉：《说文古籀补跋》，第 488 页。
[20] 吴大澂：《说文古籀补》，卷一，第 3b 页。
[21] 潘祖荫：《说文古籀补序》，第 2a 页；陈介祺：《说文古籀补序》，第 2b 页。
[22] 李济：《安阳》，第 6 页。

专家，与当时的画家同好张式曾（活跃于 19 世纪 80 年代）书信往来，张式曾在 1889 年曾独立完成过说文研究著作。[23] 吴大澂既然已经向世人证明在古文字学方面确有专长，便开始运用其本领去释读彝器铭文，包括最著名的毛公鼎。

彝器与政治

毛公鼎是公元前 9 世纪周宣王统治时期铸造的铜鼎，自发掘之日起就争议不断。比如到 20 世纪 60 年代，澳大利亚考古学家巴纳德（Noel Barnard）还宣称此鼎是伪造品，由此又引发一轮争论。尽管巴纳德的论断最终被否定，但 19 世纪对此鼎真伪的论辩从未停歇。张之洞说："洋洋五百言，无一事、一地、一人，皆套语耳。……陈氏以千金买赝鼎，不亦慎乎？"[24]

如今这件青铜器可以确定真实无误。但吴大澂开始研究工作时，只有陈介祺等少数几位学者尝试抄录其铭文内容。考虑到吴的清流派立场，把研究毛公鼎同儒家仁政的观念联系起来就在情理之中。实际上也确有关联，因为铭文开篇是周朝受命于天的著名诏书，喻示着有德之王才具备合法性。当然，美德有多种界定方式，吴大澂抄本反映出他本人对如何行仁政的看法。

铭文内容是对周宣王叔叔毛公的授命，毛公时任摄政王。其中相当一部分篇幅用来描述周宣王赐赠给毛公的礼物：玉器、衣物、精致的铠甲和两轮战车等。[25] 铭文内容还包括周宣王的祈祷词："丕显文武，皇天弘厌厥德"，宣王吟诵着，赞美王朝的缔造者，"宠我有周，膺受大命"。[26]

这是吴大澂的释读，但陈介祺认为应该释读为"丕显文武，皇天弘

---

[23] 顾廷龙：《吴愙斋先生年谱》，第 189 页。

[24] 张之洞：《毛公鼎》，《张之洞全集》，第 10374 页。

[25] Dobson, *Early Archaic Chinese*, p. 218; Shaughnessy, *Sources of Western Zhou History*, p. 81.

[26] Dobson, *Early Archaic Chinese*, p. 218.

厌厥德，配我有周"[27]。吴大澂用"宠"字替代"配"字，注释曰此为取悦上天神灵。[28] 为了证明这种读法正确，吴大澂引证《尚书》和《国语》(这是一部战国时期的著作，收录了不少周朝时期的言论)里的材料，它们用"宠"表达一种满足感，源于对饮食的比喻。据吴大澂解释，有德君王喜欢美食，意在满足上天的食欲。弦外之音是君王并非超凡脱俗之人，不过是凡夫俗子，因此符合宇宙间新陈代谢的规律。

在 19 世纪金石学的大背景下，吴大澂的研究方法别出心裁。他偏爱运用训诂学胜过运用文字学，通过将铭文内容与文献内容相对照的方法，来释读彝器铭文。这种方法称为"推勘法"(字面意思是推断和校勘)，貌似稀松平常，但大多数清代古文字学家不喜欢这种方法，他们更喜欢依据许慎的"六书"造字法，去识别奇字，去解释字体的历史演变。著名古文字学家唐兰怀疑推勘法的可靠性，但吴大澂用推勘法向世人证明其有效，尤其是在识别远古文字时，其构字法并不符合许慎提出的"六书"分类系统，因此就不能运用文字学。[29] 再如孙诒让在研究甲骨文字时，也使用了推勘法。[30]

但是，推勘这种根据上下文来推断的方法之真正价值在于，它使吴大澂在释读古代文字时，能够发表一些政治见解，正如释读毛公鼎时我们屡屡见到的那样。宣王接下去说："率怀不廷方，罔不闬于文武耿光。"吴大澂把"耿光"解释为君王的美德，而非君王的富庶与庄严，由此强调统治者有责任增进社会的福祉。[31] 无论如何，吴大澂绝非革命家，通过参照相关的文字资料，他对政府与社会职能的评论可谓鞭辟入里，意味着全新的价值观念已经渗透进整个研究方法之中。

抑有进者，吴大澂把佶屈聱牙的远古文字同当下的儒家观念联系在一起，于是长久以来极难实现的、彝器铭文对注疏经书大有裨益的

---

[27] 据张光远：《西周重器毛公鼎》，图 15。

[28] 吴大澂：《愙斋集古录》，卷四，第 5a 页。

[29] 这种方法的灵感可能来自陆德明著《经典释文》。这部字典不仅收录了单字的列表，而且还收录了从古文里选取的多字短语，其中有些到唐代就散佚了。唐兰在《古文字学导论》(卷二，第 19b-22a 页)讨论了吴大澂的这种方法。

[30] 孙诒让：《契文举例》，卷二，第 1b 页。孙诒让第二部契文著作《名原》，其中一章为《说文补缺》，依然使用推勘之法。

[31] 吴大澂：《愙斋集古录》，卷四，第 5a 页。

理念，开始付诸实践。（正如大家所见，金石学家经常提及此法可行，但大多数人倾向对经书本身做文字学分殊，几乎不会参考彝器铭文。）利用有字古物来验证书面材料，这是一小步，但却是极其重要的一小步，此后利用无字古物进行研究才顺理成章。但首先需要对无字古物的价值秉持全新的欣赏态度，这种态度对研究 19 世纪人文地理学尤为必要。

古物的理念

　　吴大澂最具原创性的研究，是对古代长度测量系统的著述。他收集大量玉器进行研究，以期恢复周朝基本的长度单位，这是最早有意识地对无文字古物进行研究的规划之一。实际上据罗振玉观察，在晚清之前，无文字古物不受重视，部分原因是没有文字线索，就很难追溯其时代、辨别其真伪。[32] 到 20 世纪初，中国金石学家依然沉迷于青铜器、碑刻之中，狡猾的洋人在攫取中国玉器和陶瓷时，几乎没有遇到竞争对手，一时怨言四起。[33]

　　大概受到欧洲地理学著作的影响，这种局面开始发生变化。比如查尔斯·莱尔（Charles Lyell）以化石作为证据来支撑他的观点：地球历经数千年而逐渐形成，并非是在像大洪水那样上帝突然降临的大灾难中形成的。这种理念鼓舞了达尔文，他乘贝格尔（Beagle）舰航行去寻找化石。莱尔的著作《地质学原理》（1830）和《古代人的地质证据》（1863）有力证明人类居住于地球的时间极其漫长。[34] 他还讨论过可以利用"石斧和箭头"作为线索，去探寻人类史前史。[35]

　　金石学家 1860 年已接触过这类方法，当时安德森（John Anderson）身为加尔各答博物馆馆长，到云南搜集古代石器工具。[36] 三十年

[32] 罗振玉:《古器物识小录序》，第 25 页。
[33] 查晓英:《"金石学"在现代学科体制下的重塑》，《中山大学学报》，2008 年第 3 期，第 88 页。
[34] Lyell, *Principles of Geology*, p. 739.
[35] Lyell, *Principles of Geology*, p. 739.
[36] Su, "The Reception of 'Archaeology' and 'Prehistory'," p. 430.

后，外交家薛福成对在西伯利亚发掘的、即将送往俄罗斯博物馆的古代无字史料留下深刻印象。[37]1908 年，端方捐赠给芝加哥菲尔德博物馆一尊刻有铭文的唐代道教造像碑，作为回赠，他收到一只美国出土的陶篮。[38]

古物的特殊性在于，如果上面没有铭刻文字，在传统金石学家看来价值甚低。他们最感兴趣的观念是，古物能够解释人类历史和社会发展。谭嗣同对此颇受启发："所谓地学者，考察僵石，得其生物……即其所及知，以究天地生物之序，盖莫先螺蛤之属，而鱼属次之，蛇鼋之属又次之，鸟兽又次之，而人其最后焉者也。"[39]把地质学与人类历史联系起来的理念对中国学人颇具吸引力，因为他们都想证明华夏文明源远流长。用范发迪的话说，如何"增进与西方自然史的联系，而又不必削弱中国古经的权威"，比如章太炎把欧洲地质学里的历史分期石器时代、青铜时代和铁器时代，与先秦古书《管子》里的历史记载联系起来。[40]

82　　　对亚洲学者而言，古董令人兴奋，原因并非它们能够解释人类史前史，而是能够解释其本民族早期史。在国体（Kokutai）意识形态的影响下，明治时期日本金石学家开始摈弃中国艺术品，刊印能够反映本国物质文化的古物图录。如 1876 年，日本文部省官房长官蜷川式胤编纂了一大套古代陶瓷图谱大全。该书插图运用石版印刷、手工着色，看上去与照片有同等效果，且附有该物对本国历史文化价值的详尽说明文字。[41]其理念是不仅中国能发掘出古物，日本亦有着独具一格的本国历史，通过出土发掘也能表现出丰富多彩的早期物质文化。

因此，这两类古物研究的题中应有之义是，文字对古物研究并非

---

[37] 薛福成：《俄罗斯禁搜古碑记》，《庸庵文编》，第 1067-1068 页。

[38] Lawton, *Time of Transition*, p. 8.

[39] 谭嗣同：《石菊影庐笔识》，第 252 页。

[40] Fan, "Nature and Nation", p. 421；查晓英：《地质学与现代考古学在中国的传播》，《历史研究》，2006 年第 4 期，第 96 页。

[41] 蜷川式胤：《观古图说》，卷一，第 1-4 页。爱德华·莫斯（Edward S. Morse, 1838—1925）曾在东京大学作动物学教授两年，赞扬蜷川式胤的书比英文的或者法文的同类出版物都要完美，运用彩色石印术，是一部个性鲜明的陶瓷著作。参见 Morse, *Japan Day by Day*, p. 106; Ikawa-Smith, "Co-Traditions in Japanese Archaeology", pp. 297-298.

必不可少，有字古物与无字古物都能用于描述民族与社会的发展。吴大澂可能通过欧洲地质学家或日本金石学家接触到了这些理念，必然对利用无字古物研究中国早期王朝的理念留下了深刻印象。他有两本玉器研究之作《古玉图考》（1889）和《权衡度量实验考》（未完稿，序言作于 1892 年），利用这些古物来考证周代度量衡制度。这些著作的意义在于，中国学者首次尝试利用无文字的古物，为研究上古时期的社会活动提供实物依据。

实验派金石学

考虑到吴大澂早年浸淫于古文字学和《说文解字》，他对无字的玉器感兴趣有点不同寻常。玉器通常被视为古玩，因此不入严肃金石研究者的法眼。但重要的是要注意这种学术新潮流。吴大澂曾说明玉器在古物中的地位："典章制度于是乎存焉，宗庙会同裸献之礼，于是乎备，冠冕佩服刀剑之饰，君臣上下等威之辨，于是乎明焉。……未尝不贵之重之。"[42] 每件玉器都有独特的尺寸和纹饰，其特殊功能还在 83 于信息传达、踵事增华。通过恢复造玉时的尺寸标准，金石学家能够更好了解周代的政治制度。

但近几十年里，学界对玉器并未加以关注。吴大澂思考过这个问题："好古之士往往详于金石而略于玉，为其无文字可考耶？抑谓唐宋以后仿制之器多，而古玉之真者不可辨耶？"[43] 即使玉器本身不含文字，但文献信息并不匮乏。《周礼》有不少篇章叙述过各种玉圭、玉琮、玉璧的制造，《诗经》有不少诗篇讲到玉器的外观与功能，《说文解字》正文里及其词表里解释过玉器的名称与用途。[44] 金石学家对据传为周代的《考工记》极感兴趣，因为里面有一章专门描述玉器的制

---

[42] 吴大澂:《古玉图考》，卷一，第 1a-1b 页。

[43] 吴大澂:《古玉图考》，卷一，第 2a 页。

[44] 吴大澂:《古玉图考》，卷一，第 1b 页。

作过程。[45]

自宋代开始，金石学家就根据尺寸来辨别古物，每种古物图谱都记载着详尽而准确的尺寸，但这些尺寸都是根据编书时的度量衡制度测量，因此对制造玉器时的度量系统并无参照价值。[46]18世纪，乾隆的青铜器图谱收录过汉代有刻度的礼器，这使编纂者能够确定汉代的尺有多长。[47] 但用来衡量比汉代还要早数百年前制造的古物，汉代的度量标准并无多大用途。如果古代测量工具根本不能拿来参照，又该如何着手呢？

最初吴大澂并无多少自信，是否真能搜集到足够材料，去辨明古代的测量标准，甚至想读懂那些铭刻在古物上的佶屈聱牙的文字材料都很困难。[48] 随着收藏数量的增加，他逐渐树立起自信。19世纪80年代他终于确信，如此之多的玉器，尤其是玉笏、玉琮尺寸相等绝非偶然。根据《考工记》，通常一件玉笏应该有十二寸长，他用这个标准制作规尺（图4.1），这在1889年刊印的玉器图谱《古玉图考》的序言里做过说明，成为该书一大亮点。[49]

端方也采纳了这种测量古物、确定规尺长度的方法。他根据1908年刊刻的青铜器图录《陶斋吉金录》中收录的一块汉代铜镜（这是陕西出土的一组青铜器中样式最为独特的一块）制造出一把相似的规
84 尺。尽管规尺本身看似极其简陋且难以确证，但实际上，它们代表着对古代测量制度进行研究的一种全新理念。对古物尺寸的描述，不再局限于从文献资料里获取的测量数据。他们所编古物图谱里的尺寸，依靠的是从古物自身归纳出来的证据。

---

[45] Keightley, "Measure of Man", p. 35.
[46] Harrist, "Artist as Antiquarian", p. 262.
[47] 梁诗正等编：《西清古鉴》，卷三四，第3a-3b页。一尺大概相当于23厘米，在David Keightley对新石器时代玉器的研究中得到证实。
[48] 吴大澂:《权衡度量实验考》，第2a页。
[49] 吴大澂:《古玉图考》，卷一，第2a-4a页。

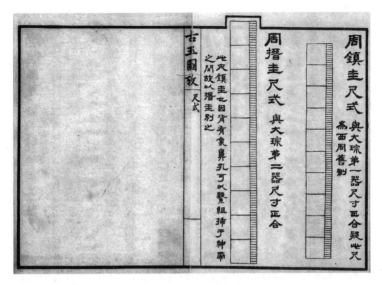

图 4.1　吴大澂 1889 年编《古玉图考》自创的测量古玉的规尺。

　　但吴大澂并未自满，在《古玉图考》里使用的自创规尺，参考过某种图录中所收的古物。他如今想复原整个周代的测量系统，包括容量、重量（这个选题最终未能完成）等。在实物材料用来反复证明假说的意义上，这是一项实验性的研究项目。[50] 当然吴大澂对科学话语的革新并非偶然，因为他的朋友刘鹗那时已经把新科技如望远镜等植入其小说当中。[51] 吴大澂的方法也归功于晚清士人对科技的兴趣，他们引领学界研读早期文本，试图证明古人通晓物理学原理。[52] 为完成85实验，吴大澂与琉璃厂的德宝斋密切合作，从那里购买大量罕见的大件古物，包括有着拱形雕饰的玉璧和玉制药用汤匙。吴特意叮嘱他们："拱璧无论大小，皆为搜罗得之；药铲有大者，不妨稍宽其价，想此时都下尚无争购之人也。……厂中个铺如有旧玉药铲，无论贵贱，均乞代留。" [53] 于是这些古物就成为他坚持不懈研究周代度量制度的原

---

[50] 在中国古籍里"实验"一词指的是检验或者演示，1889 年时含有尝试之意，到 1903 年专门指科学实验。参见香港中国语文学会编：《近现代汉语新词词源词典》，第 235 页；亦可参见 Liu, *Translingual Practice*, Appendix A, p. 270.

[51] 刘鹗：《老残游记》，第 15 页。

[52] Amelung, "Weights and Forces," pp. 214–218.

[53] 顾廷龙：《吴愙斋先生年谱》，第 189–190 页。

始材料。

调查实验始于一套十把规尺，与《古玉图考》中所创制的尺子相似。制作这套尺子，乃经反复比对藏品中的玉璧、玉圭和玉琮——其量度在《考工记》中有记载——而成。[54] 另外一套尺子则根据更专业的古物制作，即律管，这是一位朋友在 1890 年为他购置的。吴大澂相信这原本是黄钟律管，是周朝制作的用来测度黄钟音调之物，是调节十二种音调的工具。[55] 律管的音调与文献记录一一准确对应，这次是通过测量填装黑黍等谷物的数量确定的。[56] 这是一项惊人的发现，因为黄钟律管的发现使效法周礼成为可能。吴大澂根据律管做出一把新规尺，同时参考其他二十九件古物的尺寸。[57] 他总共制造出数十把规尺，都依据周朝不同时期不同种类的古物，令人眼花缭乱，但吴大澂却达到了目标，理解了历史变迁中的测量标准，毕竟测量所用的古物是象征周代政治权威的工具。

吴大澂的方法对那些追寻远古学问深刻价值的学者尤为重要，他们都想发掘其社会意义。如 1906 年，刘师培论述考古学的功能时，还特意引用过吴大澂的研究以说明改良的可行性。他说："金石之用，非惟有益于学术也，考其工作，稽其度制，可以觇古代之工艺。"[58] 这是金石学的核心功能。换句话说，十年以前严复还苛责金石学百无一用，如今金石学家受到改革家的肯定。梁启超的友人蒋智由于 1903 年
86 谓考古学具有实践价值，它使学人能够深挖当代问题的根源，因为万物绵延数代，皆有其早期源头。[59]

这项研究标志着中国学者最早的尝试，他们用无字古物为上古社会的运作提供实物证据，因此罗振玉称誉吴大澂是中国古器物研究奠

---

[54] 吴大澂：《权衡度量实验考》，第 2a 页。

[55] DeWoskin, *Song for One or Two*, pp.63-64. 由于黄钟律管对政治和科学都有重大意义，晚明科举考试最喜欢出这方面的题目，参见 Elman, *Civil Examinations*,pp.479-481.

[56] 《后汉书》记载黄钟律管有九寸长，正好填装 1200 粒黑黍。吴大澂用他收藏的律管装米，结果发现律管容纳的黑黍数量丝毫不差，于是愈加相信此管即是周代黄钟的测量工具。Needham, *Science and Civilization in China*,pp.199-200; 吴大澂：《权衡度量实验考》，第 2a 页。

[57] 吴大澂：《权衡度量实验考》，第 21a，22b-23a 页。

[58] 刘师培：《金石志》，第 265-266 页。

[59] Su, "The Reception of 'Archaeology' and 'Prehistory'", p. 440.

基人。[60] 但这项研究可以视为考古学吗？菲尔德博物馆的人类学家劳费尔（Berthold Laufer）认为可以。1912 年，他研究中国古玉时，曾经称赞《古玉图考》（在这本图考里，吴大澂首次使用自创的规尺）具有"伟大的考古学术价值"。劳费尔认为这本图谱"迥然不同于先前之作，是真正的考古收藏，其释文博学多才，值得享有中国现代考古学家的最高声誉"。[61]

　　除了劳费尔的赞颂之外，吴大澂对度量衡的研究很快引发中外同行同样热烈的兴趣，其中有王先谦和长老会传教士方法敛（Frank Herring Chalfant），他们依据从山东和京师文物贩子那里收购的古器物，研究过秦朝度量衡制度。[62] 罗振玉之子罗福颐出版了一部依据出土文物撰写的有关尺度的大部头著作，而王国维写过一篇中国历代度量制度的论文。[63] 无论是传统的还是现代的学者都尊敬吴大澂，王国维说，吴大澂最突出的贡献在于在他们那代人里，他充分利用了刚发现的文献和古器物。[64] 吴还影响到后辈学者如容庚等。正是通过吴大澂的《说文解字》研究，容庚首次接触到古文字学。[65]

　　实际上，吴大澂的研究算不算考古学并不重要，重要的是他启发了同辈和后代学人钻研此前从未受到注意的古器物，利用他们的藏品去系统研究上古中国的政治和社会。这种研究是晚清金石学的典型做法。到了 1899 年，对古器物研究的严加关注，学界渴求远古文字实物证据，终于促成甲骨文字的发现。而且在之后二十年的时间里，对古代经典的讨论必须依赖古物铭文的实物证据，这被视为历史研究是否更新的检验标准。因此吴大澂的创新为以后的发展奠定基础，最终发展成现在称作现代历史编纂学的学问。

---

[60]　罗振玉:《权衡度量实验考序》，第 410 页。古物研究通论及罗振玉的学术地位，参见陆锡兴:《从金石学、考古学到古代器物学》，《南方文物》，2007 年第 1 期，第 67-68 页。

[61]　Laufer, *Jade: A Study in Chinese Archaeology and Religion*, p. 13.

[62]　顾廷龙:《吴愙斋先生年谱》，第 217 页; Chalfant, "Weights and Measures", pp. 21-22.

[63]　罗福颐:《传世历代古尺图录》; 王国维:《中国历代之尺度》。

[64]　王国维:《观堂集林序》，第 284 页。

[65]　容庚:《王国维先生考古学上之贡献》，第 7340 页。

第五章

甲骨文的发现

今日得何秘籍？

——王懿荣致缪荃孙，无日期

甲骨文是中国历史上最古老的文字。[1] 至今已有四千多年，比甲骨文发现之前最古老的钟鼎文还早几百年。刻在各种甲骨的表面——龟甲、牛羊肩胛骨之上，偶尔刻在人类头盖骨上——这些都是应商王之命，在占卜仪式上留下来的符号。20 世纪初年，仍有日本学者指控中国上古史类近传说，考虑到这种争议，甲骨文对证明上古时期的中国历史就具有无可比拟的价值。

对王国维来说，甲骨文的发现堪比古文经书的出现，古文经在汉代发现于孔庙故壁之中。[2] 然而最初甲骨和甲骨文都被人坚决抵制过，我们至今仍不能完全确定是谁发现它们，是如何发现它们的。当学界开始研究这些材料时，他们释读的方法可谓千差万别。对孙诒让而言，它们有助于解释与古代社会的相似之处，以便为政治维新寻找合理化依据。而罗振玉用它们来颠覆王朝传统。由于种种原因，甲骨文字的发现基于当时金石学领域的现状，即古器物研究则开始落地生根，历史学家终于开始关注这一领域。

---

[1] "甲骨"一词最早见于 1914 年，库寿龄在《河南的甲骨》中首先使用。中国学人称之为"龟甲"和"甲片"，后来林泰辅在 1909 年《龟甲獣骨文字》一文首创"龟甲兽骨"。"龟甲兽骨"简称为"甲骨"，现已成为最常用的汉语词语。罗振玉把这些文字称为"书契""贞卜文字""刻辞""卜辞"。

[2] 王国维：《殷墟书契考释序》，第 1130 页。

谁发现了甲骨文

　　学界依旧在争论甲骨文到底是怎样被发现的，主要原因是王懿荣的发现有些匪夷所思（正如本书序言所述）。我们或许永远也不会知道，在王懿荣因疟疾卧病期间，这些刻字的骨头碎片是如何出现在他眼前的。但我们已确认，它们最初在河南省安阳县小屯村被发现。当地村民挖出骨头化石，称之为"龙骨"或"龙齿"，当作传统中药的药引子出售。[3] 在备药过程当中，文字通常被刮掉或者被压碎。[4] 怪就怪在人们是如何发现压成粉末、从未寓目的文字的呢？

　　或许不足为奇者在于，它们是被懂行的学者发现的。王懿荣在同僚之中以收藏古玩知名，爱好收藏奇物，在释读古文字方面独具慧眼。根据他的儿子王汉章所说，他立刻辨认出甲骨上的文字既非篆书，亦非古籀文，而是更加古老的文字。[5] 他肯定是最早一批收藏甲骨的学者，出乎众所周知的原因——这也是很多鉴赏家的习气——他独自秘密地收藏甲骨。[6]

　　我们早已知晓甲骨确为无价之宝。在占卜仪式上，商王征询他的祖先，在祭祀和战争中怎样才能成功获得护佑，或者王子诞生等大事应当如何安全应对。然后他们烧烤这些甲骨（尽管学界对如何占卜有着不同的说法），碎裂的纹路，或许还有碎裂的声响，都昭示了神灵的回应。这种回应随之刻在碎片上，还刻着占卜举行的日期、向之祈祷的神灵、国王的问话等细节问题。

　　甲骨是仪式的记录载体，蕴含着商代政治、礼仪、王室等方面的信息，因此具有重大价值。甲骨发掘的最集中的地带位于黄河以北的安阳，这里是商代腹地，毗邻公元前 14 世纪商王朝建立的一座城市殷，几百年里都曾作为国都（王朝更名为殷商，反映出王朝的新都所

---

[3] 罗振常：《洹洛访古游记》，卷一，第 11a-11b 页；董作宾：《甲骨年表》，第 1a 页。龙骨和龙齿也引起了发现北京人的欧洲古生物学家的注意，参见 Schmalzer, *People's Peking Man*, pp. 35–36.

[4] 董作宾：《甲骨年表》，第 1a 页。

[5] 陈梦家：《殷墟卜辞综述》，第 648 页。

[6] 陈梦家：《殷墟卜辞综述》，第 647 页。

89 在）。当周朝消灭殷商之后，商朝国都被完全摧毁，此城因而得名为
"殷墟"，即殷商的废墟。

　　甲骨文的发现很突然，但并非学界未曾意识到它们的存在之故。
不少文献资料曾记载过商代占卜，如《史记》里就有。实际上，司马
迁在关于商代占卜的列传里讲列，在仪式上用蓍草烧烤甲骨，蓍草是
一种多刺、长柄的灌木类植物。[7] 司马迁只关注龟甲，后代学者并未
想到河南会出土那么多刻字的牛骨，罗振玉认为牛骨的粗犷似乎更能
显示仪式中的"东夷"性格。[8] 而且，甲骨文的数量和书写的复杂程
度都是前所未闻的。可以确定的是，明代金石学家麻三衡曾声称占卜
者在刻字之前，先要着墨。[9] 但吴昌硕又指出，清代经学家不能确定
这些符号是否先期书写。[10] 尽管吴昌硕和罗振玉对这些刻纹显然是文
字感到惊讶，但他们很高兴自己此前已经具备早期文字形态方面的知
识储备，所以很快便能解读出它们的含义。

　　我们不知道王懿荣是否关注这类问题。他死于 1900 年，身后并未
留下回忆录讲述他是如何发现甲骨文的。最早的一手资料由他的挚友
刘鹗所写。1903 年，刘鹗刊印甲骨文字图录《铁云藏龟》，他在序言
里写道：

　　　　龟板己亥岁出土在河南汤阴县属之古牖（羑）里城。传闻土
　　人见地坟起，掘之得骨片，与泥相黏结成团，浸水中或数日或月
　　余，始渐离析。然后置诸盆盎，以水荡涤之，约两三月，文字始
　　得毕现。同时所出土者有牛胫骨……

　　　　既出土后，为山左贾人所得，咸宝藏之，冀获善价。庚子
　　岁，有范姓客挟百余片走京师，福山王文敏公懿荣见之狂喜，以
90　　厚值留之。后有潍县赵君执斋得数百片，亦售归文敏。[11]

---

[7] 司马迁：《史记·龟策列传》，第 1b 页。

[8] 罗振玉：《铁云藏龟序》，第 9 页。

[9] 麻三衡：《墨志》，第 1a 页。

[10] 吴昌硕：《铁云藏龟序》，第 16 页。

[11] 刘鹗：《铁云藏龟》，第 19-20 页。

假如这段记载准确无误，那么王懿荣并不是在药房发现的甲骨文，而是从古董商那里购买的。实际上，刘鹗日记里提到的两位古董商在世纪之交的古玩行业里声名显赫。"范姓客"应该指范维卿（寿轩），据记载，他受端方委托，远到河南地区寻宝，无意中发现甲骨文。[12] 范维卿早在王懿荣见到甲骨的前一年，就曾把甲骨出售给天津学者王襄。[13] 罗振玉则是他的另一位常客。

范维卿第一次仅卖给王懿荣十几块甲骨，不过一个月后，他又卖给王懿荣八百块，其中一块完整甲骨上刻着52个字。[14] 一两年时间里，刘鹗终于悟出这是项伟大发现，他和友朋开始竞相购买最多最大的甲骨碎片。他在日记里写道：

> 二十日（1902年11月）。……巳刻，潍县赵执斋来，携龟板、汉印各一匣。印计七百余方，又太和大造象一区，秦权一枚。龟板颇有大者。……晚，点龟骨共千三百件，可谓富矣。
>
> 廿八日（1902年11月）。……申刻，至王孝禹处畅谈，并访龟板原委，与赵说相孚。今早王端士来，其说亦与赵孚。端士云，文敏计买两次，第一次二百金，第二次一百余金。孝禹云，文敏处最大者不过二寸径而已，并未有整龟也。德宝云有整龟十余片，共价十七两，皆无稽之谈矣。[15]

这种记载只有两次，一年多后王懿荣驾鹤西归。刘鹗一直对王懿荣所藏甲骨（总数大概有1500片）的来路密切关注，因为他想从王家人手里购买过来。[16] 最终他收齐了王懿荣的所有藏品，于是他拥有了五千多块甲骨。[17]

---

[12] 董作宾：《甲骨年表》，第1b页。

[13] 罗振常：《洹洛访古游记》，卷一，第12a-12b页；王宇信等编：《甲骨学一百年》，第32-33页。

[14] 陈梦家：《殷墟卜辞综述》，第647页。

[15] 刘鹗：《刘鹗日记》，第203-205页。

[16] 陈梦家：《殷墟卜辞综述》，第647页。

[17] 王宇信：《甲骨学通论》，第74页。

甲骨收藏的竞争很快就日趋激烈。英国领事金璋（Lionel Charles Hopkins，他是杰拉德·曼理·霍普金斯的幼弟）、加拿大长老会传教士明义士（James Mellon Menzies）为个人或海外博物馆购买甲骨。1914 年，明义士亲赴安阳，自称是"第一个怀抱纯粹科学兴趣的外国人，或曰第一个中国考古学家，带着明确目的访问殷墟"[18]。不遑多让的是，英国皇家亚洲学会会员库寿龄（Samuel Couling）亦自封为甲骨文发现者，因为他是将甲骨推向文明世界的人物。[19]1905 年，日本学者林泰辅从东京一家古玩店里购买了一百多块甲骨，而三井源右卫门（日本著名财阀）收藏了三千多块甲骨。[20] 通过甲骨文研究，罗振玉和王国维大大提升了学术声誉，后人称之为"甲骨四堂"[21] 中的两堂，他们开辟了甲骨文研究的学术领域。

由于收藏家兴趣日浓，小屯村很快开始形成龙骨挖掘行业，尤其是范维卿等文物贩子每年都到此地来，促使农民不断挖宝。[22] 大坑挖到二十尺深，里面的宝物被搜攫一空后，人们再用田土填埋。[23] 罗振玉堂弟罗振常于 1910 年访问此地时，经过几十年挖掘，这里几乎已被掏空——骨片最初作为龙骨卖给药房，后来作为甲骨卖给金石学家。[24] 村民们把骨片用或高或低的期望价格一块块地卖掉。有些地方村民齐心协力掘宝，然后利益分沾。而有些地方的地主挖空土地后，却不给村民任何补偿。[25] 当地这种小规模挖掘持续了数十年，在 1909—1928 年间大约有七个地方有重大发掘。[26]

在短短几年时间里甲骨市场就迈向成熟，国内外的不速之客纷纷抢购当地村民（甚至包括孩子）提供的龙骨。1914 年，明义士骑马路

[18] Menzies, *Oracle Records*, p. 3.

[19] Couling, "The Oracle-Bones from Honan", p. 65.

[20] Lefeuvre, "Les inscriptions des Shang", p. 32.

[21] "甲骨四堂"依据四人名号中的堂字：罗振玉（雪堂）、王国维（观堂）、董作宾（彦堂）、郭沫若（鼎堂）。

[22] 罗振常：《洹洛访古游记》，卷一，第 12a-12b 页。

[23] 罗振玉：《五十日梦痕录》，第 104 页。

[24] 罗振常：《洹洛访古游记》，卷一，第 10a-10b 页。

[25] 罗振常：《洹洛访古游记》，卷一，第 4a 页。

[26] 王宇信等编：《甲骨学—百年》，第 34-37 页。

过此地，注意到陶瓷碎片胡乱扔在田间地头。当地孩子马上跑了过来。

"你在干吗？"领头的孩子发问。我回答说："我在看这些陶 92
瓷碎片。"他又问："有什么看头？"我答道："我觉得这很有意
思。"他又问道："那你觉得龙骨有意思吗？"我又答道："噢，那
得看……"我正要说极感兴趣，那男孩说："我给你看一些上面有
字的龙骨。"我们往前走，转了几个圈，穿过一块贫瘠而又多沙
的废墟地，到达西面土坡上的一个小洞边，里面有一些白色的骨
头碎片。这就是殷墟，殷商王朝武乙（大约活跃于公元前 12 世
纪）时代的国都。[27]

义和团运动席卷这个地区以后，当地传教士都逃到沿海地区，当
地村民和文物贩子买卖甲骨的愿望愈加浓烈。1901 年，长老会负责人
方法敛回到潍县，一位流动的商人为他提供了一批混乱中留存下来的
甲骨碎片。[28] 后来他和库寿龄把四百多块甲骨捐出，赠予位于上海的
英国皇家亚洲学会中国分会建立的博物馆。[29]

所有藏家当然明白，甲骨乃稀世珍宝，但甲骨文字与其他文字相
比如此奇异，要探讨其内容实在是一个异常广阔的领域。刘鹗刊印他
的龟甲图录不久，金石学家就开始尝试系统释读这些文字。本是周礼
研究专家的浙江学者孙诒让被这些文字迷住了。作为政治维新派，他
的兴趣在于运用甲骨文字去解决他最关切的问题，即研究中国政治与
社会的演进。

甲骨文与政治演进

在甲骨文发现之前，孙诒让研究古代文字已达四十余年。他师承

---

[27] Menzies, *Oracle Records*, pp. 1-2.

[28] Yetts, "Memoir of the Translator," pp. 18-19.

[29] Couling, "The Oracle-Bones from Honan," p. 66.

潘祖荫，父亲是知名官员，但一生跌宕起伏。因为没有获得进士功名，所以未能在官僚体制里飞黄腾达，穷其一生埋首于学术研究之中。他因《孟子》《尚书》的研究著作而声名鹊起，还编纂汉代经书的注疏大纲。跟诸多具有维新思想的金石学家一样，他支持新式教育，倡议在现代课程中增添技术科目。在生命的最后十年里，他在一所新式学堂负责教学和管理。燕京大学曾邀请他任教，但他谢绝了；故人张之洞创办存古学堂，请他出任学监，他也拒绝了。[30]

93

跟张之洞一样，孙诒让竭力寻求国学与政治维新的中和之道。比如他研究《周礼》的目的在于"陈古酌今，聊以塞守旧者之口"[31]。他的首部体大思精之作《周礼正义》，将中外政治制度进行对比，称颂后者保障了今日欧罗巴民族的崛起，尽管他们并未行周公之法，甚至没有周公和成王的任何记载。然而，研究儒家哲学旨在促进国家富强，其基本原则在现代社会里依然行之有效。[32]

第二部周礼研究著作是《周礼政要》，更加明确地反映当下政治问题。此书1899年完稿，百日维新已经落幕，算是对康有为的直接声援。《周礼政要》认为政治和文化变迁不可避免，因此他支持康有为的论点：儒家原则与进步改良并非冰炭不容。[33]

几年以后，孙诒让把握住机会，将他的政治维新观念付诸实践。他回忆说："光绪辛丑，天子将更法自强，广求众议。友人属为具稿，乃以《周礼》为纲，西政为目。"[34] 他选入浙江省资议局，力挺进步改革，其中包括女子教育。[35]

1903年，孙诒让通过刘鹗刻印《铁云藏龟》而接触到甲骨文字。刘书在罗振玉和吴昌硕协助下编就，图谱收录一千多幅刻字骨片的拓片，石版影印，里面有四十多字已经破译成现代文字，其中有干支纪

---

[30] 孙延钊：《孙衣言孙诒让父子年谱》，第 309-310，321，346-347 页。

[31] 孙延钊：《孙衣言孙诒让父子年谱》，第 297 页。

[32] 孙诒让：《周礼正义》，卷一，第 5-6 页。

[33] 孙诒让：《周礼正义》，卷一，第 7-8 页。

[34] 孙延钊：《孙衣言孙诒让父子年谱》，第 297 页。

[35] 孙延钊：《孙衣言孙诒让父子年谱》，第 305-306 页。

年系统。[36] 那个时代，并非所有学者都认为这些材料真正来自商代。在其长篇序言里，罗振玉列举出其出自上古年代的几个理由。首先，他解释了甲骨文能够纠正先前对古代仪礼注疏的谬误，尤其在占卜方面。[37] 他还主张，司马迁认为周代禁用某些干支纪年（译者注："子 94 亥戊不可以卜"），可知这些文字并非属于周代，而是属于更古老的年代。[38] 他通过文字的字形、占卜仪式留下的表面痕迹，加上文献资料的记载，终于得出结论：甲骨来自殷商王朝，抑或更古老的朝代。[39]

考虑到孙诒让的学术兴趣，可以理解他看到甲骨时何等激动，因为此前"未亲见真商时文字"。[40] 甲骨文的年代、其包含对政治和礼仪的重大价值，都与孙的研究旨趣密切相关。正如我们前面所述，他久已渴望通过古物来表达维新的意识形态。如今他期望把政治维新之道运用到这些新史料研究中。如此看来，他试图融合朴学研究与政治维新，因此孟悦将其归入"活跃的朴学家"之列。实际上，这批人业已从事考证研究两百余年，他们为政治革新而研究小学，并将两者密切关联起来。清季最后十年，这批学者既非常尊重金石学等传统学术领域，同时又拥护新引介进来的自然科学、政治学、经济学和哲学等新思想。[41]

在广泛流传的新思想中，孙诒让着手研究甲骨文时正流行进化论。这种思想最为吸引清末知识分子，在面对欧洲和日本入侵时，他们都在寻求能够挽救帝国积贫积弱的对策。严复所翻译的赫胥黎《天演论》刊行于 1898 年，向中国输入了物竞天择的观念。之后四年时间里，他又陆续译出斯宾塞的《群学肄言》、亚当·斯密的《国富论》、密尔的《群己权界论》。[42] 严复希望通过翻译来启蒙国人，切实有效地改良政治，用这些著作解释自然法则，由此促进政治、经济和社会诸

---

[36] 刘鹗:《铁云藏龟》，第 22-26 页。

[37] 罗振玉:《铁云藏龟序》，第 3-6 页。

[38] 罗振玉:《铁云藏龟序》，第 8-9 页。

[39] 罗振玉:《铁云藏龟序》，第 9-13 页。

[40] 孙诒让:《契文举例》，第 1a-1c 页。

[41] Yue, *Shanghai and the Edges of Empires*, pp. 39-40.

[42] Wright, "Yan Fu and the Tasks of the Translator", p. 237.

方面进步发展。但另一方面，金石学研究领域对这些观念的探索，可能令严复惊讶。我们前面已经提及，严复曾指责金石学不能有效阐释历史发展进程，换句话说，金石学毫无实用价值。孙诒让的开创性研究证明事实并非如此，金石学研究同样符合进化论，比如能够为政治维新找到合理依据。

95 　　孙诒让在周礼研究中，把释读甲骨文的方法，作为政治和文化转型的理论依据。他把甲骨文字称为契文，时间上比中国最古老的简牍文书还要早。他清醒地意识到这是极为重大的变迁过程，而且他断言甲骨文是象形字，跟书写数字发明之前的结绳计数一样，是一种天然构字法。[43] 换句话说，它们本质上是远古绘画。[44] 他认为通过研究这些早期文字，就有可能绘制出中国书写系统的演进过程。[45]

　　孙诒让得出结论：甲骨文近乎象形字，这在清末众多金石学家中引发共鸣。我们前面已经述及，康有为在研究碑刻书法时，认为汉字与埃及象形文字相近，推断它们都模拟了具体的实物。[46] 韩子奇（Tze-ki Hon）认为这些理论把中国与其他早期文明联系起来，对章太炎等反清革命家颇有吸引力。章太炎反对清王朝，依据是汉民族主义，他们欢迎华夏文化与其他著名早期文明之间有关联的理论。[47]

　　但实际上，清季官僚不同于革命家，他们对跨文化比较更有兴趣。潘祖荫常与王懿荣、叶昌炽商讨埃及象形文字特征是否能够帮助他们更好理解中国文字的演进进程。潘祖荫甚至想从英格兰进口一尊象形文字石碑，但被文物保护法所阻止。[48] 孙诒让也研究过古代西方文字。1903年，他声称西方复制的埃及象形文字和巴比伦楔形文字，清晰度远不及用中国方法拓制的文字。[49] 他还认为，比较古文字学亦处于进化当中。1907年，端方出国访问归来后赠予孙一部西方象形文

---

[43] 孙诒让：《名原》，第 1a 页。

[44] 孙诒让：《契文举例》，卷一，第 2a 页；《名原》，第 3a 页。

[45] 孙诒让：《名原》，第 1b 页。

[46] 康有为：《广艺舟双楫》，第 181-182，202 页；Bai, "Chinese Calligraphy", pp. 74-75.

[47] Hon, "Sino-Babylonianism," pp. 140-142.

[48] 查晓英：《文物的变迁：现代中国的考古学的早期历史》，第 12，28-29 页；罗振玉：《埃及碑释序》，第 514 页。

[49] 孙诒让：《古籀余论》，卷一，第 3a 页。

字拓本，孙诒让作诗数首表示感谢，还说此书启发了他对早期书写系统的新思考。[50]

根据时代来推理，如果书面语言相似，那么它们之间应该具有文化上的共性。孙诒让研究甲骨文时，根据官职、王室、礼仪等主题组织研究，而非根据语言学研究中的符号分类法，这是当时金石学研究的典型方法。他运用这种方法，才能更容易对比上古中国政治与其他文明之间的关系，后来他认为两者达到同样高度，并相互影响。[51]事实上，他 96 构想出一个更加公正的未来社会，在文明全球化的背景下，所有国家协同发展。短期而言，他的研究目的是保存中国语言与华夏文明的国粹。[52]既将中国定位于全球历史话语之中，又高扬中国历史文化的独特性，通过将以上两种理念相互融合，孙诒让的甲骨文研究与晚清历史教科书有着诸多共同因素。这些教科书强调中华文明可以追溯到极其悠久的王朝，且绵延不绝，这通常有助于提升民族独特性和历史悠久等爱国情愫。[53]

尽管孙诒让可能已经读过时人的历史著述，但 20 世纪头十年里，似乎没有一种历史教科书里曾提及甲骨文字。这可能是由于他的研究成果很难获取，经私家印版，其甲骨文研究只散布到极少数读者手里。他把研究成果的手抄复本赠予刘鹗、端方和罗振玉（孙大概 1907 年结识罗振玉）。[54]

孙诒让的首部甲骨文研究著作流传范围不广，王国维后来在上海书摊上终于见到一册。[55]王国维的幸运发现使孙氏甲骨文研究能够流

---

[50] 孙延钊:《孙衣言孙诒让父子年谱》，第 343 页。

[51] 孙诒让的目的是拥护梁启超等同代人颂扬的意识形态，即历史学家应该建立人类发展史的"普世标准"，以便为中国未来的发展提供依据。对此观念的讨论，参见 Wang, *Inventing China Through History*, p. 49.

[52] 孙延钊:《孙衣言孙诒让父子年谱》，第 351 页。

[53] Zarrow, "New Schools", pp. 34-39.

[54] 罗振玉承认曾收到过孙诒让的"札记"，不过不是整部《契文举例》。但陈梦家声称罗收到了全本，端方和刘鹗都收到过。参见罗振玉:《集蓼编》，第 30-31 页；陈梦家:《殷墟卜辞综述》，第 55 页。关于这些争议的辨析参见 Bonner, "Lo Chen-yü's Research", pp. 164-165.

[55] 1927 年，罗振玉堂弟罗振常、女婿刘大绅（刘鹗之子）曾就职的蟫隐庐，曾重印此书。罗振玉:《殷墟书契前编》，卷一，第 1a 页。

传下来。但王国维和罗振玉都尖刻地批评他的结论部分。罗振玉奚落这位名重一时的学者不能用分析法解决问题，未能解释甲骨文的微言精义。[56]王国维认可这种评价，又写道："惟其书实无可取"，但是"所释之字虽多误，考证亦不尽然，大辂椎轮，此为其始。"[57]王国维后来宣称罗振玉是精深研究卜辞文字之第一人。[58]

20 世纪头十年，王国维和罗振玉成为甲骨文研究的中流砥柱。他们开始专注古器物研究，由此声名远播。而且作为政治保守派，他们一直不满意孙诒让利用古代材料得出维新派的论点。驳斥孙诒让结论的唯一方法是自创新观点。但首先要做的是，他们必须证明甲骨文作为史料的可靠性，因为越来越多的中外学者怀疑此类稀罕材料到底是否真实。

甲骨文和三皇五帝

孙诒让利用甲骨文字研究来阐述进步政治观点。然而，还有一些维新派学者如他的朋友章太炎，质疑甲骨文的真实性。[59]章太炎在《理惑论》中，将刚出土的甲骨文字与其他材料相比较，如唐代发现的石鼓文。即便学者们跨过最初阶段的怀疑论，甲骨文得到认可依然困难重重。章指出甲骨文在各个方面都与传统文字大相径庭，对比甲骨上的鸟虫符号，发现在《周礼》等文献资料里根本无案可稽。更重要的是，章太炎的疑虑是由于一小撮学者向盲目轻信的民众提出的方式引起的。他批评道："其人盖欺世豫贾之徒，国土可鬻，何有文字？而一二贤儒，信以为质，斯亦通人之蔽。……作伪有须臾之便，得者非贞信之人，而群相信以为法物，不其慎欤？"[60]

[56] 罗振玉：《殷墟书契前编》，卷一，第 1a–1b 页。郭沫若亦批判过孙诒让，参见《卜辞通纂》，第 3 页。

[57] 王庆祥等编：《罗振玉王国维往来书信》，第 217–218 页。

[58] 王国维：《最近二三十年中中国新发见之学问》，第 1918 页。

[59] 孙延钊：《孙衣言孙诒让父子年谱》，第 348–349 页。

[60] 章太炎：《理惑论》，第 59 页。

经过百年来对这批史料的深入研究，另有数千块甲骨碎片经过科学挖掘，章太炎的批评看来是歧路亡羊。但在当时，这代表着一种司空见惯的观点，即在市面上流通的龟甲兽骨中的大部分，是唯利是图的文物贩子及其同伙精心伪造出来的假古董。实际上，甲骨文发现一两年后，伪造的甲骨就流入市场，其中有些甲骨是真的，但上面看似古奥的文字却是刚刚刻上去的。[61] 有材料证明甲骨甚至就在发掘地小屯村伪造生产。[62] 另一伪造地指向潍县，那是许多文物贩子的大本营。据方法敛说，那里因伪造古董而臭名远扬。他致信金璋说："我太太和一些同事说，在潍县发现了一家甲骨制造厂！"[63] 之后形势甚至变得更加微妙，在十年时间里，藏家根本不知道甲骨来自何方。罗振玉遗憾地说："良以古物多得之都市，估人展转贩鬻，致售者亦不知所自出，其尤黠者或讳言之。"[64]

这种对真实性的追问，多年来激起日本学者的强烈共鸣，如林泰辅和著名历史学家那珂通世，后者在东京高等师范学校教授中国哲学与文化。两人都属于老一辈汉学家，强调日本本国的语言与文化都受惠于中国。就早期历史而言，他们善于利用新颖的历史发展理论来解 98 释中国古代史的模式。林泰辅受进化论观念影响，认为首先要理解中国汉字，尤其是汉字源头的钟鼎文和碑刻文字，才能为东亚文明研究奠定基础。[65] 那珂通世则将当时风靡欧洲的历史编纂学所用的新三段论模式，将其移植到中国研究中，即划分为上世、中世和近世三段，以此解释中国符合特定的发展模式。[66]

这种框架还吸引了梁启超，1901 年他介绍过汤姆森（Christian J. Thomsen）将远古史划分为石器时代、青铜时代和铁器时代的理论，

---

[61] 同样的疑问也针对某些敦煌卷子的真伪问题（第六章将讨论这一问题），不少专家把敦煌卷子作为原始文件，不加辨别、完全抄录下来。参见 Rong xin jiang: "The Li Shengduo Collection: Original or Forged Manuscripts?"

[62] Menzies, *Oracle Records*, p. 4.

[63] Yetts, "Memoir of the Translator", p.19.

[64] 罗振玉:《五十日梦痕录》, 第 105 页。

[65] 林泰辅:《漢字の研究序》, 第 3 页。

[66] Mazur, "Discontinuous Continuity", p. 128.

并且收集了欧洲考古学方面的许多参考资料。[67] 梁启超的朋友夏曾佑通过《中学历史教科书》将这种理论广为传播开来。[68]

但对这些学者来说，中国历史如何开端，即怎样描述华夏文明的起源依然大成问题。章太炎和刘师培都相信起源于巴枯民族——一个两河流域部落，黄帝做过酋长，他是中华民族公认的祖先。[69] 有些研究利用创世神话来解释，三皇始于半人半神的伏羲，与妹妹女娲，创造出中华民族。[70] 那珂通世的教科书从尧舜写起，他俩是"五帝"（亦称圣王）中最后两位，他们创造了华夏文明。（他们的继任者禹建立了夏王朝。）1897 年，康有为《孔子改制考》提出，现有文献资料不能完全证实圣王之说。康有为并未否认尧舜为历史人物，只是找不到切实证据。有关尧舜统治的记载故而堕入口耳相传史学的范畴，尽管未必是虚构的历史或者神话。[71] 借鉴了康有为式的怀疑论，夏曾佑的历史教科书从周朝写起，承认找不到确凿的远古史料。[72]

短短几年时间里，中国学界争论起民族起源问题、传说中的三皇五帝的历史真实性问题，日本学者也加入进来，他们想抓住纷争的机会，打破中华文化优越性的观念。最著名的怀疑论者有白鸟库吉，他声称尧舜禹是萨满教的产物，抑或是天地人的原始隐喻。正如斯蒂99 芬·田中所说的："国体论学者给这种理论贴上'尧舜禹抹杀论'的标签，因为该理论瓦解了儒教和现代中国历史学赖以存在的根基。"[73] 章太炎认为白鸟的观点"尤纰缪不中程度"[74]，很多中国学者和日本国体论汉学家觉得这一理论构成了严峻的挑战。

甲骨文有望成为用当代证据证实上古历史的文献资料。1909 年，林泰辅撰文（这是日文中第一篇介绍该新材料的论文）称，甲骨文内容记录了早期王朝历史，否定了白鸟的中国上古史并无真凭实据的观

[67] 梁启超：《中国史叙论》，第 9 页。
[68] Mazur, "Discontinuous Continuity", p. 128.
[69] Zarrow, "New School", p. 33.
[70] Zarrow, "New School", pp. 32–36.
[71] 路新生：《中国近三百年疑古思潮研究》，第 490–491 页。
[72] Mazur, "Discontinuous Continuity", p. 130.
[73] Tanaka, *Japan's Orient*, p. 117.
[74] 章太炎：《章太炎书信集》，第 284–285 页。

点。当然，在读过刘鹗的图录和孙诒让的研究成果之后，关于甲骨仍有疑问亟待回答。很多日本学者提出的一大疑问是，真如刘鹗所言，甲骨怎么会在汤阴发掘？[75] 因为据司马迁记载，商代最后的国都位于黄河以南，故而殷墟不可能在汤阴。[76] 罗振玉和王国维发表过一系列文章，并频繁通信，林泰辅机智地考问他们早先的结论，还建议他们再深入研究甲骨文，在甲骨发源地和甲骨文价值问题上，进一步夯实他们的结论。[77]

林泰辅的质疑刺激了罗振玉，在经历几年的停歇后，他重燃对甲骨文的兴趣。[78] 他随后的研究并未过多地直接关注"尧舜禹抹杀论"问题，但论辩使他提出其他有关这些古物对中国上古史研究价值的重要问题，包括其发掘地、年代，以及作为中国政治文化延续性证据的价值。

首要问题是：甲骨发掘地真的来自汤阴吗？自然而然，他通过询问范维卿得到了答案。[79] 文物贩子担忧失宠于学者，以及害怕在牟利市场受到的潜在损失，终于肯透露发掘地其实在小屯村，那里发掘出大量文物，很多青铜器等古董已被挖掘出土。[80]（实际上，王汉章撰文认为，他父亲王懿荣才是第一位从文物贩子那里打探到出土青铜器的地点在小屯村的人，不久便是甲骨出土。[81]）对罗振玉而言，找到古物的真正发掘地，不仅能终结一场学术争论，而且有更大价值。他靠 100 已有信息去规避琉璃厂日益攀升的价格。1911 年，某文物贩子登门求售一件价值不菲的甲骨，罗振玉表示要亲赴河南直接购买甲骨。[82] 实际上，他一度想在小屯村购置土地，亲自挖掘，退休后在那里安心做研究。可惜，罗振玉的计划被打乱，辛亥革命颠覆了清王朝，国难当

---

[75] 何寅:《国外汉学史》, 第 323–325 页。

[76] 林泰辅:《清國河南省湯陰縣発見の亀甲牛骨に就きて》, 第 131–133 页。

[77] Brown, "What is Chinese About Ancient Artifacts?" passim.

[78] 罗振玉:《集蓼编》, 第 42 页; 罗振玉:《殷商贞卜文字考》, 卷一, 第 1a 页。

[79] 罗振玉:《殷墟古器物图录序》, 第 67 页。

[80] 罗振玉:《五十日梦痕录》, 第 104 页。

[81] 陈梦家:《殷墟卜辞综述》, 第 648 页。

[82] Rudolph, "Lo Chen-yü Visits the Waste of Yin", pp. 7-8.

头，他和王国维一起避难逃到了京都。[83]

由于本人不能远离京师，罗振玉只能派内弟范兆昌到小屯去，但只带回几件微不足道的甲骨。[84]1911 年，他又派范兆昌和罗振常一道重回小屯，指示他们买回甲骨等古物。他们冬季动身，栖宿于小旅店，"北京估客居此等旅店，往往累月，土人有所得，则持来论价"。[85]第一顿晚餐后，范兆昌询问最近是否有当地人过来出售龙骨。在他们到达县城之前，就已给小屯村送信，希望诱导当地人带宝贝来。[86]几乎每天都会有人送来古物，如甲骨碎片和陶瓷罐子，但"论价甚不易"，"凡骨中有奇形之字，必索高价"。[87]罗振玉派私人代表到小屯去，意在强力控制甲骨文字的流通。实际上，到 1911 年他已拥有两万块甲骨，这只是他最终收藏甲骨总量之一半。[88]1915 年，他（译者注：借回国扫墓的机会）亲自到小屯，购置石刀、象牙、贝、璧等，为其藏品增加了更多的甲骨。[89]

在随后十年里，他完成了四项规模宏大的研究。他认为甲骨文字"虽简略，然可正史家之违失，考小学之源流，求古代之卜法"[90]。他的首部著作《殷商贞卜文字考》（1910 年）释读出大概三百多个字。他得出两个重要结论：殷人名字多称甲乙，跟他们的出生日期有关；商代祭祀所用的牢数，形成祀典的理论解释。[91]他还坚持认为小屯虽然位于黄河之北，但肯定就是殷墟。[92]其著述目的虽然在于研究甲骨文，但更多援引了文献资料，而非甲骨文字。罗振玉直接研究甲骨文

101 上的商王名讳，试图解决与《史记》记载的王朝世系不相符合的问

---

[83] 罗振玉:《殷墟卜辞前编》，卷一，第 2a 页。

[84] 罗振常:《洹洛访古游记》，卷一，第 1b 页。

[85] 罗振常:《洹洛访古游记》，卷一，第 12a 页。

[86] 罗振常:《洹洛访古游记》，卷一，第 3a 页。

[87] 罗振常:《洹洛访古游记》，卷一，第 4b—6b 页。

[88] 收藏最终达到四万块。据雷焕章（Jean Lefeuvre）说一半藏品在运往日本的途中丢失，但后来罗又购买了一些。王宇信的数字相对保守一些，认为罗振玉最多收藏过三万块。参见 Lefeuvre, "Les inscriptions des Shang", pp. 40–41, p. 55; 王宇信:《甲骨学通论》，第 74 页。

[89] 罗振玉:《五十日梦痕录》，第 104 页。

[90] 罗振玉:《殷商贞卜文字考》，卷一，第 1a—1b 页。

[91] 罗振玉:《殷商贞卜文字考》，卷一，第 4b—5a 页。

[92] 罗振玉:《殷商贞卜文字考》，卷一，第 2a—2b 页。

题。这其实是罗振玉最重要的成果，即《史记·殷本纪》大体上能够跟甲骨文字资料相互印证。[93]

　　罗振玉仅花费数月就完成首部著作，后来又担心内容挂一漏万，[94]1915 年，他又完成一部更有学术抱负的大作《殷墟书契考释》。该书共分八章，主题有都邑、帝王、人名、地名、卜辞、文字等。这些章节标题完全依据《说文解字》，旨在寻求从甲骨文到钟鼎文之间文字"蕃变"的轨迹。[95]尽管罗振玉声明未受孙诒让的影响，但他使用孙诒让十年之前研究中所用的小学方法和进化论话语，看来并非巧合。

　　罗振玉或许对自己的学术贡献志得意满。他觉得已经证明了甲骨是真正的商代古物，发现了商王朝的第一手当代资料，驳斥了那些认为传说中的早期帝王只是神话原型的观点。他还证明了甲骨文字内容蕴含着古代礼仪、历史地理、文字学等重大问题。但是陈梦家鄙视罗振玉，认为他忽略了语义学分析，论据太过依赖《说文解字》。[96]傅斯年甚至走得更远，宣称罗振玉没有如此才气，能够写出《殷墟书契考释》，王国维才是真正作者。[97]后者的指控或许可以抛在一边，但罗振玉在甲骨文字研究方面声望不佳，的确有很多缘由。[98]问题就出在令其成名的甲骨上面，他的私人收藏数量无比庞大，且与日俱增。就甲

[93] 罗振玉：《殷商贞卜文字考》，卷一，第 4b–5a 页。

[94] 罗振玉：《殷商贞卜文字考》，卷一，第 1b 页。

[95] 罗振玉：《殷墟书契考释》，卷一，第 1a–1b 页。用"蕃变"来解释进化过程，在严复翻译赫胥黎的《天演论》中亦能寻见。

[96] 陈梦家：《殷墟卜辞综述》，第 59 页。

[97] 彭玉平：《关于〈殷墟书契考释〉的一桩公案》，《中州学刊》，2008 年第 6 期，第 199 页。郭沫若宣称，王国维为了报答罗振玉的照拂，自愿将书献给他。参见郭沫若：《鲁迅与王国维》，第 175 页。

[98] 根据沈怡（Joey Bonner）的研究，王国维和罗振玉就商代最后国都的位置发生争论，所以这部著作不可能是合作完成的。但他们在京都的研究工作也很难截然分开。两人的研究资料交叉重叠，也会交流思想，密切讨论甲骨文字的含义，不断分享各自的论点。王国维离开京都之后，享有独立学者的身份，罗振玉逐渐认可这位门生的独创贡献，尤其在甲骨文字研究方面。参见 Bonner, Wang Kuo-wei, p. 175; 彭玉平：《关于〈殷墟书契考释〉的一桩公案》，《中州学刊》，2008 年第 6 期，第 204–205 页。罗振玉对王国维的赞赏，参见罗振玉：《增订殷墟书契考释》，卷一，第 5a 页等各处。

骨而言，他实则形成垄断，限制了同代人寓目的机会。[99]

章太炎在去世前，曾致信考古学家金祖同，解释为何在先前的争论中怀疑甲骨的真实性，尽管当时对尧舜禹等的争论已渐平息。[100] 理由之一是，既然有很少实物能够相互参证，那么很难辨别其文字的真伪。理由之二是，文字不可辨识，内容又缺乏文献资料佐证。如果这些文字不能通过《说文》、碑刻、经书来进行辨认，那么章就不免怀疑"振玉何以能独识之乎"。陈介祺和吴大澂等名家学者研究的青铜器多半都是赝品，章太炎认为其释文就无须深论。因此论及甲骨文字的情况则见微知著："真伪尚不可知，其释文则更无论也。"[101] 章太炎还愤懑于罗振玉与日本学者密切合作，他致信罗振玉，称林泰辅之流"顽顿"。实际上，章太炎认为日本汉学家皆"浮夸傅会"。章在信中说，即使林泰辅"于诸子中最为饬慎"，但他对甲骨文字的研究"其平议皆奢言无剀切者"[102]。

最后，罗振玉甲骨文的研究结论大概误导了章太炎，毕竟章是革命家。比如罗振玉在研究商王世系时，强调王朝史和文化延续的价值，而不强调政治变革。[103] 相比之下，孙诒让和康有为的理论则关注全球发展和文脉接续，旨在推进政治维新，但罗振玉基本上抛弃了埃及象形文字和中国甲骨文有共同起源的理念。[104]

运用相同的材料和类似的方法，却得出截然相反的结论，这表明世纪之交金石学的复杂性。研究甲骨文等罕见史料开始变得习以为常，就像进化论观念大行其道一样。但对甲骨文的发现地、古器物解

---

[99] 就古器物研究而言，他盛赞王国维："此书实非弟不能成，因诸物皆弟一人所藏也。"参见王庆祥编：《罗振玉王国维往来书信》，第88页。

[100] 金祖同曾问学于罗振玉，罗还给他的甲骨文著作写序，参见郭成美：《回族学者金祖同》，《回族研究》，2008年第2期，第140页。

[101] 章太炎：《章太炎书信集》，第960页。

[102] 章太炎：《章太炎书信集》，第284—285页。李济认为章太炎在临终之前，最终还是相信甲骨文字的真实性，甚至在床头还放置了一册罗振玉的甲骨图谱。参见李济：《安阳》，第37页。

[103] 实际上，他的观点跟很多晚清教科书相似，都是聚焦于王朝史，以之作为叙事框架，含有民族认同的目的。Zarrow, "New Schools", pp. 39–43.

[104] 罗振玉：《集蓼编》，第32页。

读的争辩等表明，金石学研究者和收藏者被引向大相径庭的方向——有的对历史与史料持怀疑论和反传统的态度，有的重申固有传统的解释。与此同时，因为人们渴望获得古器物，希望更多古物在市场上流通，学者之间对大型古物的收藏拉锯战日益白热化。由于这些原因，金石领域里怀疑论与传统论、公藏与私藏问题，在中国历史学和金石学领域里，罗振玉日渐成为口碑两极分化的人物。

第六章

罗振玉与私家学者的两难

> 我朝三百年之小学，开之者顾（炎武）先生，而成之者先生
> （罗振玉）也。
>
> ——王国维:《殷墟书契考释跋》(1915)

1912 年，清朝末代皇帝溥仪逊位之后，众多真才实学的士大夫都丧失了职业认同感。前政府官员都想从事银行业发财，或者进入新设立的民国行政机关，更多人从事编辑、商贸工作，甚至就任人力车公司经理。京师很快挤满了陷入赤贫的满族人，他们的苦痛被大作家老舍捕捉下来。

罗振玉等金石学家就属于重新寻找职业的一类人。由于罗振玉精于古器物研究，甚至连政治对手胡适都表示尊重，邀请他加盟研究所，讲授考古学等科目。[1] 但罗振玉作为前清官吏以遗老自居，对国家博物馆和大学的匮乏深感不满，终其一生都保持着私家学者身份，最终在伪满洲国的职位上离世。这种政治抉择使他远离 20 世纪 20 年代和 30 年代的学术主流方向。同代人承认他的贡献，包括促进了专业化金石学的系统研究（尤其在新发掘的古器物方面），保护珍稀研究资料，并通过刊印图谱向公众传播这些资料。但他的商业活动令人深感不安，部分因为最好的主顾都是日本人——与日本人往来似乎不爱国，也因为这些活动损害了他作为一名公正无私学者的声誉。

104　　辛亥革命后，罗振玉成为古董商、出版家和学者。在金石学发展

---

[1] 桑兵:《陈寅恪与清华研究院》,《历史研究》, 1998 年第 4 期, 第 131 页。

过程中，他提出了很多有趣的问题。我们能够理解作为私家学者坚守的权利，实际上，在他职业生涯最活跃的几十年中，常用矛盾的方式参与活动，并不存在正式的组织机构所属。一方面，他的立场是传统金石学研究逻辑上的延伸，其实践依赖商业化的古玩市场，支持私家学者组织活动，反对博物馆等法人团体。另一方面，由于那时国家对历史研究和考古学研究的倡导力度日益加大，他的立场与诸多同人不合，于是招致对其商业化和文化欺诈的公开批判。因此他的经历引出关于金石学现代遗产的有趣问题：在民国时期，金石学家能够身兼私家学者与实业家吗？如果可以，对其学术又会产生何种影响？

教育改革家

罗振玉从未梦想成为文物商和出版家。作为有天分的年轻学子，他梦想晋身清代官僚体系之内，把金石研究作为上流社会的消遣。但他早年因为出身低微而屡屡受挫，在科举考试中未能一帆风顺。由于他最初在职业教育领域表现出实业家的热忱，引起公众注意，最终进入官员体系，在晚清最后十年里从事教育改良。

罗振玉出生于江苏小城淮安，此地在清代以书院和文化名人而驰名。但淮安并不毗邻本省更闻名的文化名城苏州——那是潘祖荫、吴大澂和叶昌炽的故乡。罗振玉的父亲罗树勋曾三度出任地方官，还一度在朋友的典当行里当掌柜，不过没有赚到钱。罗振玉为了帮助父亲偿还欠下的债务，留在故乡养家，未能到杭州跟哥哥们一起准备科举考试。虽然他以第七名的成绩进入县学，但他再未获得过最低功名（秀才）以上的头衔。[2]

罗振玉像晚清时代的莘莘学子一样，最初接受金石学是为了应付 105
科举考试，也是严肃学者的典型标志。但他根本见不到古玩，家里甚

---

[2] 罗琨、张永山：《罗振玉评传》，第 2–3，10–13 页。外国同行都以为罗振玉已经获得进士头衔。参见 Ferguson, "Recent Works by a Chinese Scholar", p. 125.

至连藏书都没有，不像王懿荣等学者可以坐拥豪奢（王曾追忆在他祖
父宽敞的书房里读书 [3]）。罗振玉的版本知识来自杭州城里的租书摊。
他回忆说：

> 予家无藏书，淮安亦无书肆。每学使案试，则江南书坊多列
> 肆试院前。予力不能购，时时就肆中阅之。平日则就人借书，阅
> 后还之，日必挟册出入。[4]

尽管家贫如洗，罗振玉注意到张之洞推荐的金石之学，意在更充
分地准备科举考试。他与伯兄、业师在西湖游学时，观赏碑刻，翻检
阮元编著的经学集大成之作（译者注:《皇清经解》）。他 16 岁进入县
学以后，在碑刻拓片上面花费了很多工夫。[5]

罗振玉培养起来的金石兴趣对其事业的帮助几乎立竿见影。由于
他在当地学术圈里小有名气，刘鹗之兄见到他后，帮他推荐了一份家
庭塾师的工作。1894 年他跟这位小说家本尊建立了直接联系，于是
作为幕僚，协助山东巡抚治理永无停歇的黄河水患。罗振玉作文论治
河之策，投递给刘鹗。作为回应，刘鹗亦作了一篇治理河道的文章。[6]
后来这两位朋友共享金石学乐趣，合作研究金石方面的选题，尤其是
罗振玉曾帮助刘鹗编印甲骨文图谱。

尽管有刘鹗提携，罗振玉也未能获取更高功名，无法轻易置身官
僚体系之中。所以 19 世纪 90 年代中期，他决定另谋出路。他回忆道：
"予少时不自知其谫劣，抱用世之志。继思若世不我用，宜立一业以
资事畜。" [7]

他的第一项经世事业围绕教育改革、引介西学和创办新刊物展
106 开，这几方面都是晚清维新派极为熟悉的目标。1896 年春，他离开淮

---

[3] 王懿荣:《天壤阁杂记》，第 259 页。

[4] 罗振玉:《集蓼编》，第 6 页。

[5] 甘孺（译者注：即罗振玉长孙罗继祖）:《永丰乡人行年录：罗振玉年谱》，第 5 页。

[6] 罗振玉:《集蓼编》，第 7 页；罗振玉:《五十日梦痕录》，第 106–107 页；甘孺:《永丰乡人行年录》，第 11 页；罗琨、张永山:《罗振玉评传》，第 18 页。

[7] 罗振玉:《集蓼编》，第 10 页。

安搬到上海，从事教育改革和技术出版方面的新事业。他和朋友蒋黼（字伯斧）一道创办学农社，开始发行《农学报》和《教育世界》。[8]尽管刊物所收文章有些来自欧美刊物，但主要译文采自日本刊物。罗振玉在《教育世界》的发刊词中，呼吁中国学者效法日本地理学和历史学等学科，设计未来发展的蓝图。[9]他还创办了一家语言学校，名为东文学社，教学目标是把学生培养成翻译家。他聘请的教员有：记者和保守派社会评论家田冈领云，负责教英文；藤田丰八，用日语讲授中国和西方学术。藤田丰八与京都著名汉学家狩野直喜有交游，后来在东京大学教中国历史，成为台北帝国大学（台湾大学前身）艺术与政治科学部的首位系主任。

东文学社在义和团运动中停办，但罗振玉成功创办新刊物和语言学校，引起一些教育改革家和政府高官的注意。实际上，罗振玉的语言学校甫一停办，张之洞就邀请他到湖北管理一所新办的农业学院。随后几年里，张之洞请罗振玉帮忙实施了农业、教育和翻译等一揽子改革计划。1905 年，张之洞邀他进京，到新成立的学部就职，任命他为陕西和直隶视学官。[10] 在 39 岁时，他终于在清代官僚体系里赢得立锥之地。尽管为官时间短暂，但对他后半生的学术生涯而言，却是至关重要的组成部分。

考古学与保护文物的失败

罗振玉进入京师，成为朝气蓬勃的官员，后又以经手古代器物、拓片和珍稀版本的古董商、出版商身份离开京师。当然，辛亥革命是他身份转变的时代原因，但作为清朝官吏所经受的挫败也是因素之一。他在倡导古器物研究上颇有成就，促使同侪认真对待各种研究材

---

[8] 这些刊物一直发行到 1906 年。参见罗琨、张永山:《罗振玉评传》，第 200 页；袁英光等编著:《王国维年谱长编》，第 10 页。

[9] 罗振玉:《教育世界序列》，第 1b 页。

[10] 甘孺:《永丰乡人行年录》，第 30–31 页。

107 料。但是这一时期他协助创建的官办博物馆和研究所，未能如其所愿，或许因为大型研究机构的创办基本上未见成效，令他产生了持久的幻灭感。

1908 年，罗振玉抵达京师，发现工作轻松，有大量时间从事学术活动。他所处的时代，早已过了吴大澂和王懿荣搭建的金石社交网络的全盛时期，但那几年，他还是结交了许多金石圈子里的名人，有杨守敬、缪荃孙和学部同事沈曾植。琉璃厂如果说有什么变化的话，那就是比以前更加兴隆了，罗振玉时常去寻宝。他回忆说：

> 予居京师三年，杜门不通干谒。曹务余闲，颇得温习旧学，间与二三同好讨论金石书画以自遣。厂肆知予所好，每以吉金古刻名迹善本求售，顾以食指繁多，俸不能给朝夕，顾所见不少而所得良啬。[11]

但在另一场合他又说，风气的变换使他有可能收集相对便宜的古物资料：

> 及备员京曹，当潘文勤、王文敏之后流风已沫。古泉币、古彝鼎，亦购藏者少。退食之暇，每流览厂肆，间遇珍本书籍，于是吴中、上海售屋之价，大半用之于此。[12]

无论哪种描述更准确，从这段时期的著作和随后编著的古物图录来看，罗振玉的收藏嗜好似乎都无比强烈。正如王国维评论说："先生独以学术为性命，以此古器、古籍为性命所寄之躯体，思所以寿此躯108 体者，与常人之视养其口腹无以异。"[13] 罗振玉喜好大件铜器，但现实中只能寻获古泉币等相对便宜的物件。至 1908 年，他已收藏一千多枚泉币，并请范兆昌为之制作拓片，将之编成两卷图录。这些图录——

---

[11] 罗振玉：《佣庐日札》，第 316 页。
[12] 罗振玉：《集蓼编》，第 45 页。
[13] 王国维：《雪堂校刊群书叙录序》，第 1137 页。

不仅仅是泉币图录——使他自我感觉收藏颇丰。换句话说，他终于成为内心景仰的那种士大夫：既是古物收藏家，也是行政官员。在这方面，他尤其对潘祖荫、吴大澂、王懿荣等人一度收藏或者研究过的古物感兴趣。这段时期的写作表明，他对古物和拓片极度沉迷，这些物件几十年前曾在精英的金石圈子里流通过。[14]

但罗振玉绝非简单效颦潘祖荫师徒们的收藏雅好，他也致力于古器物研究的理念。[15]古器物研究法使吴大澂等学者运用全新方式研究古玉，而罗振玉大胆猎取以前视为禁忌或者不被看重的物件。例如自1907年起，他开始收藏墓葬品，此举令进入他京师书房的友朋们目瞪口呆，但他"乃具告以墟墓间物，无一不可资考古"[16]。在同僚中，他以提倡古器物研究的理念而颇为自负，换句话说，罗收藏古物的主要目的是研究其历史和艺术史价值，无须顾虑社会禁忌问题。[17]

罗振玉对古器物研究的兴趣萌发于首次访问日本期间。他参观了位于东京上野公园的国家博物馆，见到馆藏的汉代壁画与石刻、晋砖、古盏、古陶樽等中国古董，留下深刻印象。他还被馆内陈列的无数"古化石、古陶瓷和古刀剑"所惊呆。[18]可能并非巧合，日本学者也在研究中国墓葬品。1907年，高桥太华拜访罗振玉，当地古董商告诉他，附近由于铁路建设而出土不少黏土雕像，罗是搜集此物的第一人。[19]这一时期，考古学家滨田耕作出版过一部有关中国墓葬品研究的论文集。[20]

罗振玉赞成古物研究分类法，开始收集墓葬品等非正统的物件，渐渐将其研究称为考古学，这是当时的新名词。过去几十年里，日本学者用"古物学"来指代考古学，但在19世纪与20世纪之交时，中日学者都已使用"考古学"，这个新词是在词尾加上现代词缀"学"，

[14] 罗振玉：《佣庐日札》，第348-349页。
[15] Su, "The Reception of 'Archaeology'and 'Prehistory'," p. 435.
[16] 罗振玉：《古明器图录序》，第78页。关于墓葬品的禁忌问题，参见 Clunas, *Superfluous Things*, p. 93.
[17] 王庆祥编：《罗振玉王国维往来书信》，第594页。
[18] 罗振玉：《扶桑两月记》，第62-63页。
[19] 富田升：《近代日本的中国艺术品流转与鉴赏》，第247-248页。
[20] 富田升：《近代日本的中国艺术品流转与鉴赏》，第249-251页。

意思是某种学科，中文含义即古物研究。[21] 考古学跟社会学一样属于现代学科，是对人类文化和实物遗存的实证性研究。[22]20 世纪初，不少中国学者开始引介西方考古学实践，称赞它对历史学家大有裨益，能够帮助他们理解纷繁复杂的上古社会形态及社会进化模式。[23]

罗振玉把这个词与现代教育的进步联系在一起，借机创办博物馆、图书馆、技术学校等机构，技术学校讲授制图和科学图例，罗振玉首次访日时曾经见过。[24] 他任职学部以后，尽力将这些理想付诸实践。1907 年，张之洞就存古学堂征询他的意见，他回答说，为提升国家学术水平，所设科目需反映现代科学潮流。学堂不仅要办图书馆、博物馆、研究所，而且博物馆里应贮藏足够的古物，以为考古学和保护珍稀史料提供便利。[25]

罗振玉重视博物馆、图书馆作为保护设施的观念，十年后在梁启超那里得到回应，梁写道：

> 其私家弆藏，或以子孙不能守其业，或以丧乱，恒阅时而灰烬荡佚。天一之阁，绛云之楼，百宋之廛……今何在矣？直至今日，交通大开，国于世界者，各以文化相见。而我自首善以至各省都会，乃竟无一图书馆，无一博物馆，无一画苑。此其为国民之奇耻大诟。[26]

换句话说，此时对很多知识分子而言，创办博物馆和图书馆不仅能满足学术需要，还是现代性的表征，表明政府勇于担负起管理大型

[21] 铃木广之：《好古家たちの 19 世纪》，pp. 62–65 页。Su, "The Reception of 'Archaeology' and 'Prehistory'," p. 424 n. 4. 后缀 "学" 发端于晚清时代的中国，但三音节的 "考古学" 是从日本输入的，是一种回归型的假借词。对假借字的讨论，参见 Liu, *Translingual Practice*.

[22] 香港中国语文学会编：《近现代汉语新词词源词典》，第 145 页。但有的学者如刘师培，依然把考古学定义为 "古器物研究"，是评估古代物件的方法，而非一个全新的学科。参见刘师培：《论考古学》，第 463–464 页。

[23] Su, "The Reception of 'Archaeology' and 'Prehistory'," pp. 440–442.

[24] 罗振玉：《扶桑两月记》，第 84 页。

[25] 罗振玉：《集蓼编》，第 31 页。

[26] 梁启超：《中国历史研究法》，第 60 页。

图书馆和历史古迹的职责。

作为学部官员，罗振玉努力实施这些规划，强调建立学术研究和　110
保护历史文物机构的重要性，希望能够遏制中国文物流失海外。[27] 比
如，让敦煌卷子运出中国，或者留在国内却存于私家之手，究竟是否
属国家不作为尚有争议。1907 年，原籍匈牙利、后入英国籍的斯坦因
（Marc Aurel Stein）在敦煌莫高窟发现藏经洞，其中藏有成千上万册
唐代书籍和经卷，内有现存世界上最早的印刷书籍——9 世纪的《金
刚经》刻本，斯坦因将其掠至大英图书馆。不久法国汉学家伯希和
（Paul Pelliot）远赴敦煌，攫取到五千种经卷，将其运送至巴黎。在发
现莫高窟后短短几年里，许多珍贵的经卷已经被掠至欧洲，中国学者
对此却一无所知。（罗振玉知道这一发现是在 1909 年夏季，因当时藤
田丰八给他看了斯坦因发表在英国地理杂志上的论文。[28]）伯希和曾尽
力改善这种局面，为中国同行提供某些经卷的照片，这为罗振玉初期
研究敦煌的成果打下了基础。[29] 但是当张元济这位商务印书馆的董事
长、年高德劭的学者访问巴黎时，法国当局竟然拒绝他调阅敦煌卷子
的申请，令人备感屈辱。[30]

罗振玉虽与伯希和维持着诚挚的友谊，但他痛惜在敦煌卷子刚发
现不久，偌大数量的卷子被海外学者偷运出海。更让他震惊的是，学
部最终同意李盛铎这位政府高官，出资购买和保护数千种敦煌卷子。
经卷刚刚安全运抵京师，李就坑蒙拐骗到很多卷子，为其古物收藏又
增一笔。[31] 不久之后，哈佛大学教授华纳（Landon Warner）从莫高窟
搬走了价值连城的壁画，还从石壁上凿挖了大量佛像，这些文物现藏
于哈佛大学福格艺术博物馆。[32]

这一时期政府在保护国宝方面，还有一件事情令罗振玉大失所

---

[27] 罗振玉：《集蓼编》，第 29–30 页。
[28] 罗振玉：《流沙访古集序》，第 38 页。
[29] 罗振玉：《流沙访古集序》，第 38 页。
[30] 桑兵：《伯希和与近代中国学术界》，《历史研究》，1997 年第 5 期，第 118–119 页。
[31] 罗振玉：《集蓼编》，第 36–37 页；《佚籍丛残初编序目》，第 38–39 页。对此事的论述，参
　　见荣新江: Li Shengduo Collection, pp. 62–63 等处。
[32] Hopkirk, *Foreign Devils on the Silk Road*, pp. 220–222.

望。1909 年，清廷为清理库房空间，命令内阁大库把大量政府文件加
111 以焚毁。罗振玉闻听之后，陈请张之洞抢救史料。但衙门管理松散，
存放在国子监的档案一麻袋一麻袋地腐烂掉，还不时被学成回国的留
学生偷走一些。[33]

　　罗振玉为保护大内档案的努力并未结束。1921 年，这些档案移交
到新成立的历史博物馆。但不到一年，由于博物馆资金短缺，刚卸载
的麻袋就被运入京师纸浆厂，其中有些被转卖给琉璃厂的商贩，1922
年被罗振玉在这里再度发现。他为历史博物馆草率丢弃档案而惊怒，
倾其所有抢购档案（数千袋未经整理的档案），并把其中最有价值的
部分整理出版。[34]他不相信"私人史家"有能力承担撰写清代历史这
一重任，但自认有眼光和责任为后代做这件事。他自评道："故弟于此
次库籍，不惜毁家以求之，然世短意多，若不为流传，我生以后，谁
任此者？"[35]王国维亦前来助力，说明私人藏家对保护文物的作用不
可小觑。实际上王国维认为，一旦所谓历史博物馆等公共机构未能恪
尽职守，私家学者必须承担起保护文物的大任。[36]就此问题，几年后
王国维撰文称金石学兴起于宋朝，大概是私人学术兴趣与首倡刊印古
物图录两者相结合的产物。[37]

　　在晚清政治大背景下，对"公"与"私"这对词语的争论持续过
一段时间。最新趋势是学者们强调两者之间应该酌盈剂虚，但在现代
社会，由于"公"意味着共享的伦理观念和共同的改革目标，公共美
德压倒了私人道德。[38]私家收藏和书籍珍藏能够体现保护中华民族遗
产的爱国心，使之免于毁坏或劫掠，在这方面罗振玉和王国维的行为
并非个例。正如孟悦所述，20 世纪头十年里，很多学人积极参与公共
事务，收集和刊刻古籍珍本。例如外国收藏家将古籍带到国外（如伯
希和从中国掠走大量敦煌经卷），使张元济感受"不可言状的苦痛"，

---

[33] 鲁迅：《谈所谓"大内档案"》，第 562–563 页。

[34] Brown, "Archives at the Margins," pp. 251–256.

[35] 王庆祥等编：《罗振玉王国维往来书信》，第 534 页。

[36] 王国维：《库书楼记》，第 1166 页；王庆祥等编：《罗振玉王国维往来书信》，第 532 页。

[37] 王国维：《宋代之金石学》，第 1927 页。

[38] Huters, *Bringing the World Home*, pp. 50–52.

促使他用现代印刷技术大量印刷古籍，使之进入流通领域，以此传 112
承中华文化，同时抵制外国收藏家源源不竭的财富和贪得无厌的胃
口。[39] 在政府懈怠和无能时，个人的行为充分表现出爱国主义情怀。

　　因此，罗振玉质疑政府机构效率低下、大型机构能否成为稀世珍
宝的守护人、能否促进学术研究，这并非特立独行。1919 年，他在京
都居住近十年后回国，作为考古学家的声望已然如日中天，蔡元培邀
请他到北京大学任教，但他婉言拒绝——王国维此前也曾谢绝同样的
邀请。[40] 相反，他更强调私家学者的贡献，以及他们研究古器物的方
法。[41] 他坚持认为出版物，尤其是私家图谱，能够发挥跟博物馆传播
研究资料同等的作用。[42] 辛亥革命之后，罗振玉选择从事出版和古董
行业，这种理论为他成为古籍和古董的监护人提供了合理依据，那时
他在古董行里垄断了经济利益，甚至他的合伙人还是外国同行和国外
客户。

出版家

　　辛亥革命后，罗振玉丢掉了清政府里的闲职，不得不重新寻求职
业认同。革命爆发后，几位日本汉学家邀请他定居京都，其中包括狩
野直喜、著名中古史专家内藤湖南、西本愿寺的法主大谷光瑞伯爵。
大谷光瑞收集中国和中亚古董，包括敦煌卷子，他甚至替罗振玉支付
了搬家费用。[43] 罗受邀到京都大学任教，学校一度为其藏书提供书房
（或许学校企图永久占有罗的藏品）。[44] 在客居期间，罗振玉远离故土，
但他成为数千位中国留学生、知识分子和维新派人士中的一员，数十年

---

[39] Yue, *Shanghai and the Edges of Empires*, pp. 47–51.
[40] 王庆祥等编：《罗振玉王国维往来书信》，第 80 页。
[41] 与此同时，他并未完全放弃对公共机构（至少是合作机构）的支持。如第一次世界大战
　　刚结束时，他就提议创办一家图书馆和博物馆，以期跟研究中国的新的国际组织加强联
　　系。参见罗振玉：《集蓼编》，第 49 页。
[42] 罗振玉：《古器物学研究议》，第 4a 页。
[43] 罗振玉：《集蓼编》，第 39–40 页。
[44] 罗振玉：《集蓼编》，第 41 页。

来他们发现东邻日本是热情好客的东道主。[45] 就罗振玉而言，他在日本的主要工作是与金石同行合作，刊印中国珍稀古籍，以期达到众多同代人保护民族遗产的目标，同时他还是出版商，这可是当时获利丰厚的行业。

113　　　罗振玉在移居京都之前，已经与日本学者和金石学家建立起直接联系。1901 年，罗振玉受张之洞委派，首次访问日本，考察教育制度。[46] 除了参观学校、邮局等现代机构外，他与吴昌硕弟子、著名篆刻家河井荃庐讨论金石学，接见书法家日下部鸣鹤，日下部还请他欣赏个人收藏的珍稀中国古籍和拓片。[47]1909 年，罗振玉受学部指派第二次访日，参观了京都帝国大学，会见了数位汉学家，包括狩野直喜、甲骨文学者富冈谦藏，重遇内藤湖南——十年前他们在上海有过一面之缘。[48]

这些联络在罗振玉移居京都后尤为重要，因为他个人事务极其繁忙。他带来二十几号人，包括王国维夫妇、孩子和家仆。王国维评论罗振玉，说他集藏古器物与版本“与常人之视养其口腹无以异”，真是再确切不过。因为他运到京都一百多箱物品，其中有三万余卷书以及青铜器、玉器、玺印、拓片、甲骨等，最珍贵的宋版书则随身携带。[49] 他在净土寺郊区购置土地，建造起宽敞的藏书楼来存放他的书籍和古物。[50] 京都岁月使罗振玉确立了金石学家的声誉，最初通过甲骨文字研究和敦煌文书研究而闻名，然后是通过与几位日本学者协作，刊印珍稀古籍版本。

这些工作不仅是学术奋斗，也使罗振玉能够养活自己和在京都的几家人。他不通日语，工作不易开展。[51] 他回忆说：“及居海东，无所得食，渐出以易米。予本不事生计，至遭遇国变，觉此身且赘，更何

[45] 19 世纪末 20 世纪初，对中国人移居日本的讨论，参见 Harrell, *Sowing the Seeds of Change*; Lu, *Re-Understanding Japan*.
[46] 甘孺：《永丰乡人行年录：罗振玉年谱》，第 20–22 页。
[47] 罗振玉：《扶桑两月记》，第 74、76 页。
[48] Fogel, *Politics and Sinology*, pp. 119–120.
[49] 王宇信等编：《甲骨学一百年》，第 92–93 页。
[50] 罗振玉：《集蓼编》，第 41 页。
[51] 罗振玉：《集蓼编》，第 41 页。

问资产？每有余力，即以印书。"[52]

他继续发行《国学丛刊》杂志，该杂志经王国维协助在离开中国之前创刊。他还刻印了一套套的珍稀版本，或者购于中国，或是日本同好的私人藏本。（他的出版事业还为王国维留居日本提供经济援助，王主编《国学丛刊》，罗每月付给他薪水。[53]）罗振玉1919年归国之后，114出版依然是他私人经济活动的重头戏。[54]他居住在天津法租界，创办了一家书店，专卖他编印的著作，由其长子打理。1928年他移居旅顺，又创办了一家书店和一家珂罗版印刷厂，不仅销售他自己或亲属的论著及编著，而且还能自己印刷成书。[55]

在京都期间，罗振玉最主要的也是最豪奢的出版项目是编印甲骨图谱。他与京都摄影师兼出版家小林忠治郎合作，一起出版既有甲骨相片也有用压墨法制作的甲骨文拓片的图书。[56]他们不用手工雕版的木刻本，而用米色对开纸，文字用精确的排印字体。小林版图谱单套价格，是罗振玉编印一种杂志全部印刷价格的三倍以上。[57]这些图谱流布范围不广（库寿龄称其极难获取），但罗振玉的图谱最终完成了四千多块甲骨文字的复制工作。[58]

在出版这些图谱的过程中，罗振玉一开始遭遇到了不少指责，这些指责主要针对其商业活动。他图谱中收录的一百多块甲骨实非本人藏品，而归林泰辅、河井荃庐等日本学者所有。[59]尽管吴大澂、陈介祺等同好编印图谱时，通常囊括属于友朋的拓片或古物图像，但如今这种借用被视为剽窃而非友情。日本收藏家林泰辅等人对罗振玉未经允许或未标版权就收录他们藏品的做法大为光火。[60]

---

[52] 罗振玉:《集蓼编》，第45页。

[53] 王国维:《王国维全集　书信》，第24页。

[54] 罗振玉:《集蓼编》，第49页。

[55] 罗继祖:《蜉寄留痕》，第114页。

[56] 王庆祥等编:《罗振玉王国维往来书信》，第11页，注3。

[57] 王庆祥等编:《罗振玉王国维往来书信》，第17、56页。

[58] Couling, "Review of James Menzies," p. 216.

[59] 陈梦家:《殷墟卜辞综述》，第653—654页。

[60] 林泰辅:《龟甲兽骨文字》，第148页。尽管林氏行文语气温和，但他在个人甲骨文图录中，公开向公众提及这一事实，表明他余怒未消。

有些日本学者，尤其是收藏古器物或佛教经卷者，依然愿意出借藏品，支持他的出版事业。罗振玉重刊的数种珍稀版本，原为富冈谦藏所有，还有几种来自艺术家神田香岩的藏品。神田香岩的孙子即著名汉学家神田喜一郎，后者极力颂扬王国维。罗振玉还重印了大谷光瑞和海军官员橘瑞超的藏品，后者收藏敦煌卷子，还出版过中国西北地区的佛教三藏经方面的著作。他还重刻了敦煌本《老子》，原为著名佛教专家松本文三郎所藏。最后罗振玉又出版了两种为声名狼藉的三浦梧楼所收藏的古籍。三浦梧楼是日本军官，涉嫌暗杀朝鲜闵妃，此事为朝鲜沦为日本殖民地铺平了道路。

罗振玉并未忽略中国金石学家的著述，尤其是潘祖荫师徒的著作。1914 年，他重刻潘祖荫 1872 年出版的青铜器图谱，由王国维作序。他还重新发行吴大澂青铜器和玉器图录，以及未完稿的《权衡度量实验考》。那段时间，他还刻印了孙诒让的甲骨文字研究专著，以及王懿荣编著的汉碑文字图录。这些工作使其中很多作品能够留存到 20 世纪，因为此前很多书仅以手抄本存世，或者私家印制寥寥数册而已。

在罗振玉投资的生意中，印书应该最赚钱。现代小说作家鲁迅也热衷收藏拓片。新版的古典金石学刻本能在许多书局购买到。最突出的是商务印书馆，在总经理王云五领导下，翻印过大批金石学著作。另外一家重要的金石学出版商是狄葆贤（著名的上海《时报》的老板）创办的有正书局。他们用珂罗版重印碑刻拓片等金石学作品，比发行报纸还要赚钱。[61] 换句话说，在公众喜好金石的氛围里，罗振玉把握住了商业契机且带动了一批人出版金石学图书。

这些工作使罗振玉在流寓期间能够养家糊口，但王国维坚持认为这同样是重要的学术贡献。他说："近世学术之盛，不得不归诸刊书者之功。"[62] 罗振玉在谈到他编纂的一套殷墟古器物图录时说："今秘予箧中垂十年，世莫得而见也。其存其亡，惟予是系，不即今著录，后

[61] Judge, *Print and Politics*, p. 42.
[62] 王国维：《雪堂校刊群书叙录序》，第 1135 页。

且无复知是者，遗憾将不可弭。"[63] 如同在收藏方面永不知足，罗振玉倾力于出版事业时亦复如此。在几十年出版生涯中，他刊印了上百种书，将其囊括进多套丛书的出版规划之中，他还出版了大套多卷本古物图谱。王国维对罗振玉的多产深感惊讶，既为他的著述编书，也为 116
他的出版事业。他惊叹说："非好事者及寻常笃古者所能比也。"[64]

这项事业看起来生意兴隆，但只是罗振玉在辛亥革命后所从事的实业的一部分。他还是古董商，精研古器物和宋元绘画。他早年曾批判海内珍宝未加阻拦流失海外，如今又扮演将珍宝散播海外的角色，颇具反讽意味。事实上，他从事的文物交易活动确实为其学术声誉带来了严重的负面影响。

古董商

罗振玉抵达京都不久，艺术品买卖就成为其主要收入来源。1914年他回上海期间，购买了大量书画，还向王国维抱怨说："弟在此一无所试，而卖古董者麇至，好画甚多，罄囊不能购十一，此行又须负债，如何如何。"[65] 但他很快就掌握了从业诀窍，有时甚至借贷来购买绘画等古物。[66] 将他经手的买卖量化一下，在居留日本近十年里，他向日本的研究所、博物馆和私人藏家出售了五千块甲骨。[67] 据画家黄宾虹说，他的买卖对上海艺术品市场价格产生了巨大冲击。[68]

罗振玉从事艺术品买卖，在世纪之交的藏家中或许并不显眼。早在 19 世纪 90 年代居留上海时，他就已开始购置绘画和古董，并与诸多著名艺术家结交往返，其中就有吴昌硕。当时，上海艺术品市场在买卖上价钱公道，年轻书画家公开标价，直接把作品出售给藏家，或

[63] 罗振玉：《殷墟古器物图录序》，第 68 页。
[64] 王国维：《罗振玉校刊群书叙录序》，《王观堂先生全集》，第 1135 页。
[65] 王庆祥等编：《罗振玉王国维往来书信》，第 16 页。
[66] 王庆祥等编：《罗振玉王国维往来书信》，第 45 页。
[67] 胡厚宣：《关于刘体智、罗振玉、明义士三家旧藏甲骨现状的说明》，第 5—6 页。
[68] 黄宾虹：《沪滨古玩市场记》，第 291—292 页。

通过扇子店等商铺出售。[69] 这种专业圈子中的不少成员都与日本顾客联系密切。[70] 事实上，当时上海有数位商人开店，以满足对中国艺术品和古物的需求。（但美国是中国艺术品最大的海外市场。）[71] 毕竟，罗振玉开办过东文学社，与几位定居上海的日本收藏家极为熟识，其中有河井荃庐、内藤湖南、国画家富冈铁斋（富冈谦藏之父）和松崎鹤雄，后者成为他在伪满洲国关系密切的同僚。作为日本游客与中国艺术家在上海的中间商，罗振玉把中国艺术品直接出售给日本人，并不需要很大跨越，不少联络的主顾是二十年前在上海结识的收藏家。

罗振玉还拥有熟稔中国主要古玩市场的优势。一度在中国畅销的物件现在不热销了，罗振玉就以低价收购，然后再卖给急切的日本客户。他迅速以低廉的价格收购吴大澂及其友朋（其中有金石学家吴云和沈秉成）的藏品。实际上，由于想购买古代绘画，日本藏家对清代物件占据主流市场颇为失望。[72] 戊戌变法为他们低价收购中国古物提供了机会。[73] 罗振玉抱怨道："中国地大物博，宝物甚多，但恨力不能有，不过日益昂贵耳。"[74]

罗振玉与日本客户做生意目的很明确。一次，某位日本藏家对罗振玉在京都房内悬挂于墙壁上的绘画极为喜爱，想买下这幅作品，但被罗婉言拒绝。罗振玉解释说此画很快将收入图谱。来客悻悻离去，罗振玉致函王国维说："现在售物，非多加曲折不可。"[75] 这句话亦暗示来客认定此画用于出售并无不妥。在栖居日本的几年里，罗振玉开始出售个人书画作品。1917 年，《时报》栏目里刊登过他的一百多件金石书法作品的广告，通过他弟弟打理的蟫隐庐书局进行销售，目的是为赈济国内水灾而筹款。[76]

[69] 参见沈揆一对上海的青年艺术家、价格表、作品如何出售给顾客的讨论，见 *Wu Changshi and the Shanghai Art World*, pp. 105–112.

[70] Shen, "Patronage and the Beginning of a Modern Art World," pp. 19–20.

[71] 富田升：《近代日本的中国艺术品流转与鉴赏》，第 75–77，82–87 页。

[72] 富田升：《近代日本的中国艺术品流转与鉴赏》，第 83 页。

[73] 罗振玉：《集蓼编》，第 45 页。

[74] 王庆祥等编：《罗振玉王国维往来书信》，第 137 页。

[75] 王庆祥等编：《罗振玉王国维往来书信》，第 145 页。

[76] 王中秀等编：《近现代金石书画家润例》，第 96 页。

　　罗振玉一旦出售个人作品，其艺术交易行为的商业意味就不再是私人问题。在多大程度上，王国维协助罗振玉做艺术品生意，依然令人不解，因为王国维此前曾严斥藏书家收集珍稀版本、绘画、古玩，认为这不过附庸风雅而已。[77] 如今他却帮助精英收藏家来售卖古董，无疑给附庸风雅者大开方便之门。

　　王国维 1916 年返回上海之后，罗振玉的艺术品交易活动更加频繁。王国维开始在中法混血的文物保护者罗迦陵（Liza Hardoon）夫 118
妇创办的私立学校里教书，罗氏的丈夫是出生于伊拉克的犹太人、房地产大亨哈同（Silas Aaron Hardoon）。哈同聘请了王国维，但王国维继续为罗振玉编书，王每月收入仅有 150 银圆，大概只够付儿子每年的学费，他们居住在局促狭小的亭子间里。[78]1918 年，语言学家诸桥辙次陪同林泰辅登门拜访，对这位学术大师陷入赤贫感到震惊。[79]

　　如此，王国维毫不犹豫地成为罗振玉在当地的生意合伙人就不足为奇了。主要靠沈曾植帮忙，王国维拜谒商贩（大都是前清官僚），谈好古籍刻本和绘画的价钱，用油布卷起来寄到日本。[80] 罗振玉尽力减少开支，1916 年他告诉王国维说"今年只能卖画，而无力购画也"，但从书信集来看，他一直在批量采购，花费两百元购买铜鼎，花五百元买了两幅画作，又花七百元买下两幅绘画。他授权王国维为某幅名画一掷千金，短短几个月后，他又让王花三千元买画，声称用五千元之价出手倒给日本收藏家。[81] 两周后，王国维以五千四百元的价格收购此画，这笔钱是他年收入的三倍之多。[82]

　　罗振玉为打搅门生从事此类生意深感歉意，说："贸易琐屑，非公所乐为，委之弟可也。"[83] 因为生齿日繁，王国维的确期望能够通过亲手经营来增加收入。1916 年他致信罗振玉说：

[77]　王国维：《人间嗜好之研究》，《王观堂先生全集》，第 1799–1800 页。
[78]　王庆祥等编：《罗振玉王国维往来书信》，第 36，46 页。
[79]　諸橋轍次：《游支雑筆》，第 84–85 页。
[80]　王庆祥等编：《罗振玉王国维往来书信》，第 61 页。
[81]　王庆祥等编：《罗振玉王国维往来书信》，第 133 页。
[82]　王庆祥等编：《罗振玉王国维往来书信》，第 143 页。
[83]　王庆祥等编：《罗振玉王国维往来书信》，第 141 页。

维之商务股单已售出，并今年利，约近成数。本拟暂存银行，而出入均须改算银数，吃亏殊甚，因思购书画数件，以作将来预备，而苦于眼力，未敢放手。乙老（译者注：沈曾植）之眼虽就近可以请教，然亦出入颇多。此款公如有用处，则可行暂用，如将来尊驾抵沪，则为代购书画，此较自购为稳当也。[84]

119   在另一封信里，他对罗振玉说："买卖书画诚不易，不独画之精否真赝难以骤决，即于价之操纵亦非易事。"[85] 从中我们能够看出，王国维并无生意上的野心，尽管他继续帮助罗振玉收购绘画和艺术品长达两年之久，但在生意场上的能量无法与罗振玉相匹敌。

或许由于王国维在艺术品交易活动中的参与程度无法跟其导师相提并论，所以他的学术声誉并未被这类交易折伤。罗振玉从事古董贩卖行为，引起舆论哗然。有数位同代人认为他伪造古董，包括甲骨和绘画，企图哄抬物价。[86] 譬如，溥仪指责说："罗振玉在古玩、字画、金石、甲骨方面的骗钱行径，是由来已久的……很多人把他看成了中国古器物的学术权威。"[87] 罗振玉宣称在日本发现中古中国的经书和绘画，章太炎反驳说绝非遗失的杰作，不过是罗振玉利用伪造印章等手段，使其看似古旧的现代物件而已。[88] 郭沫若称罗振玉是"伪君子"，以假古董骗日本人的钱。[89] 这类指控至今有增无减，且仍留下疑问：罗振玉出售给日本客户的绘画等古物的真实性如何？归属性如何？

即使他从未故意造假或者错误解读艺术品，学者和古董商的双重身份之间也存在利益冲突。例如，作为甲骨文顶级专家，将甲骨出售给客户，这意味着什么呢？个人担保的真品、有历史价值的文献，是

[84] 王庆祥等编：《罗振玉王国维往来书信》，第 134 页。

[85] 王庆祥等编：《罗振玉王国维往来书信》，第 220 页。

[86] Lefeuvre, *Collections d'inscriptions oraculaires*, pp. 306–307.

[87] Puyi, *From Emperor to Citizen*, p. 174.

[88] 章太炎：《章太炎书信集》，第 962–963 页。罗振玉早在 19 世纪 90 年代初次进入鉴赏界时，就被指控伪造绘画上的印款等标明时间的印记，参见高阳：《清末四公子》，第 130 页。

[89] 郭沫若：《鲁迅与王国维》，第 176 页。

否会被商业利益所蒙蔽？[90] 他的出版事业同样饱受攻击。鲁迅讽刺他是"商人遗老"，重印旧书时常用传统蝴蝶装，只为显示古董气息。他鄙视罗振玉的图谱充满"广告气"，而他弟弟周作人则觉得充满拍卖公司样品目录的"商贩气"。[91]

罗振玉的古董商身份减损了他的学术声誉，但值得注意的是，他受到的最尖刻的批评来自那些憎恶他日渐保守的清代遗老身份的人。确实如此，在 20 世纪初年中国生活各个方面都急速现代化的背景下，罗振玉保持了传统风度，这在当时是很普遍的。众多艺术家、古董商和学者们发现，刻意塑造某种文人形象是正当的，也是有利可图的。[92] 但在民国知识界，罗振玉日益边缘化的真正原因是，他的学术研究方法毕竟有很大局限。尽管他被尊为收藏家和朴学家，他的研究对 20 世纪 20 年代开启的关于古史研究的几次大讨论贡献甚微。把金石学同现代历史学联系起来的重担，落在了一位年轻学者身上，此人就是王国维，他有能力阐明古器物如何促进上古史研究。

---

[90] 例如葛兰言（Marcel Graner）曾指责罗振玉利用其专业知识以假乱真，出售甲骨，目的是在买卖中牟利。参见 Keightley, *Sources of Shang History*, p. 141 n. 30.

[91] 鲁迅:《谈所谓"大内档案"》，第 561 页；周作人:《林琴南与罗振玉》，第 625 页。

[92] Andrews, "Traditionalist Response," esp. pp. 79–80.

第七章

王国维：从古器物学到历史学

抑弟尚有厚望于先生者，则在国朝三百年之学术不绝如线，环顾海内外，能继往哲开来学者，舍公而谁？

——罗振玉致王国维（1916 年 2 月 19 日）

王国维从京都回国时，面临着躁动不安的智识世界。1919 年 5 月 4 日，学生走上街头，抗议《凡尔赛和约》支持日本人的要求，出卖山东权益。这之前，一些年轻学者号召重新审视中国传统哲学、历史和艺术，提倡用西方的科学和民主来作为拯救国家的良药，这场声势浩大的运动就是新文化运动。传统学术似乎走向衰落，历史学家陈寅恪在清华大学的入学考试中，要求考生熟知明代小说和宋朝诗词，被认为显得迂腐而可笑。[1]

新文化运动对历史研究最重要的影响是"疑古"思潮的兴起。疑古派史学家从各个方面彻底怀疑传统史学。他们质疑中国早期王朝夏商的真实性，像日本同行一样，倾向于将其描述为有趣的神话传说或者未经证实的传奇文学。他们在运用传统校勘学方法时，还心存疑虑，因为他们认为旧方法不科学。实际上，他们极其蔑视清代朴学，认为朴学解读经典和古物的方法太过落伍。因此，疑古学派主要怀疑 122 三个方面：上古史的史实，记载古史的传统文献，历史研究的传统方法——尤其是清代以来的方法。

---

[1] Yeh, *Alienated Academy*, pp. 42–44.

当然，并非所有学者都支持这种激烈的反传统立场。尽管被疑古派批判，这段时期的历史研究依然由新考据派占据主流，这一流派继承了 18、19 世纪经学研究和古器物研究的方法论。实际上，直到 20 世纪 30 年代的大学课程表里面，辅助考据的小学和目录学虽走向边缘，却仍令西方化的历史文献学黯然失色，这让现代主义者不解。[2]

传统派与反传统主义者之间的鸿沟很深。信古派学者依赖清代朴学等传统文献资料，看来绝对不可能赢得疑古派的尊重，后者旨在向中国引进西方的历史编纂学。在这个治丝益棼的问题上，王国维处于举足轻重的中间地带。他既善于谨慎运用文献资料，又长于考据上的逻辑推理，通过运用这些方法来研究民族、国家认同等历史问题，还能进行全球性比较，探讨社会对个人的影响，所有这些都清楚反映出西方学者的研究模式。他还能踌躇满志地运用实物资料，以证明上古历史的持续影响，这种方法称为"二重证据法"，是一种提问—证明法，用实物资料来验证书面文献。实际上，他在研究青铜器、甲骨文等古器物方面天赋惊人，他审慎运用文献资料，熟练使用最新的外来术语，这些都使疑古派成员相信：他们能够继续研究上古史，用王国维的方法研究上古史。至少在某种程度上，朴学方法依然行之有效。因此，王国维既维护了清代金石学，又不可避免地改造了清代金石学。

西学的召唤

王国维早年精通西学。他是世纪之交迷恋欧洲文学、哲学的一批人，将其视为西方文明的精髓。他推崇欧洲哲学"普世"和"永恒"的观念，认为中国哲学显得过于政治化，或者太实用主义，不能解决 123 他称之为"自然人类及社会等疑问"，即："人所以为人之价值，存于何点乎？人何为生斯世乎？心与物体之关系如何乎？人何由而得认识外界乎？又真伪之判决于何求之乎？"[3]

---

[2] 桑兵:《近代中国学术的地缘与流派》,《历史研究》, 1999 年第 3 期, 第 36 页。

[3] 王国维:《述近世教育思想与哲学之关系》, 第 9 页。

19 世纪 90 年代末期，上海欢迎像王国维这种志存高远又不满现状的年轻人。正如恩师罗振玉一样，王国维出身于江南地区下层士绅之家，富有学术潜力，精于朴学，但他未能克服对僵化的科举考试必考的八股文的厌恶。[4] 一位友人回忆说，这位面露羞涩的人看来不善交游、沉默寡言，这有点掩盖他对知识的好奇心，"他对于熟人很爱谈天，不但是谈学问，尤其爱谈国内外的时事"[5]。1898 年，他放弃考取更高的功名，幸运地被一位朋友推荐到《时务报》做校对员。《时务报》是一份由梁启超等人集资创办的维新派报纸。考虑到他的政治立场，这份工作看来尚可，不过收入微薄，而且是小小办事员。[6] 为打发时光，他报名参加了罗振玉创办的东文学社，开始学习日语、英语，以及数学、物理和化学。像大多同辈一样，他期望通过学习科学——既包括自然科学，也包括人文科学——来挽救中国积重难返的穷困状况和外交上的软弱无力。

学习自然科学亦促进了王国维对人文科学的理解。实际上，在 19 世纪的学术界，两者是紧密相关的领域。他开始阅读翻尔彭（Arthur Fairbanks）《社会学》、海甫定（Harald Hoffding）《心理学》。[7]1902 至 1908 年间，他从英文和日文翻译过二十余种哲学书刊，其中有新康德主义者桑木严翼的《哲学概论》（1900）、西额惟克（Henry Sidgwick）的《西洋伦理学史要》（1886）。1908 年，他翻译出版耶方斯（William Stanley Jevons）《辨学》，此书在 1886 年曾由艾约瑟（Joseph Edkins）最早翻译成中文，1909 年严复再度翻译成《名学浅说》。与严复翻译赫胥黎、斯宾塞和密尔一样，王国维的翻译着力于文体和可读性方面，其译本在文学上未必有很高的价值，但能把翻译内容与中国学界关注的问题联系起来。[8]

---

[4] 张连科：《王国维与罗振玉》，第 16-17 页。

[5] 殷南：《我所知道的王静安先生》，《王观堂先生全集》，第 7165 页。

[6] 袁英光等编著：《王国维年谱长编》，第 11，17，22 页。

[7] 王国维：《自序》，《王观堂先生全集》，第 1825 页。

[8] 如蔡元培就曾赞扬王国维曾经在哲学上澄清了对"功利主义"问题的争论，参见蔡元培：《最近五十年中国人与哲学之关系》，第 97-98 页。关于严复的翻译，参见 Wright, "Yan Fu and the Tasks of the Translator", pp. 239-240, 242-244.

王国维的哲学研究不久集中于德国思想史上，1903 年开始埋头阅　124
读康德的《纯粹理性批判》。尽管他很快在罗振玉创办的《教育世界》
上发表了一篇热情洋溢的有关康德的短文，但他实在难以卒读康德的
著作。他更喜欢叔本华，常"以叔本华之书为伴侣"[9]。叔本华作品的
引人入胜之处在于，通过警醒读者来超越现实，用文学来缓解人生的
苦痛。例如读者沉浸于悲剧的痛苦与失望主题之后，更加渴望自由正
义的世界，"意识到人生不过是一场必须醒来的噩梦"[10]。言外之意是，
文学比科学更能增进社会福祉。[11] 王国维把叔本华的理论运用到《红
楼梦》的研究中，宣布该小说的主题是主人公通过压制个人情感欲
望，奋力争取个人幸福。[12] 几年之后，他把这种观念运用到一篇戒除
鸦片的文章中，认为个人幸福和社会稳定都要靠自制。[13]

王国维开始迈向自己树立的目标，即研究"国际学术"，与"浅
薄的儒学"两相对比，既做学术研究，又写社会评论。[14] 他成功解读
《红楼梦》，运用其方法来解读当下社会问题，开始把更多时间放在文
学研究上。1904 至 1907 年间，他发表过数篇欧洲小说、戏剧方面的
评论，包括关于培根、德国剧作家和诗人赫贝尔（Christian Friedrich
Hebbel）的，还发表过几篇有关歌德的文章，歌德的作品为他建立起
"世界文学"的概念。对王国维而言，世界文学能够在国家框架之内
给小说和戏剧定位，而且不会忽略公认优秀的文学传统。[15]

王国维受世界文学中小说和戏剧的影响，从戏曲入手重新思考中
国文学传统。1906 年，罗振玉在学部为他谋到一份差事，王国维移居
北京，接触到缪荃孙等著名藏书家的藏书楼，其中有几位戏曲大家慷

[9] 王国维：《静安文集自序》，《王观堂先生全集》，第 1547 页。

[10] Young, *Schopenhauer*, pp. 142-143.

[11] 鲁迅也说过，他弃医从文，只为解决当时中国的问题。参见鲁迅：《鲁迅小说选集》，第
3 页。

[12] Bonner, *Wang Kuo-wei*, pp.85-86.

[13] 王国维：《去毒篇》，《王观堂先生全集》，第 1870-1871 页。

[14] 王国维：《奏定经学科大学文学科大学章程书后》，《王观堂先生全集》，第 1863, 1868 页。

[15] 歌德界定的世界文学，只是在单一民族国家的文学传统之内所独有的那些作品，因此世
界文学既是世界的，也是特定国家的。Pizer, *Idea of World Literature*, esp. pp. 33-37.

慨开放其收藏的珍稀版本。[16] 王国维早年曾唾弃元曲"幼稚""粗俗"，
125 但逐渐发掘出其在中国文学史上的重要价值。[17] 移居京都之后，在推
崇他解经技能的日本专家鼓励下，他深入研究中国戏曲史。[18] 王国维
重新挖掘中国本土的文学传统，但他从事的世界文学研究亦退居其
次。他有些惋惜中国文学中缺乏真正的"美学"观念，但依然颂扬中
国艺术传统，包括雕刻和建筑，例如，他评价元代绘画就有"非西人
所能梦见"的雅致 [19]。

　　但是，王国维的中国文学研究并非方法论的倒退，他的戏曲研究
一直使用西方概念，本身都以文学概念作为出发点。[20] 实际上，王国
维此后的学术生涯中，其著作充斥心理学、社会学、革命、自由、平
等、进步、演化、人类发展等新名词。[21] 例如在一篇关于孔子学说的
长文中，他论述所用的概念是"人类与社会，社会与国家"，认为个
人幸福是社会福祉的延伸。[22] 他年轻时就浸淫于晚清的科学话语、国
际主义、关切社会和政治制度的氛围中，这些立场随处体现在其一生
著作当中，他确信科学方法能够充分运用到更广泛的学术研究中，包
括对中国上古历史和语言的研究。

古物研究与保守政治

　　王国维精通世界文学和欧洲哲学，成就卓著，历史学家傅斯年盛
赞他的宋元戏曲史研究，北大校长蔡元培（在赴欧留学之前已获进士

[16] He, "Wang Guowei and the Beginning of Modern Chinese Drama Studies", *Late Imperial China* 18:2 (March 2008), p. 143.

[17] He, "Wang Guowei and the Beginning of Modern Chinese Drama Studies", pp. 132-133; 王国维：《曲录序》，第 273 页。

[18] He, "Wang Guowei and the Beginning of Modern Chinese Drama Studies", pp. 129-130，149-150.

[19] 王国维：《孔子之美育主义》，《王国维文集》，第 158 页。

[20] Sieber, *Theaters of Desire*, pp. 4-7.

[21] 王国维：《论新学语之输入》，《王观堂先生全集》，第 1741-1742 页。

[22] 王国维：《孔子之学说》，《王国维全集》，第 124-125 页。

头衔）认为同代人中无人能像他一样透辟解释德国哲学。[23]但辛亥革命后，王国维致力于历史研究、古器物和古文献研究。由于他在辛亥革命后保持着遗老身份，人们很容易联想他的学术研究和政治抉择之间存在着某种联系。作为遗老，他是碰巧对古史产生兴趣，还是他转向古史研究意在声援保守主义？

王国维的政治立场毫无疑义，和罗振玉一样作为遗老至死不渝。溥仪都剪掉了自己的辫子，他却一直拖着大辫子。[24]1917 年俄国十月革命把他吓坏了，两年后"五四运动"爆发，他原以为同样的革命会在中国爆发，上海学生集会令他"恐慌"，南京路上的游行队伍令他"无比惊骇"，他对旅馆和市场的停业深感烦扰，要求政府派驻军队。[25]他致信狩野直喜说："世界新潮颎洞澎湃，恐遂至天倾地折。然西方数百年功利之弊，非是不足一扫荡，东方道德政治或将大行于天下，此不足为浅见者道也。"[26]

还有比研究古代历史与语言更好的方式维护东方伦理道德吗？实际上，罗振玉认为："欲拯此洪流……于欧西之学，舍反经信古，末由也。"[27]王国维自东文学社开始受罗影响，流寓京都后着手研究清代金石学。他在致缪荃孙的信函中说，辛亥后接触到罗振玉金石类藏书，首次浏览宋代到 19 世纪的金石学著作，其中有吴大澂等人的著述。此外，他还受益于恩主罗振玉，学习了古代文字学。这都培养了他对汉代以前历史的最初兴趣。[28]当深入研究问题，如研究商代世系时，需要大量运用甲骨文，他尤其感激罗振玉的教导。[29]他转向金石学事出偶然，反映出他在日本附庸于罗振玉的地位，但他对中国语言与历史的兴趣，清楚反映出其日益养成的偏好，这在辛亥之前他苦读本国传统经

[23] 蔡元培：《最近五十年中国人与哲学之关系》，第 97，100 页；傅斯年：《王国维著〈宋元戏曲史〉》，第 1429 页。

[24] 王东明：《怀念我的父亲》，第 478 页。

[25] 王庆祥等编：《罗振玉王国维往来书信》，第 456 页；王国维：《王国维全集·书信》，第 230-231 页。

[26] 王国维：《王国维全集·书信》，第 311 页。

[27] 罗振玉：《海宁王忠悫公传》，第 7020 页。

[28] 王国维：《王国维全集·书信》，第 40-41 页。

[29] 张连科：《王国维与罗振玉》，第 247-249 页。

典时已显露无遗。

起初，王国维研究金石学的方式，是为罗振玉那些豪华图谱收录的古物和珍本写说明文字。不久，罗振玉的影响减退，他开启古器物及铭文方面的独立研究。在他离开哈同花园之后，罗振玉的影响进一步减弱。他迁居京师，担任溥仪的南书房行走，与一些遗老共事，编纂大清藏书和艺术藏品目录。[30]1924 年，冯玉祥控制北京，强逼逊帝溥仪签字放弃应有的权利，将他驱逐出紫禁城，溥仪躲入日本使馆接受庇护。王国维对溥仪的境遇深感沮丧，但对自身的自立能力和学术
127 自信却不断提升。[31]那段时间，他几乎每天都给罗振玉写信，而他在赴京就任之前，他们一年仅通信数次。[32]

溥仪移宫、南书房解散之后，王国维加入清华大学，校园内的一间屋子里装满了他的藏书。[33]除学术研究外，他无欲无求，女儿回忆说他"不外出郊游，不运动，不喝酒，只抽一点'哈德门'牌香烟"。夫人给他一些零花钱到琉璃厂的书肆买书。[34]他讲授古文经、今文经、《尚书》、小学等课程。他常和梁启超、陈寅恪等友朋就近谈论文学、历史和哲学，他们对历史和文学怀有大致相近的观念。他培养了一大批青年才俊，其中有徐中舒，他日后凭借自身实力成为著名中国古代史专家。

王国维在最后十年专心研究历史学，实际上是想寻找一条通过学术表达政治立场的出路。他利用历史学阐述绵延不绝的传统观念，在研究客体、整套方法论、传统哲学文化观等各个方面体现出来。王国维对疑古思潮有所同情，跟他们一样想努力提升科学研究水准，考订文献资料，尝试运用实证方法，去证实历史与民族问题。他提问时所用的解释性话语，都是早年研究哲学和文学时养成的。通过这种方式，他既保持了青年时代的学术兴趣，又不断发表政治和社会评论，尽管以保守主义的形式。

---

[30] 王庆祥等编:《罗振玉王国维往来书信》，第 325 页。

[31] Bonner, *Wang Kuo-wei*, pp. 202-204.

[32] 张连科:《王国维与罗振玉》，第 238-239 页。

[33] 王东明:《怀念我的父亲》，第 475 页。

[34] 王东明:《最是人间留不住》，第 456-457 页。

历史科学与民族起源

对上古史学者而言，自从"尧舜禹抹杀论"引发激烈争论，局面已发生较大改变，这些争论激发了对甲骨文的甲期研究。梁启超在 19 世纪 20 世纪之交倡议新史学，即运用实证方法、论证其社会可行性，如今已被大家普遍接受。[35] 实际上，几乎所有史学家都认为，历史学已经为本学科建立起实证标准，因为"凡记述事物，而求其原因，定其理法者，谓之科学;求事物变迁之迹，而明其因果者，谓之史学"[36]。许多史学家希望社会科学能为中国历史学奠定新的理论基础。[37]

王国维把这种方法运用到早期历史研究中，成果有 1917 年《殷周　128 制度论》，主要材料依据都来自甲骨文。这篇论文论述商代世系名称和祖先崇拜（如某些姓氏之间互不通婚），商周在王位继承上各不相同，还论及宗教信仰、贵族分封制度等。[38] 尽管他还讨论过周公等王侯的功勋，但他并不只关注王侯将相，而是更加关注两代王朝之间的文化和政治制度变迁，这更符合现代史学诠释非个人化的社会大趋势的需要。尤有进者，与康有为的孔子改制论相似，王国维颂扬周王推行政治维新。[39] 言外之意是，制度革新实乃民族性格的应有之义。这就反驳了中国历史亘古不变、永无变革和静止不动的观念，这是 19 世纪社会评论家常用的陈词滥调。[40]

王国维对社会史和政治史感兴趣，其著作与罗振玉的著作区别明显。1913 年，罗振玉送给王国维一套在山东收购的官印拓片，王国维据此著成《齐鲁封泥集存》。罗振玉在序言中介绍了他搜集古印的历程，而王国维解释了封泥文字何以能回答有关汉代政治制度的问题，以此

---

[35] Wang, *Inventing China Through History*, pp. 46-50.

[36] 王国维:《国学丛刊序》,《王观堂先生全集》, 第 1408 页。

[37] Wang, *Inventing China Through History*, pp. 63-66.

[38] 王国维:《殷周制度论》,《王观堂先生全集》, 第 433 页。王国维使用"封建"一词值得注意, 这是中国远古就有的概念, 后来却成为马克思主义历史学的典型术语。

[39] 王国维:《殷周制度论》,《王观堂先生全集》, 第 460-462 页。

[40] 19 世纪西方史学家认为中国静止不变的观念, 参见 Cohen, *Discovering History in China*, pp. 58-60.

澄清山东的历史地理。[41] 他们通力合作研究敦煌卷子，罗振玉关注语言问题，而王国维所写内容，则是根据经卷内容梳理出来的历史问题。[42]

20世纪初，王国维在论述文化和政治变迁问题的时候，面临着又一个重大变故，即历史学话语里的民族主义价值问题。梁启超曾经呼吁同胞们强化民族认同感，在20世纪的前20年，大多数学者都已接受这种观念。但对王国维而言，诉诸民族认同并非事实问题。他毕竟是清代遗老，基本上不认同国家植根于汉民族万世一系的理论前提。王国维不相信"巴枯民族说"（theory of Baks），这种理论认为中华文

129 明的缔造者黄帝来自美索不达米亚平原，反映出人们希冀彰显中华民族的悠久性和连续性，尽管黄帝还是外来人种。

王国维在早期对商周王朝的论述中，提出过类似问题，尤其关注两代王朝之间的鼎革时期。《殷周制度论》提出了最重要的理论，认为两个王朝发源于不同的地理位置，暗示它们存在巨大文化差异，直接否定了"周礼因于殷礼"的观念。[43] 再者，王国维并未论述两大王朝的重要影响，而是断定中国政治和文化转型大体上发生于商周之际，由此突显两代王朝之间的差异和急剧变革的意义，而不强调我们如今认为的华夏文明所具有的连续性。[44] 现在被称为"多重起源论"的理论，已是名闻遐迩，影响深广。王国维弟子徐中舒提出民族差异论，认为商周实际是不同民族，由于当时大多史学家旨在寻求统一的民族起源论，他的论断可谓石破天惊。王国维还有篇文章认为，吴大澂讨论的古文、籀文等古代文字，并非像多数朴学家认定的那样直线发展，而是在相互隔绝的不同地区渐次出现。[45] 这种理论亦强调古代方国之间存在鲜明的差异，反对人们认定的暂时分裂与文化连续性。

王国维对华夏文明起源的兴趣日渐浓厚，开始提出一些跟欧洲学

---

[41] 张连科：《王国维与罗振玉》，第215页。

[42] 张连科：《王国维与罗振玉》，第218-219页。

[43] 王国维：《殷周制度论》，《王观堂先生全集》，第460-462页。

[44] 王国维：《殷周制度论》，《王观堂先生全集》，第433页。

[45] 王国维：《战国时秦用籀文六国用古文说》，《王观堂先生全集》，第287-288页。王国维此说已被后来的语言学家否定。对这一问题的讨论，参见 Gong Qi, "A Discourse on Chinese Epigraphy", p. 20.

者有关的问题。1877 年，李希霍芬（Ferdinand von Richtofen）造出一个词语"丝绸之路"（Seidenstrasse）并开始使用。可以肯定，至少自 19 世纪早期的经世学派起，钱大昕等金石学家已痴迷于研究西北边疆文化和语言问题。但一百年后，这里才成为意义重大的历史研究目的地，因为外国考古学家和冒险家纷至沓来，从斯坦因到大谷光瑞一伙，都到丝绸之路寻找稀世珍宝，探究其与西方的早期联系。王国维和陈寅恪开始研究这一地区的历史，例如从匈奴起源及其与汉唐之间的关系入手。他们研究的前提是，务必在中国政治框架之内理解该地区的历史，并且承认文化之间和民族之间交流的重要性，而民族与文 130 化正是构建中国历史最关键的两大因素。

王国维对丝绸之路贸易的遗产以及中国早期的民族和文化种群等观点，在史学界那些最激进的民族主义者眼中很有市场。比如"多重起源论"成为傅斯年研究中独创异说的兴奋点，因为他正想驳斥"巴枯民族说"。尽管王国维认为周朝发源于中国西部，商代起源于中国东部，但对傅斯年而言，更重要的是两者都已认定为中国人，尽管其权力中心在地理位置上相隔较远。[46] 与此同时，由于早期原始人即北京人的发现，中华民族乃从中国本土日渐形成的观点看来足以证实。[47] 王国维似乎支持多种语言与多重民族的政体论，到 20 世纪 20 年代，领袖孙中山倡议，多元民族说更与政治合流。[48] 王国维非民族主义的学术立场，甚至还吸引了新文化一代学人，其中有疑古派倡导者顾颉刚。在反驳日益不受待见的观点——中国文明是西方文明的某种附庸——时，王国维的理论就显得极为有用。

古物的质疑

1922 年春，王国维在上海接见了哥伦比亚大学博士、北大教授胡

---

[46] Wang Fan-sen, *Fu Ssu-nien: A Life in Chinese History and Politics*, p. 107.

[47] Schmalzer, *People's Peking Man*, pp. 50–51.

[48] Gladney, *Muslim Chinese*, pp. 83–84.

适的一位弟子来访，他就是顾颉刚，回苏州度假休养。这次会见给年
轻学子留下了深刻的印象，他极力称赞王国维的学术成就，衷心感谢
王慷慨接见。[49] 王国维亲切回信说，在学术交流中没有必要对朋友客
套。[50] 数月后，王国维与北大教授马衡（罗振玉的好友）通信，称顾
颉刚为"佳士"[51]。他还告诉罗振玉说顾颉刚有学者气象。[52]

　　但不久后，王国维对他的看法有些负面，认为顾颉刚的研究题目
有些太"广莫"，方法"豫有成见"。[53] 这种批评或许有表扬的意味，
131　运用恰当方法寻找题目，正是胡适鼓励学生尝试的方法。胡适师承约
翰·杜威（John Dewey），旨在用科学方法诠释中国哲学、历史和文学
问题，他概括为"大胆的假设，小心的求证"[54]。他对文献资料采取极
端怀疑主义态度，尤其对上古王朝的资料。顾颉刚及其同窗对胡适的
讲史不胜惊愕，因为胡从公元前 9 世纪开讲——那是西周中期，直接
把夏商两朝忽略掉。[55] 顾颉刚最终接受了胡适的怀疑论观点，在顾颉
刚、胡适和北大教授钱玄同之间的信函往来中，疑古运动由此产生。

　　尽管王国维对会见比较满意，但对顾颉刚的怀疑主义态度有所警
惕，这和白鸟库吉的"尧舜禹抹杀论"同样令他不快，顾颉刚确实令
他想起这位日本学者。[56] 他写道：

　　　　研究中国古史，为最纠纷之问题。上古之事，传说与史实混
　　而不分。史实之中，固不免有所缘饰，与传说无异；而传说之中，
　　亦往往有史实为之素地：二者不易区别，此世界各国之所同也。
　　在中国古代已注意此事。孔子曰："信而好古。"又曰："君子于其
　　所不知，盖阙如也。"……而疑古之过，乃并尧舜禹之人物而亦

[49] 王煦华整理：《顾颉刚致王国维的三封信》，《文献》，1983 年第 1 期，第 11 页。

[50] 王煦华整理：《王国维致顾颉刚的三封信》，《文献》，1983 年第 4 期，第 205 页。

[51] 王国维：《王国维全集·书信》，第 324 页。

[52] 王庆祥等编：《罗振玉王国维往来书信》，第 544 页。

[53] 赵利栋：《〈古史辨〉与〈古史新证〉——顾颉刚与王国维史学思想的一个初步比较》，《浙
　　 江学刊》，2006 年第 6 期，第 109 页。

[54] Wang, *Inventing China Through History*, pp. 56-58.

[55] Wang, *Inventing China Through History*, pp. 58-59.

[56] 王庆祥等编：《罗振玉王国维往来书信》，第 544 页。

疑之。其于怀疑之态度及批评之精神，不无可取。[57]

当然，疑古运动最早从19世纪就已发端，上古史在现代史学史里的地位问题，只不过是最近激烈争辩的问题。我们已经提过，康有为在19世纪与20世纪之交就怀疑过文献资料的真伪，撰写中国上古史而不用最新材料，一般视为不入流。古文字学家孙诒让和罗振玉开始运用甲骨文研究古代语言时，同代金石学家还不太敢用这种方法，史学家亦缺乏金石材料方面的训练。

这正是王国维对史学方法论做出的最重大贡献之一，即在历史研 132
究中有效利用非文字资料。早在1913年，王国维和罗振玉完成流沙坠简研究，这批简牍由斯坦因收藏、沙畹（Édouard Chavannes）出版，这可能是中国学者第一次运用考古学家发掘的材料。[58]随后十五年里，王国维继续强调在研究中运用"新出材料"的重要性，包括甲骨文字、竹简、敦煌发现的六朝和唐代经卷、大内秘藏的珍稀版本等。[59]王国维对运用古物"由疑而得信"[60]的能力踌躇满志，亦明确反对疑古论调。实际上，正是因为受过金石学方面的训练，他才寻找到最坚实的证据去驳斥顾颉刚。

比如1923年，顾颉刚致信钱玄同称，夏朝缔造者大禹基本能够确定并非历史人物。他主要依据《说文解字》，"禹"来源于"虫"字，所以不能寓意为帝王。[61]于是断言，禹并非人类统治者，而是某种神秘生物，因此夏朝的历史真实性就有极大争议。这种武断的说法激怒了历史学家柳诒徵，他痛批顾颉刚读不懂《说文》，误读了"禹"与"虫"字之间的语义联系。[62]

在批判声浪中，人们期待王国维亦运用朴学方法发声。但王回应的方式是引用钟鼎文，其中提到大禹是统治者。通过对比秦公敦与齐

[57] 王国维：《古史新证》，《王观堂先生全集》，第2077页。

[58] Su, "The Reception of 'Archaeology' and 'Prehistory'", p. 435.

[59] 王国维：《最近二三十年中国新发见之学问》，《王观堂先生全集》，第1915-1916页。

[60] 罗振玉：《观堂集林序》，第285页。

[61] 顾颉刚：《古史辨自序》，第6页。

[62] Hon, "Cultural Identity and Local Self-Government", pp. 513-514.

侯锡钟，他能够确定这两者"皆春秋时器也"，但并未直接反驳"近人乃复疑之"。但"举此二器，知春秋之世，东西二大国无不信禹为古之帝王，且先汤而有天下也。"[63] 王国维致信容庚说，疑古派史学家顾颉刚、钱玄同不通《说文》，因为他们不能理解《说文》所收文字，而这些字还不如青铜器等古物铭文古老。[64] 换句话说，顾颉刚不仅像柳诒徵指责的那样，小学知识学养不够，而且更严重的是，他压根儿不能运用古器物来作为原始资料。

逐渐地，学者发现运用非文字资料的理念，开始比疑古派的怀疑论、比有时不善解读早期文本和文字者更加实证、也更加科学。如梁启超鼓励弟子客观组织材料，不仅包括大家熟知的王朝实录等历史资料，也包括上海商会活动，以及绘画、兵器、钱币等物质文化资料。[65] 数年之后，陈寅恪以对敦煌卷子等新出材料的研究，赢得学术声望。敦煌卷子的发现在诸多方面类似于古器物，而非文字资料。[66] 所有这些材料都被认定为"史料"，这一新词把历史的观念嫁接到物质资料的概念之上。[67] 史料的概念对傅斯年特别有吸引力，他建立起一整套的科学史观，要准确、不偏不倚地处理历史资料，而"不是做艺术的建设，不是做流通的事业，不是去扶持或推倒这个运动，或那个主义"[68]。

可以确定的是，疑古派史学家很快确信，有必要在研究中使用考古资料。1921 年，胡适致信顾颉刚说："现在先把古史缩短二三千年，从诗三百篇做起。将来等到金石学、考古学发达了，上了科学轨道以

---

[63] 王国维：《古史新证》，《王观堂先生全集》，第 2080 页。

[64] 王国维：《王国维全集·书信》，第 435-437 页。

[65] 梁启超：《中国历史研究法》，第 38-48 页。陈寅恪和王国维都倡议在研究中运用绘画和雕刻资料。陈寅恪认为要用鉴赏家的投入精神来对待，史学家才能更好理解他们的创作动机。王国维批评金石家用词"古玩"指代古器物，认为如果仅仅"玩"就不能欣赏绘画。参见陈寅恪《冯友兰中国哲学史上册审查报告》，第 279 页；王国维：《孔子之美育主义》，第 158 页。

[66] 王国维：《最近二三十年中国新发见之学问》，《王观堂先生全集》，第 1919 页。

[67] 史料是两个输入的外来词"历史"和"资料"的缩写，抑或是中国已有词语却被赋予新义，是德川幕府晚期和明治时期日本知识界希望翻译的西方概念。对这类术语的讨论，参见 Liu, *Translingual Practice*, p. 319，324.

[68] 傅斯年：《史学方法导论》，第 337 页。

后，然后用地底下掘出的史料，慢慢地拉长东周以前的古史。"[69]1924年，顾颉刚开始讲授"古器物研究"课程。尽管他承认中国学者研究古器物由来已久，甚至"古器物研究"一词业已使用过数年，但他觉得，依然有必要纠正此前在时代归属上的错误。[70]1927年，傅斯年和顾颉刚一起在广州的中山大学共事，开始筹办历史语言研究所——后来成为中央研究院的核心研究机构——他们的目的是通过搜集当地方言、社会风俗和出土文物等资料，开辟全新的研究领域。[71]

实物资料重新获得重视，到底是由于受到古器物学家王国维等人的影响，还是由于受到20年代西方考古学家惊人发现的影响？或许两者都有。在西方受过专业训练的留学生李济（获得哈佛大学人类学博士学位），回国与瑞典地质学家安特生（Johan Gunnar Anderson，发现了北京人）一起工作，他向同人介绍过考古学田野工作的方法。在 134 西方同行协助下，他们发掘出很多重要的新石器时代遗址。[72]西方考古学的各项活动并非疑古阵营的唯一灵感来源，他们愈加欣赏王国维等只受过本土金石学方法训练的学者。[73]比如顾颉刚见到王国维和罗振玉如何运用古器物进行研究之后，研究视野大大扩展，不再局限于打破古史的作伪传统。受罗、王影响，他终于认识到：只有从古器物实物入手，才能成功重写可信的上古史，舍此并无他途。[74]

换句话说，对实物资料的关注使顾颉刚修正了此前的极端怀疑主义倾向。他亦逐渐缓和了对金石学等传统的态度。1923年，顾颉刚有一次参观了最新发掘的石器和陶器展览，深受启发并亲赴河南。他抵达洛阳，勘验刚出土的青铜器。旅行结束之后，顾颉刚把金石实物归类为考古材料，写道："古代的玉器和铜器原是由石器时代的东西演化而成的：圭和璋就是石刀的变相，璧和瑗就是石环的变相，铜鼎和铜

[69] 胡适:《自述古史观书》，顾颉刚编:《古史辨》，第一册，第29页。
[70] 顾颉刚:《我的研究古史的计划》，《古史辨》，第一册，第182-183页。
[71] 顾潮:《顾颉刚年谱》，第145页。
[72] Su, "The Reception of 'Archaeology' and 'Prehistory'", pp. 444-445.
[73] 傅斯年把搜集古器物、古文字研究称为"古代考古学"，参见傅斯年:《考古学的新方法》，第1341页。
[74] Gu Jiegang, "How I Came to Doubt Antiquity", p. 153.

鬲也就是陶鼎和陶鬲的变相。"[75] 这标志着以前以坚决反对传统学术的著名学者，明确接受了清代的朴学方法论。

敬惜文字资料，光大清学遗产

转向实物资料和史料表明王国维在两方面具有权威，他使史学家相信文字资料和清代的朴学方法论，并用后者进行推理分析。这是王国维"二重证据法"的基本前提。该方法把实物资料和书面资料混合运用，正是考据常用的方法。实际上在王国维看来，科学方法与敬惜文字资料并不抵牾，两者对于理想的历史研究皆不可或缺。[76] 混合运用实物资料和文字资料的观念看似不言而喻，却是 20 世纪前 20 年史学研究极端立场的典型特征。王国维的目标在于运用实物资料和铭文，"据以补正纸上之材料"，这需要佐证。[77]

135　　最初，王国维并未觉得此法独步天下。他最早的、给人印象亦最深的甲骨文字研究可追溯到 1917 年，他运用甲骨文字验证司马迁《史记》之记载。此后，他意识到此方法的重要性。在那篇文章中，王国维考证甲骨文字里提到的五位夏朝之前的统治者，他们都未载入《史记》，也未被专家认定过。[78] 王国维对司马迁《史记·殷本纪》的考订和阐释，不仅肯定了《史记》的价值，而且举证了其局限所在。一方面，司马迁纪史并非尽善尽美，在某些方面甚至还有疏漏。另一方面，由于《殷本纪》大体无误，学界推断《夏本纪》也应切实可信，即便缺乏实物资料的佐证。王国维得出结论说，司马迁史著中有些古代神话"亦非可尽信"[79]。因此，这篇原本是研究甲骨文的文章，结尾却得出惊人之论：文献资料的可靠性需要考订。

[75] 顾颉刚:《古史辨自序》，第 31-32 页。

[76] 王国维:《国学丛刊序》，《王观堂先生全集》，第 1411 页。

[77] 王国维:《古史新证》，《王观堂先生全集》，第 2078 页。

[78] Bonner, *Wang Kuo-wei*, pp. 179-180.

[79] 王国维:《殷卜辞中所见先公先王考》，《王观堂先生全集》，第 399 页。

王国维对运用二重证据法愈加自信，极力坚持方法创新，尽管在某种程度上，他运用书面资料和铭文资料来互相平衡，这离"推勘法"已相去不远。[80] 但不论此法是新是旧，并非人人都能立刻接受王国维的结论。傅斯年推崇王国维对《史记·殷本纪》的精确考订，但又宣称司马迁史书中更具价值的内容是关于汉代政治的，以及史书的体例。[81] 然而随后十年里，王国维娴熟运用文献资料，与出土文物相结合，获得了更高的声誉。王国维的方法是情景化史学或者诠释史学，其高明之处在于从有疑问的材料来源里抽取有价值的文字资料。[82] 例如他建议史学家依赖汉代之前的地理书《山海经》和诗歌总集《楚辞》，这些资料由于年代和出处都不明确，通常不被史学家看重。汉代之后发现的书籍，如相传为战国时代的《竹书纪年》也具有一定程度的可信性。王国维在运用二重证据法时，认为即使缺乏考古学实物来验证这些材料和文字，但由于其内容论及古史，这类书籍不应弃置不顾。[83]   136

王国维的后期学术生涯似乎更加依赖文字资料，而非实物资料。例如他讨论毛公鼎铭文的论文，依据《诗经》大小雅和《尚书》廓清了周代社会秩序，这些文献资料帮他解决了古文字方面的疑问，而非相反。[84] 在他生命的最后几年，他让学生主要接受小学和考据学训练，而非古器物学训练，他认为古文经书和今文经书的真实性，不能只通过实物证据加以辨析，而要通过文献内容本身加以确认。[85] 他的清华同事陈寅恪强调，"今日治史者之职责，在逐层削除此种后加之虚伪材料"[86]，但依然认为其内容多半应该予以保留。

王国维在历史研究中支持考据法，对清代学术的看法以正面居多。他的戏曲史研究开辟出全新的学术领域，1925 年他仍然坚持认为

---

[80] 王国维：《古史新证》，《王观堂先生全集》，第 2078 页。
[81] 傅斯年：《史记研究参考品类》，第 395-396 页。
[82] 冯友兰：《三松堂自序》，第 221-223 页。
[83] 王国维：《古史新证》，《王观堂先生全集》，第 2108 页。
[84] 王国维：《毛公鼎考释序》，《王观堂先生全集》，第 275-276 页。
[85] 吴其昌等编：《观堂授书记》，第 45 页。
[86] 陈寅恪：《彰所知论与蒙古源流》，第 135 页。

"中国学纸上之问，赖于地下之学问者，固不自今日始矣"[87]。跟朋友梁启超在他的学术史著作中极力称赞 18 世纪的学术创新一样，王国维亦日渐推许清代学者。20 世纪 20 年代他写过数篇短文，表彰吴大澂等人的学术贡献。他敬佩他们的眼光，发现潘祖荫收藏的三百件青铜器无一赝品，而吴大澂的藏品中仅有三四件赝品。[88] 尽管吴大澂公务缠身，不能全力投入古文字学研究，但他拒绝将藏品出售给洋人，也体现了其正直品质。[89]

王国维重新发现考据的价值，正值清代朴学经历全面复兴的时代。陈寅恪和傅斯年等学者称许钱大昕等汉学家法，视之为实证史学的楷模，而胡适认为考订史料、细读文本的科学探索精神，正是考证学留下的最有价值的遗产。[90] 换句话说，清代学术受到赞赏，是因为它提供了科学思想的本土资源。不仅如此，他们认为新朴学是旧朴学的深入发展，因为它运用了诠释学方法。因此，内藤湖南发现了久为埋没的学者章学诚和崔述，他们比同代人更重视复杂分析法，这一发现令学界大为兴奋。[91] 清华大学哲学家冯友兰称赞章学诚能够"释古"，换句话说，能够把文字资料置于历史语境中，既不过多怀疑，也不轻易盲信。[92] 就语言文字问题而言，当时学者的努力目标是要达到朴学家那般博学与严肃，做论断则要优先回应 20 世纪的社会和政治评价。

这正是冯友兰的前辈王国维的独门秘籍，这并非偶然。但王国维运用考据法并非全部创新。举例而言，王的政治取向依旧被认为顽固保守，重申而非质疑传统史学的论断。比如他重弹数百年来传统史学的老调，颂扬周朝的仁政、礼制等文化活动，与傅斯年截然不同，王驳斥了广为接受的殷商文明粗俗野蛮的观点。[93] 但傅斯年仍无比推崇

[87] 王国维：《最近二三十年中中国新发见之学问》，《王观堂先生全集》，第 1916 页。

[88] 王国维：《古器之学》，《王国维学术文化随笔》，第 144 页。

[89] 王国维：《国朝学术》，《王国维学术文化随笔》，第 103 页；《吴清卿》，第 147 页。

[90] 罗志田：《"新宋学"与民初考据史学》，《近代史研究》1998 年第 1 期，第 22 页；傅斯年：《〈史料与史学〉发刊词》，第 1404 页。

[91] Fogel, *Politics and Sinology*, pp. 13-16.

[92] 冯友兰：《三松堂自序》，第 221-223 页。

[93] Wang Fan-sen, *Fu Ssu-nien*, p. 119.

王国维，因为王国维能运用非儒家正统资料《山海经》《楚辞》等，这挑战了儒家经典的正统地位。[94]

二重证据法当然也有不少问题。正如罗志田指出的，二重证据法至少要达到一定程度的成效时，才值得保存文字资料，但到底在多大程度上有效，又怎样精审使用它们仍需斟酌。[95] 当民歌和白话小说日益风行之际，强调主流传统价值观似乎有些精英立场。实际上，当专门针对罗振玉和王国维等人进行批评时，胡适抨击这批人"不脱古董贩子的习气"，只对精英文化传统有兴趣。[96]

尽管受到这些批评，王国维令多数同人相信，文字资料不能轻易放弃，特别是在有新实物资料的情况下。随着考古挖掘，更大数量的古器物出土，傅斯年期望能够最终解决有关准确使用文字资料的争论。[97] 顾颉刚的朋友刘掞藜（活跃于 20 至 30 年代）宣称已能熟练运用《礼记》《尚书》《史记》等资料进行上古政治研究，而顾颉刚宣称其古器物研究的目的是"把传世的古器的时代厘正一过，使它们与经籍相印证时可以减少许多错误"。[98]

王国维的文化品位尽管看似精英主义，但他运用清代朴学方法 138 的积极程度并不像政治立场那样保守。实际上，对大多数同代人而言——尤其对那些不长期浸淫就无法掌握古典传统的研究者而言——既用本国资料，又用本土方法，颇具吸引力。这使他们从汉学世界夺回主流地位，那时汉学中心不是在欧洲就是在日本。历史学家陈垣抱怨说："现在中外学者谈汉学，不是说巴黎如何，就是说东京如何，没有提中国的。我们应当把汉学中心夺回中国，夺回北京。"[99] 对王国维和罗振玉的其他评价似乎也同样表现出对本土学者的偏爱。如著名史

---

[94] Wang Fan-sen, *Fu Ssu-nien*, p. 102.
[95] 罗志田：《史料的尽量扩充与不看二十四史：民国新史学的一个诡论现象》，《历史研究》，2000 年第 4 期，第 157 页。
[96] 罗志田：《史料的尽量扩充与不看二十四史：民国新史学的一个诡论现象》，《历史研究》，2000 年第 4 期，第 155 页。
[97] 傅斯年：《考古学的新方法》，第 1339 页。
[98] 葛兆光：《〈新史学〉之后——1929 年的中国历史学界》，《历史研究》，2003 年第 1 期，第 86 页；顾颉刚：《我的研究古史的计划》，第 182-183 页。
[99] 周少川：《论陈垣先生的民族文化史观》，《史学史研究》，2002 年第 3 期，第 7 页。

学家郭沫若，过去一度批判罗振玉跟日本艺术品收藏家做生意，最终又承认罗振玉的研究非常重要，以至于"谈甲骨者固不能不权舆于此，即谈中国古学者亦不能不权舆于此"[100]。

这种解释可能走得太远了，通过支持文献资料和清代考据这两位中国学者擅长的领域，王国维（和罗振玉一样）成为中国本土学术的标杆型人物，这无疑是他本人追求的地位。但他的学术贡献远比这些更重要。他最终和罗振玉、董作宾和郭沫若一起，被冠以"甲骨四堂"的尊称，因他们共同开创了甲骨文研究。[101] 如果有区别的话，王国维作为卓绝历史学家的地位，自其去世后八十多年来，一直在稳步提升。

学者之死

尽管王国维的历史研究法非常成功，在清华的工作亦得心应手，但他在任职清华三年后自杀身亡。1927 年 6 月 2 日，在掐灭最后一支哈德门香烟后，他在颐和园昆明湖沉湖而死。有人发表评论谴责罗振玉，因为他刚与王国维发生过争执，又有人指出北京政治局面日渐动荡导致王国维焦虑而死。[102] 陈寅恪认为他的绝望是传统主义的结果："凡一种文化衰落之时，为此文化所化之人，必感苦痛，其表现此文139 化之程量愈宏，则其所受之苦痛亦愈甚。"[103] 在清华举行的追思会上，陈寅恪率众弟子行叩头礼，下跪匍匐于王国维墓前。一些旁观者见到这种礼仪深感惊奇，另一些人解释说此礼与陈寅恪的悼词相一致，颂

---

[100] 郭沫若:《卜辞中之古代社会》，第 149 页。

[101] 朱剑心:《金石学》，第 2 页。

[102] 1919 年罗振玉回国，与王国维联姻，王国维长子王潜明迎娶罗振玉幼女孝纯。1926 年潜明过世，按照风俗孝纯应当留在丈夫家里，但她不告而别回到了在天津的娘家。王国维为此而感到屈辱，他拿出一笔钱，但为孝纯拒绝，从此两家之间出现了裂痕。对这次变故的解释，参见 Bonner, *Wang Kuo-wei*, pp. 209-210；陈鸿祥:《王国维传》，第 246-252 页；刘煊:《王国维评传》，第 268-269 页。王国维对北伐和北京政局的焦虑，参见张连科:《王国维与罗振玉》，第 327-334 页。

[103] Bonner, *Wang Kuo-wei*, p. 215

扬了王国维强烈的儒家情怀。[104] 陈寅恪在清华校园里的王国维纪念碑
（由梁启超之子梁思成设计）的碑文里，阐述了王氏学问所代表的"独
立之精神，自由之思想"[105]。这无疑是希望在新成立的国民政府之下维
护学术自由，那时政府已开始审查知识分子。梁启超在给女儿的家信
里说，王国维的方法新颖而深刻，如果再活十年，其学术贡献将不可
限量。[106]

　　王国维在清华关系亲密的同事几乎普遍认为他是一位满腹经纶的
文化保守主义者，但其研究方法革故鼎新、才华横溢，给世人留下了
深刻的印象。在他们看来，王国维身兼历史学家、文学评论家和金石
学家。王国华总结过兄长的成就，是由于既掌握清代学术方法，又敢
于运用出土材料来验证纸上材料，而这些都得益于他受过西方实证主
义的严格训练。[107] 吴其昌并不认为他的导师仅仅是位朴学家、哲学家
或文学家，而是三者的结合："先师殆可谓为'新史学'家，亦可谓为
'文化史的考证家'也。"[108] 但容庚只把他划为金石学家。[109]

　　这些溢美之词表明，他在古史研究中取得了巨大成就，成功将金
石学转化为历史学。晚清时期，吴大澂和孙诒让利用铭文研究古代政
治与哲学。但金石学家通常不自视为历史学家，他们研究古器物铭
文，通常每次限于单件，跟司马迁一样做个案研究，因此斩获有限，
对上古政治与社会的论断亦零落散乱。与此同时，晚清历史学家在研
究上古三代时，不敢做具体论断，因为方法论太受局限，导致资料相
对匮乏，他们承认中国上古史过于依赖神话和传说。汉代以前的历
史，作为单独史学领域，研究意图和目的都极其谨小慎微，根据新树 140
立的可信度标准，历史学家开始殷切寻找可靠资料。

　　20世纪最初20年，不少学者自称中国上古史专家，意图利用新
出的政治和社会发展理论来解释历史。但在持怀疑论的学者看来，由

[104] 周一良：《我所了解的陈寅恪先生》，第9页。
[105] 陈寅恪：《王静安先生纪念碑》，第7168页。
[106] 张连科：《王国维与罗振玉》，第339页。
[107] 王国华：《〈王静安先生遗书〉序》，第2页。
[108] 转引自桑兵：《近代中国的新史学及其流变》，《史学月刊》，2007年第11期，第14页。
[109] 容庚：《王国维先生考古学上之贡献》，第7340页。

于文献资料匮乏，这一领域依然举步维艰。王国维改变了晚清金石学里古器物研究方向，转向了新史学。他既能像金石学家一样利用实物资料和铭文，又能像现代史学家一样进行理论分析与系统阐述。在王国维之前，无人能够做到这一点。后来者接踵而至，他们都是王国维智识上的传人。

尾声

———

消遣的未来

———

1928 年 10 月 13 日，在王国维自杀的一年多后，董作宾和中央研究院的同事开始在小屯村西北进行考古挖掘，希望在数十年农民的偷掘之后，还能留下一些甲骨，但他们铩羽而归。第二年李济接手继续挖掘，考古队挖掘出大量工艺品、宫庙遗址和王室墓葬，证明此地就是商代最后的都城殷墟。这标志着本土派考古学的成功降临，其目的在于证实华夏文明的灿烂辉煌，打消疑古运动中缺乏民族认同的疑虑。[1] 实际上，顾颉刚的观点给当代人留下了胆大妄为的印象，随着考古学术共同体的创建，他和他的支持者日益边缘化。在傅斯年领导下，历史语言研究所想方设法获得政府赞助，学者们形成共同的理念：保护中国上古史能够巩固国家的团结一致。[2]

新研究所决定从安阳开始挖掘，这里对民族源头的殷商王朝有举足轻重的价值。[3] 多少年来此地一直为金石学家瞩目（像罗振玉兄弟在二十年前几度造访），那么这里自然成为逻辑起点。事实上，有人认为，新研究所组织的很多活动都在步罗振玉后尘。傅斯年不仅尽力创建甲骨等殷墟藏品馆，还大力搜购尽可能多的清代大内档案。[4] 换句话说，傅氏倡导的历史研究与考古学研究，与从前罗振玉和王国维 142 开创的学术领域有惊人的重合。

---

[1] Von Falkenhausen, "On the Historiographical Orientation of Chinese Archaeology", p. 842.

[2] 参见: Lai Guolong, "Digging Up China", esp. pp. 14-15, 18-19; Wang Fan-sen, *Fu Ssu-nien*, pp. 85-87.

[3] Wang Fan-sen, *Fu Ssu-nien*, pp. 86-87.

[4] Brown, "Archives at the Margins: Luo Zhenyu's Qing Documents and Nationalism in Republican China", pp. 261-262; Wang Fan-sen, *Fu Ssu-nien*, pp. 88-90.

20 世纪的金石学家从此分道扬镳。他们周围几位同事在大学、博物馆和研究所谋取到显赫职位。傅斯年把历史语言研究所划分成几个独立部门，任命的两个部门负责人都是王国维的清华同事：李济接任考古学人类学所的领导，陈寅恪则负责历史所。1949 年中华人民共和国成立以后，陈寅恪被任命为中国科学院中古史研究所所长，但他拒绝了，在广州的中山大学终其余生。马衡 1934 年起担任故宫博物院院长二十年，直至退休。

考虑到史语所和考古所之间人事重叠，两个领域齐头并进不足为怪。傅斯年认为，即使一些二级学科相互分离，但考古学依然是历史学的分支；曾参与安阳考古挖掘的考古学家尹达，认为"考古学是历史科学的有机构成之一，它通过实物的历史资料的研究，以了解人类过往的历史"。[5]李济认为，考古学田野工作亦为历史研究的方法，"用自然科学的方法，搜集人类历史材料"[6]。清华大学 1927 届毕业生卫聚贤将这些观点进行综合，写成了一部中国考古学发展史，开篇即讲考古学与历史学的关系。[7]实际上，罗泰（Lothar von Falkenhausen）认为："世界上没有任何一个地方像中国这样，千百年来考古学与民族历史传统紧密联系在一起。"[8]这种重合关系的起因，当然是两个领域有共同的源头，两者都受益于传统金石学。当科学考古学被引介入中国时，史学家早已经精于研究青铜器、玉器等实物资料，而这正是古器物研究的遗产。

20 世纪初年培养起来的一代历史学家，在新成立的国家机构里担任领导角色，他们往往强调金石学的科学遗产。马衡给金石学下定义："金石者，往古人类之遗文，或一切有意识之作品，赖金石或其他物质以直接流传至于今日者，皆是也。以此种材料作客观的研究以贡献于史学者，谓之金石学。"[9]1937 年，他重新把金石学界定为独立的

143

---

[5] 傅斯年：《考古学的新方法》，第 1337 页；尹达：《新石器时代研究的回顾与展望》，第 285 页。

[6] 李济：《田野考古报告》，第 312 页。

[7] 卫聚贤：《中国考古学史》，第 1 页。

[8] Von Falkenhausen, "On the Historiographical Orientation of Chinese Archaeology", p. 839.

[9] 马衡：《中国金石学概要》，第 1 页。

科学，能够诠释古代意识形态，能够区分宗教团体，还能描述社会与经济状况。[10] 实际上，金石学的宗旨"不是复古，而是要了解我们的祖先如何生活和工作的整个知识"[11]。曾经有人批评金石学过于偏文字学，对历史研究没什么贡献，现在金石学一直被定义为历史研究。

为证明这一点，金石学与艺术史、礼学研究等其他传统消遣之间的关联不得不减少，尽管艺术史家的拓片鉴赏能力，尤其对碑刻拓片的鉴赏技能素来为人称道。[12] 现代编年史家仍不太愿意承认，在金石学成为重要的历史研究组成部分之前，几十年来金石学领域发生过复杂变化，他们更愿意采用线性的系谱学描述，把该领域在 20 世纪发展到实证主义，追根溯源到北宋时期。但事实是，如此之多的现代学者密切关注金石学发展，都证明了晚清时期这一领域的变革具有重要意义。民国史学家往往鄙弃金石学，将其归入老套的学术范畴。他们宁愿支持古器物研究活动，感激古器物研究法有助于他们更好地运用文字资料，并在很多方面自视为古器物研究者。

中国进入战争年代，对金石学的积极评价显得尤为辛酸。1938 年完稿的《金石学》指出，战争已经席卷大半个中国，金石学家保护古代文物和珍稀版本，避免千百年来"风雨剥蚀，兵火销亡"之破坏，因而值得赞扬。[13] 从最初发端，瞬乎千年，金石领域里沧海变桑田，19 世纪之前的书法家和朴学家，或许已不能理解 20 世纪对无字的考古史料的追寻、对商周社会的描述。然而，他们肯定会认同：金石学的首要目的是使中华民族与中国历史延续。只要此项宗旨不变，这项"消遣"就永远有前途。

---

[10] 陆和九:《中国金石学正编》，第 73，80 页。

[11] 转引自陈以爱:《中国现代学术研究机构的兴起：以北京大学研究所国学门为中心的探讨，1922—1927》，第 332 页。

[12] Wu Hung, "On Rubbings," pp. 53-59.

[13] 朱剑心:《金石学》，第 1 页。

参考书目

艾素珍:《清末人文地理学著作的翻译和出版》,《中国科技史料》, 1996 年第
1 期, 第 26-35 页。

Amelung, Iwo. "Weights and Forces: The Introduction of Western Mechanics into Late Qing China", In Michael Lackner et al., eds., *New Terms for New Ideas: Western Knowledge and Lexical Change in Late Imperial China*. Leiden, Netherlands: Brill, 2001: 197-232. (阿梅龙:《重与力: 晚清中国对西方力学的接纳》, 郎宓谢等著:《新词语新概念: 西学译介与晚清汉语词汇之变迁》, 赵兴胜等译, 济南: 山东画报出版社, 2012 年。——译者注)

Andrews, Julia F., and Kuiyi Shen. "The Traditionalist Response to Modernity: The Chinese Painting Society of Shanghai", In Jason C. Kuo, ed., *Visual Culture in Shanghai, 1850s—1930s*. Washington, DC: New Academia Publishing, 2007: 79-93.

Arlington, L. C. and William Lewisohn, *In Search of Old Peking*, 1932. Reprint. Oxford: Oxford University Press, 1987.

浅原達郎 . "熱中" の人 : 端方伝 (二). 泉屋博古館紀要 6 (1989) : 54-81.

Ayers, William. *Chang Chih-tung and Educational Reform in China*. Cambridge, MA: Harvard University Press, 1971.

白玲主编:《中国笑话库》, 郑州: 中州古籍出版社 , 2000 年。

Bai, Qianshen. "Chinese Calligraphy in the Mid to Late Qing and Republican Periods (1850—1950)", In Stephen Little, ed., *New Songs on Ancient Tunes: 19th-20th Century Chinese Paintings and Calligraphy from the Richard Fabian Collection*. Honolulu: Honolulu Academy of Arts, 2007: 66-79.

——. "Chinese Letters: Private Words Made Public", In Robert E. Harrist, Jr., and Wen C. Fong, eds., *The Embodied Image: Chinese Calligraphy from the John B. Elliott Collection*. Princeton, NJ: The Art Museum, Princeton

University, 1999: 381-399.

——. "From Composite Rubbing to Pictures of Antiques and Flowers (*Bogu huahui*): The Case of Wu Yun", *Orientations* 38:3 (April 2007): 52-60.

——. "From Wu Dacheng to Mao Zedong: The Transformation of Chinese Calligraphy in the Twentieth Century", In Maxwell K. Hearn and Judith G. Smith, eds., *Chinese Art, Modern Expressions*. New York: Metropolitan Museum of Art, 2001: 246-283.

——.*Fu Shan's World: The Transformation of Chinese Calligraphy in the Seventeenth Century*. Cambridge, MA: Harvard University Asia Center, 2003. （白谦慎:《傅山的世界：十七世纪中国书法的嬗变》, 孙静如、张佳杰译, 北京: 生活·读书·新知三联书店, 2006 年。——译者注)

Barnard, Noel. *Bronze Casting and Bronze Alloys in Ancient China*. Canberra: Australian National University, 1961.

Berger, Patricia. *Empire of Emptiness: Buddhist Art and Political Authority in Qing China*. Honolulu: University of Hawaii Press, 2003.

Berliner, Nancy. "The 'Eight Brokens': Chinese Trompe-l'oeil Painting", *Orientations* 23:2 (February 1992): 61-70.

Beurdeley, Michel. *The Chinese Collector through the Centuries, from the Han to the 20th Century*. Trans. Diana Imber. Rutland, VT: C. E. Tuttle Co., 1966.

Bol, Peter K. *"This Culture of Ours": Intellectual Transitions in Tang and Sung China*, Stanford. CA: Stanford University Press, 1992. （包弼德:《斯文: 唐宋思想的转型》, 刘宁译, 南京: 江苏人民出版社, 2001 年。——译者注)

Boltz, William G. "Shuo wen Chieh tzu", In Michael Loewe, ed., *Early Chinese Text: A Bibliographic Guide*. Berkeley: Institute of East Asian Studies, 1993: 429-442.

Bonner, Joey. "Lo Chen-yü's Research on the Shang", *Early China* 9-10 (1983-1985): 164-168.

——.*Wang Kuo-wei: An Intellectual Biography*. Cambridge, MA: Harvard University Press, 1986.

Brook, Timothy. *The Confusions of Pleasure: Commerce and Culture in Ming China*. Berkeley: University of California Press, 1998. （卜正民:《纵乐的困惑: 明代的商业与文化》,方骏、王秀丽、罗天佑译, 北京: 生活·读书·新知三联书店, 2004 年。——译者注)

Brown, Claudia. "Thunderous Events: Disruption and Continuity in Chinese

Painting", In Julia Andrews, ed., *Between the Thunder and the Rain: Chinese Paintings from the Opium War through the Cultural Revolution, 1840-1979.* San Francisco: Echo Rock Ventures, 2000: 25-35.

Brown, Shana J. "Archives at the Margins: Luo Zhenyu's Qing Documents and Nationalism in Republican China", In Tze-ki Hon and Robert J. Culps, eds., *The Politics of Historical Production in Late Qing and Republican China.* Leiden, Netherlands: Brill, 2007: 249-270.

——. "What Is Chinese About Ancient Artifacts? Oracle Bones and the Transnational Collectors Hayashi Taisuke and Luo Zhenyu", In Vimalin Rujivacharakul, ed., *Collecting "China": The World, China, and a Short History of Collecting.* Newark: University of Delaware Press, 2011: 63-72.

蔡星仪:《道咸"金石学"与绘画：从潘曾莹与戴熙的两个画卷谈起》,《美术史研究》, 2008 年第 2 期, 第 31-43 页。

蔡元培:《最近五十年中国人与哲学之关系》, 载《蔡元培言行录》, 第六卷, 上海: 广益书局, 1931 年, 第 84-138 页。

曹雪芹:《红楼梦》, 杨宪益、戴乃迭英译, 北京: 外文出版社, 1999 年。

Cao Zhao. *Chinese Connoisseurship: The Ko Ku Yao Lun, The Essential Criteria of Antiquities, a Translation Made and Edited by Sir Percival David, with a Facsimile of Chinese Text of 1388.* New York: Praeger Publishers, 1971.

Chalfant, F.H. "Standard Weights and Measures of the Ch'in Dynasty", *Journal of the North China Branch of the Royal Asiatic Society* 35 (1903—1904): 21-25.

Chang, K.C. "Archaeology and Chinese Historiography", *World Archaeology* 13:2 (October 1981): 156-169. (张光直:《考古学与中国历史学》, 陈星灿译,《考古与文物》, 1995 年第 3 期。——译者注)

张光远:《西周重器毛公鼎》,《故宫季刊》, 1972 年冬季号, 第 1-69 页。

陈鸿祥:《王国维传》, 北京: 团结出版社, 1998 年。

陈介祺:《陈簠斋丈笔记: 附手札》, 百部丛书集成本, 第六八卷, 台北: 艺文印书馆, 1967 年。

——.《说文古籀补叙》, 载吴大澂:《说文古籀补》, 卷一, 1898 年, 第 1a-2a 页。

陈梦家:《殷墟卜辞综述》, 北京: 科学出版社, 1956 年。

陈小波:《国宝毛公鼎与大收藏家陈介祺》, 载杨才玉编:《古今收藏家》, 西安: 西北大学出版社, 1999 年, 第 20-28 页。

陈以爱:《中国现代学术研究机构的兴起：以北京大学研究所国学门为中心的探讨，1922—1927》，台北：政治大学历史学系，1999 年；南昌：江西教育出版社，2002 年。

陈寅恪:《冯友兰中国哲学史上册审查报告》，载《金明馆丛稿二编》，北京：生活·读书·新知三联书店，2001 年，第 279-281 页。

——.《王静安先生纪念碑》，1929 年，载王国维:《王观堂先生全集》，第十六卷，第 7168 页。

——.《彰所知论与蒙古源流》，1931 年，载《金明馆丛稿二编》，北京:生活·读书·新知三联书店，2001 年，第 128-139 页。

陈重远:《文物话春秋》，北京：北京出版社，1996 年。

Cheng, Anne. "Nationalism, Citizenship, and the Old Text / New Text Controversy in Late Nineteenth Century China", In Joshua A. Fogel and Peter G. Zarrow, eds., *Imagining the People: Chinese Intellectuals and the Concept of Citizenship, 1890—1920*. Armonk, NY: M.E. Sharpe, 1997: 61-81.

Chow, Kai-wing.*The Rise of Confucian Ritualism in Imperial China: Ethics, Classics, and Lineage Discourse*. Stanford, CA: Stanford University Press, 1994.（周启荣:《清代儒家礼教主义的兴起：以伦理道德、儒家经典和宗族为切入点的考察》，毛立坤译，天津：天津人民出版社，2017 年。——译者注）

Chow, Kai-wing, Tze-ki Hon, Hung-yok Ip, and Don C. Price. "Introduction", In Kai-wing Chow et al., eds., *Beyond the May Fourth Paradigm: In Search of Chinese Modernity*. Lanham, MD: Lexington Books, 2008: 1-23.

Chow, Rey. *Writing Diaspora: Tactics of Intervention in Contemporary Cultural Studies*. Bloomington: Indiana University Press, 1993.

Chu, Pingyi. "Remembering Our Grand Tradition: The Historical Memory of the Scientific Exchanges Between China and Europe, 1600-1800", *History of Science* 41/2: 132 (June 2003): 193-215.

Claypool, Lisa. "Zhang Jian and China's First Museum", *Journal of Asian Studies* 64:3 (August 2005): 567-604.

Clunas, Craig. *Superfluous Things: Material Culture and Social Status in Early Modern China*. Urbana: University of Illinois Press, 1991.（柯律格:《长物：早期现代中国的物质文化与社会状况》，高昕丹、陈恒译，北京：生活·读书·新知三联书店，2015 年。——译者注）

Cohen, Paul A. *Discovering History in China: American Historical Writing on the Recent Chinese Past*. New York: Columbia University Press, 1984.（柯

文:《在中国发现历史：中国中心观在美国的兴起》, 林同奇译, 北京：中华书局, 1989 年。——译者注）

Couling, Samuel. "The Oracle-Bones from Honan", *Journal of the North China Branch of the Royal Asiatic Society* 45 (1914): 65-75.

——. "Review of James Menzies's Oracle Records from the Waste of Yin", *Journal of the North China Branch of the Royal Asiatic Society* 48 (1917): 215-217.

Creel, Herrlee Glessner. *The Birth of China: A Study of the Formative Period of Chinese Civilization*. New York: F. Ungar Pub., 1954.

戴震:《古经解钩沉序》, 载赵玉新编:《戴震文集》, 香港：中华书局, 1974 年, 第 145-146 页。

Davis, Richard L. "Chaste and Filial Women in Chinese Historical Writings of the Eleventh Century", *Journal of American Oriental Society* 121:2 (2001): 204-218.

De Pee, Christian. *The Writing of Weddings in Middle-Period China: Text and Ritual Practice in the Eighth through Fourteenth Centuries*. Albany: State University of New York Press, 2007.

DeWoskin, Kenneth J. *A Song for One or Two: Music and the Concept of Art in Early China*. Ann Arbor: Center for Chinese Studies, University of Michigan, 1982.

Dobson, W.A.H.C. *Early Archaic Chinese: A Descriptive Grammar*. Toronto: University of Toronto Press, 1962.

Dong, Linfu. *Cross Culture and Faith: The Life and Work of James Mellon Menzies*. Toronto: University of Toronto Press, 2005.

Dong, Madeleine Yue. *Republican Beijing: The City and Its Histories*.Berkeley: University of California Press, 2003. （董玥:《民国北京城：历史与怀旧》, 北京：生活·读书·新知三联书店, 2014 年。——译者注）

董作宾:《甲骨年表》, 上海：商务印书馆, 1937 年。

杜维运:《清代史学与史家》, 北京：中华书局, 1988 年。

端方:《陶斋吉金录》, 八卷, 1908 年。

——.《陶斋（端方）存牍》,《近代史研究所史料丛刊30》, 1996 年, 第 184-241 页。

Eastman, Lloyd. "Ch'ing-I and Chinese Policy Formation", *Journal of Asian Studies* 24:4 (August 1965): 595-611.

Ebrey, Patricia Buckley. *Accumulating Culture: The Collections of Emperor Huizong*. Seattle: University of Washington Press, 2006.

Edkins, Joseph. *China's Place in Philology: An Attempt to Show That the Languages of Europe and Asia Have a Common Origin*. London: Trübner & Co., 1871.

Elliott, Jeannette Shambaugh, and David Shambaugh. *The Odyssey of China's Imperial Art Treasures*. Seattle: University of Washington Press, 2005.

Elman, Benjamin A. *Classicism, Politics, and Kinship: The Chang-chou School of New Text Confucianism in Late Imperial China*. Berkeley: University of California Press,1990.（艾尔曼:《经学、政治和宗族：中华帝国晚期常州今文学派研究》，赵刚译，南京：江苏人民出版社，1998 年。——译者注）

——.*A Cultural History of Civil Examinations in Late Imperial China.*Berkeley: University of California Press, 2000.（艾尔曼:《晚期帝制中国的科举文化史》，高远致、夏丽丽译，北京：社会科学文献出版社，2022 年。——译者注）

——. *From Philosophy to Philology: Intellectual and Social Aspects of Change in Late Imperial China*. Cambridge, MA: Harvard University Press, 1984.（艾尔曼:《从理学到朴学：中华帝国晚期思想与社会变化面面观》，赵刚译，南京：江苏人民出版社，1995 年。——译者注）

——. "The Historicization of Classical Learning in Ming-Ch'ing China", In Q. Edward Wang and Georg Iggers, eds., *Turning Points in Historiography: A Cross-Cultural Perspective*. Rochester, NY: University of Rochester Press 2002: 101-146.

Erickson, Britta. "Uncommon Themes and Uncommon Subject Matters in Ren Xiong's Album after Poems by Yao Xie", In Jason C. Kuo, ed., *Visual Culture in Shanghai, 1850s—1930s.*Washington, DC: New Academia Publishing, 2007: 29-54.

Von Falkenhausen, Lothar. "On the Historiographical Orientation of Chinese Archaeology", *Antiquity* 67:257 (1993): 839-849.

Fan, Fa-ti, *British Naturalists in Qing China: Science, Empire, and Cultural Encounter*. Cambridge, MA: Harvard University Press, 2004.（范发迪:《清代在华的英国博物学家：科学、帝国与文化遭遇》，袁剑译，北京：中国人民大学出版社，2011 年。——译者注）

——. "Nature and Nation in Chinese Political Thought", In Lorraine Daston and Ferdinand Vidal, eds., *The Moral Authority of Nature*. Chicago: University of Chicago Press, 2004: 409-437.

冯桂芬:《改科举议》,载《校邠庐抗议》,上海：上海书店出版社,2002 年,第 37-39 页。

冯君:《洋务派的近代人才观》,《广西社会科学》,2004 年第 12 期,第 148-151 页。

冯友兰:《三松堂自序》,北京：生活·读书·新知三联书店,1984 年。

Ferguson, John C. "Recent Works by a Chinese Scholar", *Journal of the North China Branch of the Royal Asiatic Society* 50 (1919): 122-132.

Findlen, Paula. *Possessing Nature: Museums, Collecting, and Scientific Culture in Early Modern Italy*. Berkeley: University of California Press, 1994.

Fogel, Joshua A. *Politics and Sinology: The Case of Naitō Konan, 1866-1934*. Cambridge, MA: Harvard University Press, 1984.（傅佛果:《内藤湖南：政治与汉学（1866—1934）》,陶德民等译,南京：江苏人民出版社,2016 年。——译者注）

Foucault, Michel. "Two Lectures", *Power / Knowledge: Selected Interviews and Other Writings, 1972—1977*. New York: Pantheon Books, 1980: 78-108.

傅斯年:《傅斯年全集》,台北：联经出版事业公司,1980 年。

——.《考古学的新方法》,1930 年,载《傅斯年全集》,第四卷,第 1337-1347 页。

——.《史记研究参考品类》,1952 年,载《傅斯年全集》,第二卷,第 395-397 页。

——.《史料与史学发刊词》,1945 年,载《傅斯年全集》,第四卷,第 1402-1404 页。

——.《史学方法导论》,1933 年,载《傅斯年全集》,第二卷,第 335-392 页。

——.《王国维著宋元戏曲史》,1919 年,载《傅斯年全集》,第四卷,第 1429-1432 页。

Galison, Peter. *Image and Logic: A Material Culture of Microphysics*. Chicago: University of Chicago Press, 1997.

甘孺:《永丰乡人年录:罗振玉年谱》,载罗振玉:《雪堂类稿》,第八卷,第 1-121 页。

高兴璠:《爱新觉罗·盛昱》,《满族研究》,1995 年第 4 期,第 37 页。

高艳:《爱国爱民的一代名臣吴大澂》,《黑龙江史志》,2005 年第 4 期,第 43-46 页。

高阳:《清末四公子》,台北：南京出版公司,1980 年。

葛兆光:《〈新史学〉之后——1929 年的中国历史学界》,《历史研究》, 2003 年第 1 期, 第 82-97 页。

Gladney, Dru. *Muslim Chinese: Ethnic Nationalism in the People's Republic.* Cambridge, MA: Harvard University Asia Center, 1991.

Goldman, Andrea S. "The Nun Who Wouldn't Be: Representations of Female Desire in Two Performance Genres of 'Si fan' ", *Late Imperial China* 22.1 (June 2001): 71-138.

龚自珍:《龚自珍全集》, 上海: 上海人民出版社, 1975 年。

——.《古史钩沉论二》, 载《龚自珍全集》, 第 21-25 页。

——.《商周彝器文录序》, 载《龚自珍全集》, 第 267-268 页。

——.《语录》, 载《龚自珍全集》, 第 421-437 页。

Grafton, Anthony. *Defenders of the Text: The Traditions of Scholarship in an Age of Science, 1450—1800.* Cambridge, MA: Harvard University Press, 1991.

顾潮:《顾颉刚年谱》, 北京: 中国社会科学出版社, 1993 年。

顾颉刚:《古史辨自序》, 1926 年, 载《古史辨》, 第一卷, 海口: 海南出版社, 2005 年, 第 1-57 页。

——. "How I Came to Doubt Antiquity", Trans. Ursula Richter. In Wolfram Eberhard et al., eds., *Nation and Mythology.* Bremen: Simon and Megiera, 1983: 145-159.

——.《我的研究古史的计划》, 1924 年, 载《古史辨》, 第一卷, 海口: 海南出版社, 2005 年重印版, 第 281-284 页。

——.《顾颉刚致王国维的三封信》,《文献》, 1983 年第 1 期, 第 11-13 页。

顾廷龙:《吴愙斋先生年谱》, 北京: 哈佛燕京学社, 1935 年。

——.《艺风堂友朋书札》, 上海: 上海古籍出版社, 1980 年。

顾炎武:《求古录·建文碑》, 载《亭林先生遗书汇辑》, 上海: 出版者不详, 1889 年, 第 39b-40a 页。

Van Gulik, R.H. *Chinese Pictorial Art, as Viewed by the Connoisseur.* Rome: Istituto Italiano per il Medio Estremo Oriente, 1958.

郭成美:《回族学者金祖同》,《回族研究》, 2008 年第 2 期, 第 138-144 页。

郭沫若:《卜辞通纂》, 1933 年, 北京: 科学出版社, 1983 年重印版。

——.《卜辞中之古代社会》, 载《中国古代社会研究》, 1930 年, 石家庄: 河北教育出版社, 2000 年重印版, 第 144-191 页。

——.《鲁迅与王国维》, 载陈平原、王枫编:《追忆王国维》, 北京：中国广播电视出版社, 1996 年, 第 166-178 页。

Guy, R. Kent. *The Emperor's Four Treasuries: Scholars and the State in the Late Ch'ien-lung Era.* Cambridge, MA: Harvard University Press, 1992.(盖博坚:《皇帝的四库：乾隆晚期的学者与国家》, 郑玄艳译, 北京：中国人民出版社, 2019 年。——译者注)

Harrell, Paula. *Sowing the Seeds of Change: Chinese Students, Japanese Teachers, 1895—1905.* Stanford, CA: Stanford University Press, 1992.

Harrist, Robert E. "The Artist as Antiquarian: Li Gonglin and His Study of Early Chinese Art", *Artibus Asiae* 55:3/4 (1995): 237-280.

——. "Reading Chinese Calligraphy", In Robert E. Harrist, Jr. and Wen C. Fong, eds., *The Embodied Image: Chinese Calligraphy from the John B. Elliott Collection.* Princeton, NJ: The Art Museum, Princeton University, 1999: 3-27.

Hay, Jonathan. "Chinese Photography and Advertising in Late Nineteenth Century Shanghai", In Jason Chi-sheng Kuo, ed., *Visual Culture in Shanghai, 1850s to 1930s.* Washington, DC: New Academia Press, 2007: 95-119.

——. "Culture, Ethnicity, and Empire in the Work of Two Eighteenth-Century 'Eccentric' Artists", *Res* 35 (Spring 1999): 201-233.

——. "Painters and Publishing in Late Nineteenth-century Shanghai", In Ju-hsi Chou, ed., *Art at the Close of China's Empire.* Tempe: Arizona State University, 1998: 134-188.

林泰辅. "漢字の研究序", 載安達常正,《漢字の研究》, 東京：六合館, 1911: 1-4.

——. "亀甲獣骨文字",《甲骨関係文献序跋輯成》(第 5 輯), (1917, 1): 143-148.

——. "清國河南省湯陰縣発見の亀甲牛骨に就きて". 1909. *Shina Joclai no kenkyu*, Tokyo: kōfūkan, 1944: 125-169.

何芳:《清宫收藏研究》,《中华文化论坛》, 2004 年第 1 期, 第 95-98 页。

何寅、许光华主编:《国外汉学史》, 上海：上海外语教育出版社, 2002 年。

He, Yuming. "Wang Guowei and the Beginning of Modern Chinese Drama Studies", *Late Imperial China* 28:2 (March 2008): 129-156.

Heidegger, Martin. "The Age of the World Picture", In *The Question Concerning Technology and Other Essays.* Trans. and with an introduction by William Lovitt. New York: Harper and Row, 1977: 115-154.

Heinrich, Larissa N. *The Afterlife of Images: Translating the Pathological Body between China and the West*. Durham: Duke University Press, 2008.

Hevia, James. "Looting Beijing: 1860, 1900", In Lydia H. Liu, ed., T*okens of Exchange: The Problem of Translation in Global Circulations*. Durham: Duke University Press, 1999: 192-213.

Hon, Tze-ki. "Cultural Identitiy and Local Self-Government: A Study of Liu Yizheng's History of Chinese Culture", *Modern China* 30:4 (2004): 506-542.

——. "Educating the Citizens: Visions of China in Late Qing History Textbooks", In Tze-ki Hon and Robert J. Culp, eds., *The Politics of Historical Production in Late Qing and Republican China*. Leiden, Netherlands: Brill, 2007: 79-105.

—— "From a Hierarchy in Time to a Hierarchy in Space: The Meanings of Sino-Babylonianism in Early Twentieth-Century China", *Modern China* 36:2 (March 2010): 139-169.

Hopkins, Lionel Charles. "Working the Oracle", *New China Review* 1 (May 1919): 111-119, 249-261.

Hopkirk, Peter. *Foreign Devils on the Silk Road: The Search for the Lost Cities and Treasures of Chinese Central Asia*. London, Amherst: University of Massachusette Press, 1984.（霍普科克：《丝绸之路上的外国魔鬼》, 杨汉章译, 兰州：甘肃人民出版社, 1986 年。——译者注）

Hostetler, Laura. *Qing Colonial Enterprise: Ethnography and Cartography in Early Modern China*. Chicago: University of Chicago Press, 2001.

Hsu, Eileen Hsiang-Ling. "Huang Yi's *Fangbei* Painting", In Naomi Noble Richard, ed., *Rethinking Recarving: Ideals, Practices, and Problems of the "Wu Family Shrines" and Han China*. New Haven, CT: Yale University Press, 2008: 236-258.

胡厚宣：《关于刘体智、罗振玉、明义士三家旧藏甲骨现状的说明》, 载《殷都学刊》编辑部选编：《甲骨文与殷商文化研究》, 郑州：中州古籍出版社, 1992 年, 第 236-258 页。

Hu, Philip K., ed., *Visible Traces: Rare Books and Special Collections from the National Library of China*. New York: Queens Borough Public Library, 2000.

胡适：《自述古史观书》, 载顾颉刚编：《古史辨》, 第一卷, 海口：海南出版社, 2005 年, 第 29 页。

Hua Rende. "The History and Revival of Northern Wei Stele-Style Calligraphy", In Cary Y. Liu et al., eds., *Character and Context in Chinese Calligraphy*.

Princeton, NJ: Art Museum, Princeton University, 1999: 104-131.

黄宾虹:《沪滨古玩市场记》, 载《黄宾虹文集》, 第一卷, 上海: 上海书画出版社, 1999 年, 第 290-292 页。

Hummel, Arthur W., ed. *Eminent Chinese of the Ch'ing Period (1644—1912)*. Washington, DC: U. S. Govt. Printing Office, 1943. (恒慕义编:《清代名人传略》, 中国人民大学清史研究所《清代名人传略》翻译组译, 西宁: 青海人民出版社, 1995 年。——译者注)

Huters, Theodore. *Bringing the World Home: Appropriating the West in Late Qing and Early Republican China*, Honolulu: University of Hawaii Press, 2005.

Ikawa-Smith, Fumiko. "Co-Traditions in Japanese Archaeology", *World Archaeology* 13:3 (February 1982): 296-309.

Ikegami, Eiko. *Bonds of Civility: Aesthetic Networks and the Political Origins of Japanese Culture*. Cambridge, UK: Cambridge University Press, 2005.

Jay, Martin. "Scopic Regimes of Modernity", In Hal Foster, ed., *Vision and Visuality*. Seattle: Bay Press, 1988: 3-27.

纪昀等编:《四库全书总目》, 台北: 艺文印书馆, 1974 年重印版。

Jones, Caroline A. and Peter Galison, eds., *Picturing Science, Producing Art*. New York: Routledge, 1998.

Judge, Joan. *Print and Politics: Shibao and the Culture of Reform in Late Qing China*. Stanford, CA: Stanford University Press, 1996. (季家珍:《印刷与政治:〈时报〉与晚清中国的改革文化》, 王樊一婧译, 桂林: 广西师范大学出版社, 2015 年。——译者注)

康有为:《广艺舟双楫》1889 年, 载潘运告编:《晚清书论》, 长沙: 湖南美术出版社, 2003 年重印版, 第 181-481 页。

——.《康南海自编年谱》, 北京: 中华书局, 1992 年。

Keightley, David. "A Measure of Man in Early China: In Search of the Neolithic Inch", *Chinese Science* 12 (1995): 16-38.

——. *Sources of Shang History*. Berkeley: University of California Press, 1978.

Kerr, Rose. *Later Chinese Bronzes*. London: Bamboo Pub. In association with the Victoria and Albert Museum, 1990.

古原宏伸:《日本近八十年来的中国绘画史研究》,《新美术》, 1994 年第 1 期, 第 67-73 页。

孔令伟:《博物学与博物馆在中国的源起》,《新美术》, 2008 年第 1 期, 第 61-67 页。

Lai, Guolong. "Digging Up China: Nationalism, Politics and the Yinxu Excavation, 1928—1937", Paper Presented at the Association for Asian Studies Annual Meeting, Boston, MA, 1999.

Lau, D. C., trans. *Confucius: The Analects*. New York: Penguin Books, 1979.

Laufer, Berthold. *Jade: A Study in Chinese Archaeology and Religion*. 1912. Reprint. New York: Dover Publications, 1974.

Lawton, Thomas. "An Imperial Legacy Revisited: Bronze Vessels from the Qing Palace Collection", *Asian Art* 1:1 (Fall / Winter 1987—1988): 51-79.

——. "Rubbings of Chinese Bronzes", *Bulletin of the Museum of Far Eastern Antiquities* 67 (1995): 7-48.

——. *A Time of Transition: Two Collectors of Chinese Art*. Lawrence: Spencer Museum of Art, University of Kansas, 1991.

Ledderose, Lothar. "Aesthetic Appropriation of Ancient Calligraphy in Modern China", In Maxwell K. Hearn and Judith G. Smith, eds., *Chinese Art, Modern Expressions*. New York: Metropolitan Museum of Art, 2001: 212-245.

——. "Calligraphy at the Close of China's Empire", In Ju-hsi Chou, ed., *Art at the Close of China's Empire*. Tempe: Arizona State University, 1998: 189-207.

Lefeuvre, Jean A. *Collections d'inscriptions oraculaires en France*. Taibei: Institut Ricci, 1985.

——. "Les Inscriptions des Shang sur Carapaces de Tortue et sur Os: Aperçu Historique et Bibliographique de la Découverte et des Premières Études." *T'oung Pao* (Second Series) 61:1 / 3 (1975): 1-82.

Levine, Joseph M. *The Battle of the Books: History and Literature in the Augustan Age*. Ithaca, NY: Cornell University Press, 1994.

李济:《田野考古报告》, 1936 年, 载《安阳》, 石家庄: 河北教育出版社, 2000 年重印版, 第 312-314 页。

——. *Anyang*. Seattle: University of Washington Press, 1977.

——.《中国古器物学的新基础》, 1950 年, 载张光直、李光谟编:《李济考古学论文选集》, 北京: 文物出版社, 1990 年, 第 60-70 页。

李清照:《金石录后跋》, 载赵明诚:《金石录》, 第三十卷, 上海: 商务印书馆,

1934 年重印版, 第 1a-5b 页。

李遇孙:《金石学录》, 台北: 商务印书馆, 1970 年。

李佐贤:《古泉汇》, 六十四卷, 1864 年, 载《中国钱币文献丛书》, 上海: 上海古籍出版社, 1992 年重印版。

梁启超: *Intellectual Trends in the Ch'ing period*. Trans. Immanuel C. Y. HSU. Cambridge, IUA: Hervard University Press, 1959.

——.《中国历史研究法》, 1922 年, 石家庄: 河北教育出版社, 2000 年重印版。

——.《中国史叙论》, 1901 年, 载《饮冰室合集: 文集》, 第六卷, 上海: 中华书局重印版, 1936 年, 第 1-13 页。

梁诗正等编:《西清古鉴》, 四十卷, 1749 年, 北京: 集成图书公司, 1908 年重印版。

凌廷堪:《答牛次原孝廉书》, 载《校礼堂文集》, 北京: 中华书局, 1998 年, 第 196-197 页。

Liscomb, Kathlyn Maurean. *Learning from Mount Hua: A Chinese Physician's Illustrated Travel Record and Painting Theory*. Cambridge, UK: Cambridge University Press, 1993.

Little, Stephen, ed., *New Songs on Ancient Tunes: 19th—20th Century Chinese Paintings and Calligraphy from the Richard Fabian Collection*. Honolulu: Honolulu Academy of Art, 2007.

Liu, Cary Y. "Calligraphic Couplets as Manifestations of Deities and Markers of Buildings", In Robert E. Harrist, Jr., and Wen C. Fong, eds., *The Embodied Image: Chinese Calligraphy from the John B. Elliott Collection*. Princeton, NJ: The Art Museum, Princeton University, 1999: 361-379.

刘敞:《先秦古器记》, 载《公是集》, 百部丛书集成第二六四至第二六八卷, 台北: 商务印书馆重印版, 1975 年, 第 36 卷, 第 15a-15b 页。

刘鹗:《刘鹗日记》, 载刘德隆编:《刘鹗及〈老残游记〉资料》, 成都: 四川人民出版社, 1985 年, 第 143-289 页。

——.《铁云藏龟》, 1903 年, 台北: 艺文印书馆, 1975 年重印版。

——. *The Travels of Lao Can*. Trans. Yang Xian yi and Gladys Yang. Honolulu: University Press of the Pacific, 2001.

Liu, Lydia He. *Translingual Practice: Literature, National Culture, and Translated Modernity—China, 1900—1937*. Stanford, CA: Stanford University Press, 1995. (刘禾:《跨语际实践: 文学、民族文化与被译介的

现代性（中国，1900—1937）》，宋伟杰等译，北京：生活·读书·新知三联书店，2002年。——译者注）

刘师培：《编辑乡土志序例附：金石志》，1906年，载《刘师培史学论著选集》，上海：上海古籍出版社，2006年重印版，第265-267页。

——.《论考古学莫备于金石》，1907年，载《刘师培史学论著选集》，上海：上海古籍出版社，2006年重印版，第463-467页。

刘体智：《善斋吉金录》，1924年，上海：上海图书馆，1998年影印版。

刘烜：《王国维评传》，南昌：百花洲文艺出版社，1996年。

陆草：《论近代文人的金石之癖》，《中州学刊》，1995年第1期，第82-87页。

吕大临：《考古图》，载李聪慧编：《宋人著录金文丛刊初编》，北京：中华书局，2005年，第1-192页。

陆和九：《中国金石学前编》，1933年，载《中国金石学讲义》，北京：北京图书馆出版社，2003年重印版，第1-72页。

——.《中国金石学正编》，1937年，载《中国金石学讲义》，北京：北京图书馆出版社，2003年重印版，第73-702页。

卢文弨：《九经古义序》，载《抱经堂文集》，四部丛刊初编缩本第九七卷，台北：艺文印书馆，1967年重印，第二卷，第19a-19b页。

路新生：《中国近三百年疑古思潮研究》，上海：上海人民出版社，2001年。

陆锡兴：《从金石学、考古学到古代器物学》，《南方文物》，2007年第1期，第67-73页。

鲁迅: *Selected Stories of Lu Xun*. Trans. Yang Xianyi and Gladys Yang. New York: W.W. Norton & Company, 1977.

——.《谈所谓"大内档案"》，1928年，载《鲁迅全集》，第三卷，北京：人民文学出版社，1981年重印版，第561-569页。

Lu, Yan. *Re-Understanding Japan: Chinese Perspectives, 1895—1945.* Honolulu: Association for Asian Studies and University of Hawaii Press, 2004.

罗福颐：《传世历代古尺图录》，北京：文物出版社，1957年。

罗继祖：《蜉寄留痕》，上海：上海古籍出版社，1999年。

罗琨、张永山：《罗振玉评传》，南昌：百花洲文艺出版社，1996年。

罗振常：《洹洛访古游记》，上海：蟫隐庐，1936年。

罗振玉：《埃及碑释序》，1922年，载《雪堂类稿》，重印版，第二卷，第514-

515 页。

——.《扶桑两月记》, 1902 年, 载《雪堂自述》, 重印版, 第 61-68 页。

——.《古明器图录序》, 1916 年, 载《雪堂类稿》, 重印版, 第二卷, 第 78-79 页。

——.《古器物识小录序》, 1931 年, 载《雪堂类稿》, 重印版, 第二卷, 第 25-26 页。

——.《古器物学研究议》, 天津: 贻安堂经籍铺, 出版时间不详。

——.《海宁王忠悫公传》, 1927 年, 载王国维:《王观堂先生全集》, 第十六卷, 第 7019-7022 页。

——.《教育世界序列》,《教育世界》, 1901 年第 1 期, 第 1a-1b 页。

——.《集蓼编》, 1941 年, 载《雪堂自述》, 重印版, 第 1-61 页。

——.《流沙访古记序》, 1909 年, 载《雪堂类稿》, 重印版, 第二卷, 第 38 页。

——.《权衡度量实验考序》, 1915 年, 载《雪堂类稿》, 重印版, 第二卷, 第 409-410 页。

——.《说文古籀补跋》, 1921 年, 载《雪堂类稿》, 重印版, 第二卷, 第 488-490 页。

——.《铁云藏龟序》, 载刘鹗:《铁云藏龟》, 1903 年, 台北: 艺文印书馆, 1975 年重印版, 第 1-13 页。

——.《五十日梦痕录》, 1915 年, 载《雪堂自述》, 重印版, 第 87-116 页。

——.《雪堂类稿》八卷, 沈阳: 辽宁教育出版社, 2003 年。

——.《雪堂自述》, 南京: 江苏人民出版社, 1999 年。

——.《佚籍丛残初编序目》, 1911 年, 载《雪堂类稿》, 重印版, 第二卷, 第 38-40 页。

——.《殷商贞卜文字考》, 玉简斋, 1910 年。

——.《殷墟古器物图录序》, 1916 年, 载《雪堂类稿》, 重印版, 第二卷, 第 67-68 页。

——.《殷墟书契考释》, 京都: 上虞罗振玉永慕园影印本, 1915 年。

——.《殷墟书契前编》, 京都: 上虞罗振玉永慕园影印本, 1912 年。

——.《佣庐日札》, 1908 年, 载《雪堂类稿》, 重印版, 第一卷, 第 308-403 页。

——.《增订殷墟书契考释》, 中国: 东方学会, 1927 年。

罗志田:《清季保存国粹的朝野努力及其观念异同》,《近代史研究》, 2001 年第 2 期, 第 28-100 页。

——.《史料的尽量扩充与不看二十四史: 民国新史学的一个诡论现象》,《历史研究》, 2000 年第 4 期, 第 151-167 页。

——.《"新宋学"与民初考据史学》,《近代史研究》, 1998 年第 1 期, 第 1-36 页.

Lyell, Charles. *Principles of Geology; Or, the Modern Changes of the Earth and Its Inhabitants, Considered as Illustrative of Geology*. 1830. Reprint. New York: D. Appleton & Co,, 1865.

马衡:《中国金石学概要·绪论》, 1924 年, 载《凡将斋金石丛稿》, 北京: 中华书局, 1977 年重印版, 第 1-3 页。

麻三衡:《墨志》一卷, 载伍崇曜编:《粤雅堂丛书》第廿四集, 南海伍氏, 1853 年。

Mazur, Mary G. "Discontinuous Continuity: The Beginning of a New Synthesis of 'General History' in 20th Century China", In Tze-ki Hon and Robert J. Culp, eds., *The Politics of Historical Production in Late Qing and Republican China*. Leiden, Netherlands: Brill, 2007: 109-142.

McNair, Amy. "Engraved Calligraphy in China: Recension and Reception", *The Art Bulletin* 77 (1995): 106-114.

——. *The Upright Brush: Yan Zhenqing's Calligraphy and Song Literati Politics*. Honolulu: University of Hawaii Press, 1998.（倪雅梅:《中正之笔: 颜真卿书法与宋代文人政治》, 杨简茹译, 祝帅校译, 南京: 江苏人民出版社, 2018 年。——译者注）

Menzies, James Mellon. *Oracle Records from the Waste of Yin*. Shanghai: Kelly and Walsh, Ltd., 1917.

Miles, Stephen B. "Celebrating the Yan Fu Shrine: Literati Networks and Local Identity in Early Nineteenth-Century Guangzhou", *Late Imperial China* 25:2 (December 2004): 33-73.

Millward, James A. "'Coming Onto the Map': 'Western Regions'— Geography and Cartographic Nomenclature in the Making of Chinese Empire in Xinjiang", *Late Imperial China* 20:2 (December 1999): 61-98.

Momigliano, Arnaldo. "Ancient History and the Antiquarian", *Journal of the Warburg and Courtauld Institutes* 13:3/4 (1950): 285-315.

諸橋轍次. "游支雜筆",《諸橋轍次著作集》, 東京: 大修館書店, 1977: 9: 84-85.

Morse, Edward Sylvester. *Japan Day by Day, 1877—1879, 1882—1883, Volume*

II. Boston: Houghton Mifflin Company, 1917.

Naka Michiyo. *Shina tsushi* (General History of China). 1891, Reprint, Tokyo: Iwanami Shoten, 1967.

Needham, Joseph, and Wang Ling, et al. *Science ad Civilization in China, Volume 4, Part 1: Physics*. Cambridge, UK: University of Cambridge Press, 1962.

聂崇义:《新定三礼图》, 上海: 上海古籍出版社, 1984.

蜷川式胤. 観古図説: 陶器三部. 東京: H. Ahrens & Co., 1876-1878.

Nivison, David S. *The Life and Thought of Chang Hsüeh-ch'eng, 1738—1801*. Stanford, CA: Stanford University Press, 1966. (倪德卫:《章学诚的生平及其思想》, 杨立华译, 南京: 江苏人民出版社, 2007 年。——译者注)

——. *The Literary and Historical Thought of Chang Hsüeh-ch'eng, 1738-1801: A Study of his Life and Writing, with a Translation of Six Essays from the Wen-shih t'ung-i*. Ph. D. dissertation. Harvard University, Cambridge, MA, 1953.

Nylan, Michael. T*he Five "Confucian" Classics*. New Haven, CT. and London: Yale University Press, 2001.

欧阳修:《集古录跋尾》, 1062 年, 载《欧阳修全集》, 台北: 世界书局, 1961 年重印版, 第二卷, 第 1089-1218 页。

——.《集古录目序》, 1069 年, 载《欧阳修全集》, 台北: 世界书局, 1961 年重印版, 第二卷, 第 1087 页。

——.《新唐书·礼乐志第一》, 上海: 中华书局, 1936 年重印版, 第十一卷, 第 1a-8a 页。

潘祖荫:《攀古楼彝器款识》, 1872 年, 载《续修四库全书》, 第九〇三卷, 上海: 上海古籍出版社, 2002 年。

——.《滂喜斋藏书记》, 上海: 海宁陈氏慎初堂, 1914 年。

——.《秦輶日记》, 台北: 广文书局, 1971 年重印版。

——.《说文古籀补叙》, 载吴大澂:《说文古籀补》, 1886 年, 1898 年重印版, 第一卷, 第 1a-2a 页。

Pang, Laikwan. *The Distorting Mirror: Visual Modernity in China*. Honolulu: University of Hawaii Press, 2007.

彭玉平:《关于殷墟书契考释的一桩公案》,《中州学刊》, 2008 年第 6 期, 第 198-205 页。

Perdue, Peter C. *China Marches West: The Qing Conquest of Central Eurasia*.

Cambridge, MA: Belknap Press of Harvard University Press, 2005.

Pinney, Christopher. *Camera Indica: The Social Life of Indian Photographs*. Chicago: University of Chicago Press, 1997.

Pizer, John David. *The Idea of World Literature: History and Pedagogical Practice*. Baton Rouge: Louisiana State University Press, 2006.

Polachek, James M. "Gentry Hegemony: Soochow in the T'ung-chih Restoration", In Frederic Wakeman and Carolyn Grant, eds., *Conflict and Control in Late Imperial China*. Berkeley: University of California Press, 1976: 211-256.

——. *The Inner Opium War*. Cambridge, MA: Council on East Asian Studies, Harvard University, 1992.（詹姆斯·波拉切克:《清朝内争与鸦片战争》，李雯译，北京: 中国人民出版社，2020 年。——译者注）

Poor, Robert. "Notes on the Sung Dynasty Archaeology Catalogs", *Archives of the Chinese Art Society of America* 19 (1965): 33-44.

——. *Sung Albums of Antiquities and Some Ancient Chinese Bronzes*. Ph.D. dissertation. University of Chicago, Chicago, 1964.

Puyi. *From Emperor to Citizen: The Autobiography of Puyi, the Last Emperor of China*. Trans. W. J. F. Jenner. Oxford: Oxford University Press, 1987.（溥仪:《我的前半生》，北京: 群众出版社 , 1964 年。——译者注）

Qi, Gong. "A Discourse on Chinese Epigraphy", In Qi Huang, ed., *Chinese Characters Then and Now*. Zuich: Voldemeer, 2004: 9-66.

齐鲁青:《不朽的收藏大家刘鹗》，载杨才玉编:《古今收藏家》，西安: 西北大学出版社 , 1999 年 , 第 29-34 页。

钱大昕:《关中金石记序》，载《潜研堂文集》，第二十五卷 , 第 367-368 页。

——.《郭允伯金石史序》，载《潜研堂文集》，第二十五卷 , 第 365-366 页。

——.《潜研堂金石文跋尾》，1799 年 , 台北: 艺文印书馆 , 1968 年重印版。

——.《潜研堂文集》，1806 年序言 , 上海: 商务印书馆 , 1935 年重印版。

——.《重刻孙明复小集序》，载《潜研堂文集》，第二十五卷 , 第 380 页。

——.《诸史拾遗》，台北: 广文书局 , 1978 年重印版。

Rankin, Mary Backus. "'Public Opinion' and Political Power: Qingyi in Late Nineteenth Century China", *Journal of Asian Studies* 41:3 (May 1982): 453-484.

Reed, Bradley W. *Talons and Teeth: County Clerks and Runners in the Qing*

Dynasty. Stanford, CA: Stanford University Press, 2000.（白瑞德：《爪牙：清代县衙的书吏与差役》，尤陈俊、赖骏楠译，桂林：广西师范大学出版社，2021 年。——译者注）

容庚：《商周彝器通考》，北京：哈佛燕京学社，1941 年。

——.《善斋彝器图录》，北平：哈佛燕京学社，1936 年。

——.《宋代吉金书籍述评》，1932 年，载曾宪通编：《容庚选集》，天津：天津人民出版社，1994 年，第 3-73 页。

——.《王国维先生考古学上之贡献》，1927 年，载王国维：《王观堂先生全集》，第十六卷，第 7340-7356 页。

Rong, Xinjiang. "The Li Shengduo Collection: Original or Forged Manuscripts?" In Susan Whitfield, ed., *Dunhuang Manuscript Forgeries*. London: The British Library, 2002: 62-83.

容媛：《金石书录目》，北平：商务印书馆，1930 年。

阮元：《积古斋钟鼎彝器款识》，1796 年，常熟：鲍氏后知不足斋，1883 年重印版。

——.《南北书派论，北碑南帖论注》，华人德注，1823 年，上海：上海书画出版社，1987 年重印版。

——.《商周铜器论》，载卫聚贤编：《中国考古小史》，上海：商务印书馆，1933 年，第 1-5 页。

Rudolph, Richard C. "Lo Chen-yü Visits the Waste of Yin", In Frederic Wakeman Jr. ed., *"Nothing Concealed": Essays in Honor of Liu Yü-Yün*. Taibei: Chungwen chubanshe, 1970: 3-19.

——. "Preliminary Notes on Sung Archaeology", *Journal of Asian Studies* 22:2 (1963): 169-177.

桑兵：《伯希和与近代中国学术界》,《历史研究》，1997 年第 5 期，第 114-137 页。

——.《陈寅恪与清华研究院》,《历史研究》，1998 年第 4 期，第 129-142 页。

——. "Japan and Liang Qichao's Research in the Field of National Learning", In Joshua A. Fogel, ed., *The Role of Japan in Liang Qichao's Introduction of Modern Western Civilization to China*. Berkeley: Institute of East Asian Studies, University of California, 2004: 177-202.

——.《近代中国的新史学及其流变》,《史学月刊》，2007 年第 11 期，第 5-28 页。

——《近代中国学术的地缘与流派》,《历史研究》, 1999 年第 3 期, 第 24-41 页。

桑椹:《青铜器全形拓技术发展的分期研究》,《东方博物》, 2004 年第 3 期, 第 32-39 页。

——.《全形拓之传承与流变》,《紫禁城》, 2006 年第 5 期, 第 52-55 页。

Schmalzer, Sigrid. T*he People's Peking Man: Popular Science and Human Identity in Twentieth-Century China*. Chicago: University of Chicago Press, 2008.

Schmidt, J. D. *Within the Human Realm: The Poetry of Huang Zunxian, 1848— 1905*. Cambridge, UK: Cambridge University Press, 1994.

Sena, Yun-Chiahn Chen. *Pursuing Antiquity: Chinese Antiquarianism from the Tenth to the Thirteenth Century*. Ph.D. dissertation. University of Chicago, Chicago, 2007.

Shaughnessy, Edward L. *Sources of Western Zhou History: Inscribed Bronze Vessels*. Berkeley: University of California Press, 1991.

Shen, Chuang. "Ming Antiquarianism, an Aesthetic Approach to Archaeology", *Journal of Oriental Studies* 8:1 (January 1970): 63-78.

Shen, Kuiyi. "Patronage and the Beginning of a Modern Art World in Late Qing Shanghai", In Jason C. Kuo, ed., *Visual Culture in Shanghai, 1850s—1930s*. Washington, DC: New Academia Publishing, 2007: 13-27.

——. "Traditional Painting in a Transitional Era, 1900—1950", In Julia F. Andrews and Kuiyi Shen, eds., *A Century of Crisis: Modernity and Tradition in the Art of Twentieth-Century China*. New York: Solomon R. Guggenheim Foundation, 1998: 80-95.

——.*Wu Changshi and the Shanghai Art World in the Late Nineteenth and Early Twentieth Centuries*. Ph. D. dissertation. Ohio State University, Columbus, 2000.

沈垚:《简札摭存上——与张秋水》, 载《落帆楼文集》, 1858 年 , 北京: 文物 出版社 , 1987 年重印版, 第八卷, 第 23a-23b 页。

沈振辉:《元明收藏学略论》,《社会科学》, 1999 年第 3 期, 第 66-70 页。

Shen, Hao. "Through Six Generations: An Exhibition of the Wen Collection of Chinese Painting and Calligraphy at the Museum of Fine Arts, Boston", *Orientations* 38:3 (April 2007): 30-39.

Sieber, Patricia. *Theaters of Desire: Authors, Readers, and the Reproduction of Early Chinese Song-Drama, 1300—2000*. New York: Palgrave Macmillan,

2003.

司马迁:《史记·龟策列传》,上海: 商务印书馆,1936 年重印版,第一二八卷,第 1a-21a 页。

Song, Geng. *The Fragile Scholar: Power and Masculinity in Chinese Culture.* Seattle: University of Washington Press, 1998.

Stanfford, Barbara Maria. *Good Looking: Essays on the Virtue of Images.* Cambridge, MA: MIT Press, 1998.

Stanley, Arthur. "The Method of Making Ink Rubbings", *Journal of the North China Branch of the Royal Asiatic Society* 48 (1917): 82-84.

Strand, David. *Rickshaw Beijing: City People and Politics in the 1920s.* Berkeley: University of California Press, 1993.（史谦德:《北京的人力车夫: 1920 年代的市民与政治》,袁剑、周书垚、周育民译,南京: 江苏人民出版社, 2021 年。——译者注）

Su, Rongyu. "The Reception of 'Archaeology' and 'Prehistory' and the Founding of Archaeology in Late Imperial China", In Michael Lackner and Natascha Vittinghoff, eds., *Mapping Meanings: The Field of New Learning in Late Qing China.* Leiden, Netherlands: Brill, 2004: 429-443.

杉村邦彦:《杨守敬与日本书学研究》,李红译,载陈上岷主编:《杨守敬研究学术论文选集》,武汉: 崇文书局,2003 年,第 50-62 页。

孙殿起:《琉璃厂小志》,北京: 北京古籍出版社,1982 年。

孙星衍:《京畿金石考》,1792 年,载李锡龄编:《惜阴轩丛书》,百部丛书集成卷三,台北: 艺文印书馆,1967 年重印版。

孙延钊:《孙衣言孙诒让父子年谱》,上海: 上海社会科学院出版社,2003 年。

孙诒让:《古籀余论》,1903 年,北平: 燕京大学,1929 年重印版。

——.《名原》,1905 年,济南: 齐鲁书社,1986 年重印版。

——.《契文举例》,1904 年,上海: 蟫隐庐,1927 年。

——.《周礼正义》,1899 年,万有文库概要第二四一至二四四卷,台北: 商务印书馆,1965 年重印版。

鈴木広之. 好古家たちの 19 世紀 : 幕末明治における《物》のアルケオロジー. 東京 : 吉川古文館,2003.

Swann, Marjorie. *Curiosities and Texts: The Culture of Collecting in Early Modern England.* Philadelphia: University of Pennsylvania Press, 2001.

谭嗣同:《石菊影庐笔识·思篇》,载《谭嗣同全集》,北京: 生活·读书·新

知三联书店 , 1954 年 , 第 241-279 页。

Tanaka, Stephan. *Japan's Orient: Rendering Pasts into History*. Berkeley: University of California Press, 1995.

唐兰:《古文字学导论》, 济南: 齐鲁书社 , 1981 年。

Tang, Xiaobing. *Global Space and the Nationalist Discourse of Modernity: The Historical Thinking of Liang Qichao*. Stanford, CA: Stanford University Press, 1996.

Thorp, Robert L. "Bronze Catalogues as Cultural Artifacts", *Archives of Asian Art* 44 (1991): 84-94.

富田升:《近代日本的中国艺术品流转与鉴赏》, 赵秀敏译 , 上海: 上海古籍出版社 , 2005 年。

Tseng, Lillian Lan-Ying. "Retrieving the Past, Inventing the Memorable: Huang Yi's Visits to the Song-Luo Monuments", In Robert S. Nelson and Margaret Olin, eds., *Monuments and Memory, Made and Unmade*. Chicago: University of Chicago Press, 2003: 37-58.

Vinograd, Richard. *Boundaries of the Self: Chinese Portraits, 1600-1900*. Cambridge, UK: Cambridge University Press, 1992.(文以诚:《自我的界限: 1600—1900 年的中国肖像画》, 郭伟其译 , 北京: 北京大学出版社 , 2017 年。——译者注)

Von Spee, Clarissa. *Wu Hufan: A Twentieth Century Art Connoisseur in Shanghai*. Berlin: Reimer, 2008.

王昶:《金石萃编》, 1805 年 , 经训堂藏版 , 1872 年重印版。

王东明:《怀念我的父亲王国维先生》, 1985 年 , 载陈平原、王枫编:《追忆王国维》, 北京: 中国广播电视出版社 , 1996 年 , 第 473-493 页。

——.《最是人间留不住》, 1983 年 , 载陈平原、王枫编:《追忆王国维》, 北京: 中国广播电视出版社 , 1996 年 , 第 455-458 页。

王尔敏、陈善伟编:《近代名人手札真迹: 盛宣怀珍藏书牍》, 香港: 香港中文大学出版社 , 1987 年。

Wang Fan-sen. *Fu Ssu-nien: A Life in Chinese History and Politics*. Cambridge, UK: Cambridge University Press, 2000.(王汎森:《傅斯年: 中国近代历史与政治中的个体生命》, 王晓冰译 , 北京: 生活·读书·新知三联书店 , 2012 年。——译者注)

王国华:《〈王静安先生遗书〉序》, 1936 年 , 载陈平原、王枫编:《追忆王国维》, 北京: 中国广播电视出版社 , 1996 年 , 第 1-2 页。

王国维:《观堂集林序》,载佛雏编:《王国维学术文化随笔》,北京:中国青年出版社,1996年重印版,第283-285页。

——.《国朝金文著录表序》,1914年,载《王国维遗书》,第一卷,第310-312页。

——.《国朝学术》,载《王国维学术文化随笔》,第103页。

——.《国学丛刊序》,1911年,载《王观堂先生全集》,第四卷,第1408-1414页。

——.《古器之学》,1914—1915年,载《王国维学术文化随笔》重印,第144页。

——.《古史新证》,1926年,载《王观堂先生全集》,第六卷,第2077-2111页。

——.《静安文集自序》,1905年,载《王观堂先生全集》,第五卷,第1547-1548页。

——.《孔子之美育主义》,1904年,载《王国维文集》,第三卷,第155-158页。

——.《孔子之学说》,1908年,载《王国维文集》,第三卷,第107-154页。

——.《库书楼记》,1922年,载《王观堂先生全集》,第三卷,第1164-1168页。

——.《论新学语之输入》,1905年,载《王观堂先生全集》,第五卷,第1741-1748页。

——.《毛公鼎考释序》,1918年,载《王观堂先生全集》,第一卷,第275-277页。

——.《去毒篇》,1906年,载《王观堂先生全集》,第五卷,第1870-1877页。

——.《曲录序》,1909年,载《王国维遗书》,第十卷,第273-275页。

——.《人间嗜好之研究》,1907年,载《王观堂先生全集》,第五卷,第1795-1803页。

——.《述近世教育思想与哲学之关系》,1906年,载《王国维文集》,第三卷,第9-12页。

——.《宋代之金石学》,1926年,载《王观堂先生全集》,第五卷,第1924-1934页。

——.《王观堂先生全集》,台北:文华出版公司,1968年。

——.《王国维全集·书信》,吴泽编,北京:中华书局,1984年。

——.《王国维文集》,王燕、姚淦铭编,北京:中国文史出版社,1997年。

——.《王国维学术随笔》,赵利栋编,北京:社会科学文献出版社,2000年,第 103-104 页。

——.《王国维遗书》,1983 年,上海:上海书店出版社,1996 年重印版。

——.《吴清卿》,1914—1915 年,载《王国维学术文化随笔》,第 147 页。

——.《罗振玉校刊群书叙录序》,1918 年,载《王观堂先生全集》,第三卷,第 1135-1137 页。

——.《殷卜辞中所见先公先王考》,1917 年,载《王观堂先生全集》,第二卷,第 391-419 页。

——.《殷墟书契考释序》,1914—1915 年,载《王观堂先生全集》,第三卷,第 1130-1132 页。

——.《殷周制度论》,1917 年,载《王观堂先生全集》,第二卷,第 433-462 页。

——.《战国时秦用籀文六国用古文说》,1916 年,载《王观堂先生全集》,第一卷,第 287-289 页。

——.《哲学辨惑》,1903 年,载《王国维文集》,第三卷,第 3-5 页。

——.《中国历代之尺度》,1927 年,载《王国维文集》,第四卷,第 185-190 页。

——.《自序》,1907 年,载《王观堂先生全集》,第五卷,第 1822-1827 页。

——.《奏定经学科大学文学科大学章程书后》,载《王观堂先生全集》,第五卷,第 1857-1870 页。

——.《最近二三十年中国新发见之学问》,1925 年,载《王观堂先生全集》,第五卷,第 1915-1924 页。

——.《王国维致顾颉刚的三封信》,《文献》1983 年第 4 期,第 205-206 页。

Wang, Q. Edward. "Beyond East and West: Antiquarianism, Evidential Learning, and Global Trends in Historical Study", *Journal of World History* 19:4 (December 2008): 489–518.

——. *Inventing China Through History: The May Fourth Approach to Historiography*. Albany: State University of New York Press, 2001.

王潜刚:《清人书评》,载崔尔平编:《历代书法论文选续编》,上海:上海书画出版社,1993 年,第 803-845 页。

王庆祥、萧文立编:《罗振玉王国维往来书信》,北京:东方出版社,2000 年。

王懿荣:《病起即事书视同人并素和诗》,载《王懿荣集》,第 111 页。

——.《时文》,载《王懿荣集》,第 323-455 页。

——.《天壤阁杂记》,载《王懿荣集》,第 257-267 页。

——.《王懿荣集》，吕伟达编，济南：齐鲁书社，1999 年。

——.《消夏六咏和潘郑庵侍郎师》，1872 年，载《王懿荣集》，第 104-105 页。

——.《与缪炎之》，载《王懿荣集》，第 143-193 页。

王宇信：《甲骨学通论》，北京：中国社会科学出版社，1989 年。

王宇信、杨升南编：《甲骨学一百年》，北京：社会科学文献出版社，1999 年。

王冶秋：《琉璃厂史话》，北京：生活·读书·新知三联书店，1963 年。

王重民编：《办理四库全书档案》，北平：国立北平图书馆，1934 年。

王中秀等编：《近现代金石书画家润例》，上海：上海画报出版社，2004 年。

Warner, Langdon. *The Long Old Road in China*. NY: Doubleday, 1926.

卫聚贤：《中国考古学史》，上海：商务印书馆，1937 年。

翁方纲：《考订论上之三》，载《复初斋文集》，近代中国史料丛刊第一编第四二一卷，台北：文海出版社，1966 年，第 300-302 页。

翁同龢：《题潘伯寅藏瘗鹤铭精拓本》，载《瓶庐诗稿》，1919 年，第一卷，第 14a 页。

Wright, David. "Yan Fu and the Tasks of the Translator", In Michael Lackner et al., eds., *New Terms for New Ideas: Western Knowledge and Lexical Change in Late Imperial China*. Leiden, Netherlands: Brill, 2001: 235-255.（戴维·莱特：《严复及翻译家的任务》，郎宓谢等著：《新词语新概念：西学译介与晚清汉语词汇之变迁》，赵兴胜等译，济南：山东画报出版社，2012 年，第 243-266 页。——译者注）

吴昌硕：《铁云藏龟序》，载刘鹗：《铁云藏龟》，1903 年，台北：艺文印书馆，1975 年重印版，第 15-17 页。

吴大澂：《古玉图考》，上海：同文书局，1889 年。

——.《愙斋集古录》，1897 年，上海：商务印书馆，1918 年重印版。

——.《权衡度量实验考》，罗振玉编，上虞罗氏，1915 年。

——.《说文古籀补》，1886 年，1898 年重印版。

——.《吴愙斋（大澂）尺牍》，谢国桢编，台北：文海出版社，1971 年。

——.《吴清卿临黄小松访碑图册》，上海：神州国光社，1915 年。

——.《吴篆论语》，1877 年，上海：东方书局，1934 年重印版。

——.《字说》，1893 年，台北：艺文印书馆，1971 年重印版。

——.《吴大澂致翁同龢、王懿荣等未刊函稿选辑》,《档案与史学》, 2003 年第 2 期, 第 2-6 页。

吴功正:《明代赏玩及其文化、美学批判》,《南京大学学报（哲学、人文科学、社会科学版》, 2008 年第 3 期, 第 114-122 页。

Wu Hung, *Monumentality in Early Chinese Art and Architecture.* Stanford, CA: Stanford University Press, 1995.（巫鸿:《中国古代艺术与建筑中的 "纪念碑性"》, 李清泉等译, 上海: 上海人民出版社, 2009 年。——译者注）

——. "On Rubbings: Their Materiality and Historicity." In Judith T. Zeitlin et al., eds., *Writing and Materiality in China: Essays in Hornor of Patrick Hanan.* Cambridge, MA: Harvard University Asia Center, 2003: 29-72.

——. *The Wu Liang Shrine: The Ideology of Early Chinese Pictorical Art.* Stanford, CA: Stanford University Press, 1992. 译者注:《武梁祠: 中国古代画像艺术的思想性》, 柳扬等译, 北京: 生活·读书·新知三联书店, 2006年。

吴民贵:《晚清人物与金石书画: 蒲石居谈史录》, 上海: 上海社会科学院出版社, 2006 年。

吴其昌、刘盼遂等:《观堂授书记》, 台北: 艺文印书馆, 1975 年。

香港中国语文学会编:《近现代汉语新词词源词典》, 上海: 汉语大辞典出版社, 2001 年。

谢小华、刘若芳:《乾隆年间法国代制得胜图铜版画史料》,《历史档案》, 2001 年第 1 期, 第 5-14 页。

徐贲:《全球化、博物馆和民族国家》,《文艺研究》, 2005 年第 5 期, 第 43-54 页。

薛福成:《俄罗斯禁搜古碑记》, 载《庸庵文编》, 第二卷, 近代中国史料丛刊第一编第九四三卷, 台北: 文海出版社, 1973 年, 第 1067-1068 页。

荀子:《君道》, 载王先谦:《荀子集解》, 1891 年, 台北: 世界书局, 2000 年重印版, 第 209-225 页。

严复:《救亡决论》, 1895 年, 载《严复集》, 北京: 中华书局, 1986 年重印版, 第一卷, 第 40-54 页。

杨静亭:《都门纪略》, 北京, 出版者不详, 1875 年。

杨善群:《古文〈尚书〉流传过程探讨》,《学习与探索》, 2003 年第 4 期, 第 119-123 页。

杨守敬:《日本金石年表序》, 载西田直养编:《日本金石年表》, 载潘祖荫编:《滂喜斋丛书》, 京师潘氏, 1867—1883 年, 第五卷, 第 2a-2b 页。

姚名达:《中国目录学史》, 1937 年, 北京: 商务印书馆, 1998 年重印版。

叶昌炽:《语石》, 1909 年, 万有文库概要第六三五卷, 台北: 商务印书馆, 1965 年重印版。

Ye, Xiaoqing. *The Dianshizhai Pictorial: Shanghai Urban Life, 1884—1898*. Ann Arbor: Center for Chinese Studies, University of Michigan, 2003.

Yeh, Wen-hsin. *The Alienated Academy: Culture and Politics in Republican China, 1919—1937*. Berkeley: University of California Press, 1990. (叶文心:《民国时期大学校园文化》, 冯夏根等译, 北京: 中国人民大学出版社, 2012 年。——译者注)

Yetts, W. Percival. "Memoir of the Translator", In Dai Tong, *The Six Scripts, or the Principles of Chinese Writing. A Translation by L. C. Hopkins. With a Memoir of the Translator by W. Percival Yetts*. Cambridge, UK: Cambridge University Press, 1954: vii－xxii .

易宗夔:《新世说·纰漏》, 1918 年, 上海: 上海古籍出版社, 1982 年重印版。

——.《新世说·巧艺》, 1918 年, 上海: 上海古籍出版社重印版, 1982 年。

——.《新世说·容止》, 1918 年, 上海: 上海古籍出版社重印版, 1982 年。

尹达:《新石器时代研究的回顾与展望》, 1963 年, 载《尹达史学论著选集》, 北京: 人民出版社, 1989 年重印版, 第 277-300 页。

殷南:《我所知道的王静安先生》, 1927 年, 载王国维:《王观堂先生全集》, 第十六卷, 第 7165-7167 页。

金山喜昭 . 日本の博物館史. 東京 : 慶友社, 2001.

Young, Julian. *Schopenhauer*. London: Routledge, 2005.

于敏中等编:《西清砚谱》, 1778 年, 上海: 商务印书馆, 1934 年重印版。

袁英光、刘寅生编:《王国维年谱长编》, 天津: 天津人民出版社, 1996 年。

Yue, Meng. *Shanghai and the Edges of Empires*. Minneapolis: University of Minnesota Press, 2006.

Zarrow, Peter Gue. *China in War and Revolution, 1895—1949*. London, New York: Routledge, 2005. (沙培德:《战争与革命交织的近代中国（1895—1949)》, 高波译, 北京: 中国人民大学出版社, 2016 年。——译者注)

——. "The Imperial Word in Stone: Stele Inscriptions at Chengde", In James A. Millward et. al., eds., *New Qing Imperial History: The Making of Inner Asian Empire at Qing Chengde*. London: RoutledgeCurzon, 2004: 146-164.

——. "Late-Qing Reformism and the Meiji Model: Kang Youwei, Liang Qichao, and the Japanese Emperor", In Joshua A. Fogel, ed., *The Role of Japan in Liang Qichao's Introduction of Modern Western Civilization to China*. Berkeley: Institute of East Asian Studies, Unversity of California, 2004: 40-67.

——. "The New Schools and National Identity: Chinese History Textbooks in the Late Qing", In Tze-ki Hon and Robert J. Culp, eds., T*he Politics of Historical Production in Late Qing and Republican China*. Leiden, Netherlands: Brill, 2007: 21-54.

Zeitlin, Judith. "The Petrified Heart: Obsession in Chinese Literature, Art, and Medicine", *Late Imperial China* 12:1 (June 1991): 1-26.

曾朴:《孽海花》,1905 年,北京:解放军文艺出版社,2000 年重印版。

查晓英:《地质学与现代考古学知识在中国的传播》,《历史研究》,2006 年第 4 期,第 90-104 页。

——.《"金石学"在现代学科体制下的重塑》,《中山大学学报(社会科学版)》,2008 年第 3 期,第 83-96 页。

——.《文物的变迁:现代中国的考古学的早期历史》,中山大学博士论文,2006 年。

张德昌:《清季一个京官的生活》,香港:香港中文大学出版社,1970 年。

张涵锐:《琉璃厂沿革考》,载孙殿起:《琉璃厂小志》,北京:北京古籍出版社,1982 年。

张连科:《王国维与罗振玉》,天津:天津人民出版社,2002 年。

章太炎:《理惑论》,载《国故论衡》,东京:国学讲习会,1910 年,第 57-60 页。

——.《章太炎书信集》,石家庄:河北人民出版社,2003 年。

张廷济:《清仪阁所藏古器物文》,上海:商务印书馆,1925 年。

张裕钊:《赠吴清卿庶常序》,载《国朝文汇丁集》,上海:国学扶轮社,1909 年,第八卷,第 7a-7b 页。

张之洞:《殿试对策》,载《张之洞全集》,第十二卷,第 10043-10046 页。

——.《和潘伯寅壬申消夏六咏》,1872 年,载《张之洞全集》,第十二卷,第 10488-10491 页。

——.《毛公鼎》,载《张之洞全集》,第十二卷,第 10373-10374 页。

——.《劝学篇》,1898 年,载《张之洞全集》,第十二卷,第 9703-9770 页。

——.《书目答问》,1877 年,载《张之洞全集》,第十二卷,第 9864-9987 页。

——.《书札一》，载《张之洞全集》，第十二卷，第 10099-10152 页。

——.《辅轩语》，1876 年，载《张之洞全集》，第十二卷，第 9771-9822 页。

——.《张文襄公治鄂记》，台北：台湾开明书店，1966 年。

——.《张之洞全集》，苑书义编，武汉：湖北人民出版社，1998 年。

赵尔巽等编：《清史稿》，北京：中华书局，1998 年。

赵利栋：《〈古史辨〉与〈古史新证〉：顾颉刚与王国维史学思想的一个初步比较》，《浙江学刊》，2000 年第 6 期，第 109-114 页。

赵明诚：《金石录》，上海：商务印书馆，1934 年。

赵之谦：《补寰宇访碑录》，1865 年，石刻史料丛书乙编第二一卷，台北：艺文印书馆，1966 年。

郑樵：《通志·金石略》，1161 年，载《九通》，浙江书局，1896 年重印版，第 73 卷，第 1a-49b 页。

震钧：《天咫偶闻》，1907 年，近代中国史料丛刊第一编第二一九卷，台北：文海出版社，1967 年重印版。

支伟成：《清代朴学大师列传》，1924 年，长沙：岳麓书社，1998 年重印版。

周汉光：《张之洞与广雅学院》，台北：中国文化大学出版社，1983 年。

周少川：《论陈垣先生的民族文化史观》，《史学史研究》，2002 年第 3 期，第 1-8 页。

周一良：《我所了解的陈寅恪先生》，载胡守为主编：《〈柳如是别传〉与国学研究：纪念陈寅恪教授学术讨论会论文集》，杭州：浙江人民出版社，1995 年，第 8-15 页。

周肇祥：《琉璃厂杂记》，北京：北京燕山出版社，1995 年。

周作人：《林琴南与罗振玉》，1924 年，载《周作人集外文》，陈子善等编：海口：海南国际新闻出版中心，1995 年，上集第 624-625 页。

朱剑心：《金石学》，香港：商务印书馆，1964 年。

朱杰勤：《清代金石学述要》，《东方杂志》，1943 年第 1 期，第 105-109 页。

朱一新：《无邪堂答问》，载《拙盦丛稿》1896 年，近代中国史料丛刊第一编第二七二卷，台北：文海出版社，1968 年重印版，第一卷，第 21-524 页。

Zito, Angela. *Of Body and Brush: Grand Sacrifice as Text/Performance in Eighteenth-Century China.* Chicago: University of Chicago Press, 1998.

索　引

177

Ding Guanpeng 丁观鹏 67

Dong Zuobin 董作宾 138, 141

doubting antiquity See *yigu* 疑古

dragon bones (*longchi, longgu*) 龙骨 see oracle bones 甲骨

Duan Yucai 段玉裁 74, 77

Duanfang: collecting bronzes 端方：收藏青铜器 17–18, 67, 83; collecting unorthodox materials and artifacts 收藏非传统物件 52, 81, 90, 95; Confucian motivations 儒教动机 17–18, 67; establishes museum ~ 创建博物馆 58; and Liulichang dealers ~ 与琉璃厂商贩 59, 161n53; as official 官员 36, 156n9; uses precise measurement 用精确的量尺 83–84; and visual culture ~ 与视觉文化 32, 164n3

Dunhuang texts and artifacts: call for preservation 敦煌经卷和古物：倡议保护 110–111; Chinese research on 国人研究 29, 128, 132–133; controversy over forgeries 是否造假的争论 168n61; foreign collectors 外国藏家 110–111, 112, 114

education system, late-Qing: calls for reform 晚清教育制度：倡议维新 34, 43–48, 92–93, 104–106, 109–110, 158n75; civil examinations 科举考试 35, 166n55; elements of antiquarianism 金石学因素 37–38, 45–48, 109–110; foreign influence 外国影响 39, 43–47, 105–106; see also academies, late-Qing; Luo Zhenyu; Zhang Zhidong 另见晚清学术，罗振玉，张之洞

Egyptian antiquities and hieroglyphics 埃及古史与象形文字 49, 57, 95, 102

Elman, Benjamin 艾尔曼 8, 156n4

empiricism 实证主义 21, 24, 139, 143. see also science 另见科学

Epigraphic School 金石画派 6, 40–43, 49, 74, 76–77. see also calligraphy 另见书法

evidential learning See *kaozheng* 考证

evolution 进化 94–96, 98, 101, 109, 169n95

exegetical learning. see *kaoju* 考据

experimentalism 实验主义 see science 另见科学

Fan Weiqing 范维卿 90–91, 99

Fan Zhaochang 范兆昌 100, 108

fangbei (searches for steles) 访碑 26, 37, 61; and paintings ~ 与绘画 41, 74, 163n3

fatie (model-letters steles) 法帖 see steles 另见石碑

Feng Guifen 冯桂芬 34, 36, 39, 44

Feng Youlan 冯友兰 137

Feng Yuxiang 冯玉祥 126

Field Museum 芝加哥菲尔德博物馆 81, 86

Fogg Museum 哈佛大学福格艺术博物馆 110

Forest of Steles. see also Beilin 碑林

frontier studies 边疆研究 29–31, 34, 129–130

Fu Shan 傅山 26, 42

Fu Sinian: on artifacts and historical materials 傅斯年：关于古物和史料 133, 176n73; criticizes Luo Zhenyu 批判罗振玉 101; director of Academia Sinica 中央研究院院长 133, 137, 141–142; praises *kaozheng* 表彰考证 136; theories of ethnic origin 民族起源论 130; and Wang Guowei ~ 与王国维 125, 135, 137

Fu Yunlong 傅云龙 49

Fujita Toyohachi 藤田丰八 106, 110

Gao Lian 高濂 22

geography: historical geography 地理学：历史地理学 101, 128, 135; modern 现代 ~ 48–50, 82, 159n78, 159n82

Gibbon, Edward 爱德华·吉本 4

Gong Zizhen 龚自珍 30–31, 56, 77

Gu Jiegang 顾颉刚 130–134, 137, 141

Gu Linshi 顾麟士 40

Gu Yanwu 顾炎武 25–27, 61

Guo Moruo 郭沫若 119, 138, 168n56, 169n97

Guo Zongchang 郭宗昌 23, 29

guocui (national essence) 国粹 47, 96

Hamada Kosaku 滨田耕作 108

Han Chong 韩崇 163n2

Han Learning: and antiquarianism 汉学 ~ 与金石学 24–26, 30, 33, 44; debates over 争议 5–6, 33; twentieth-century appraisals 二十世纪的评估 136

Han Yu 韩愈 42

Hang Shijun 杭世骏 55

Hanlin Academy 翰林院 28, 38–39, 59

Hayashi Taisuke: collects oracle bones 林泰辅：甲骨收藏 91, 114, 166n1; debate with Shiratori

arianism, Chinese concepts; Confucianism and antiquarian studies 另见金石学，中国概念；儒学与金石研究

plural origins theory 多重起源论 129-130

politics and antiquarianism, late-Qing: activism of *buyi* (unassigned officials) 晚清政治与金石研究：布衣行为 38-39, 49; Qingliu (pure current) 清流派 38, 40, 79; *qingyi* (school of remonstrance) approach 清议派 38-39, 44; self-strengthening movement 洋务运动 46, 93; Statecraft School 经世派 34, 129, 156n4

pottery artifacts: grave goods 陶器：墓葬品 52, 108; in Japan ~ 在日本 82; vessels 葬器 57, 58, 78, 81-82, 100, 134

preservation: *jinshi* as conservation 保护：守护金石 2-3, 20, 26-27, 56; libraries 图书馆 109; looting 劫掠 57-58; modern laws 现代法 58, 95, 110; and private collection 私家珍藏 111. see also museums 另见博物馆

publishing: Ming-Qing catalogs 刊印：明清图谱 17, 30, 33, 66-67, 114, 115-116; as a profession 作为职业 112-114; profitability of 盈利 115; Song catalogs 宋人图谱 15. see also catalogs, antiquarian; Luo Zhenyu 另见金石图谱，金石学，罗振玉

Puyi 溥仪 103, 119, 126

Qian Daxin 钱大昕 23, 29, 31-32

Qian Xuantong 钱玄同 131-132

Qianlong 乾隆 Ⅶ, 17, 28, 30

Qing Dynasty: imperial collections and catalogs 清代：大内藏品与图谱 17, 30; literary patronage and *siku quanshu* (Complete library of the four treasuries) 文化保护与《四库全书》28-29; Manchus as antiquarians 满族金石学家 39, 59

Records of the Historian. see *shiji* 史记

Ren Xun 任薰 66

ritual studies: attitude of modern scholars 礼仪研究：现代学者的看法 81, 143; Qing Dynasty 清代 17-18, 28, 45-46, 54-55, 85, 93; Song Dynasty 宋朝 3, 5, 13-18, 19; and visual culture 与视觉文化 31-32, 54, 67-68. see also bronze vessels 另见青铜器

Rong Geng 容庚 24, 69, 86, 139

Rong Yuan 容媛 24

Ruan Yuan 阮元 13, 35, 52, 65-66, 68, 155n81; prefrence for Northern Wei calligraphy 偏好北魏书法 30-31, 41-42

rubbings: and authentication of artifacts 拓片：~与古物的真伪 42, 62-64, 143, 162n77; of bronzes 青铜器~ 65; modern reprinting 现代复制品 115; and photolithography 与石版影印术 57, 69, 93; production 制作 37, 64-65, 163n95; production and the erosion of steles 制作与腐蚀石碑 58; scholarly enjoyment of 学术兴趣 19-20, 32, 53-55, 63, 162n74; of steles 碑刻 21, 40; three-dimensional 立体 65-66, 68-69; two-dimensional 平面 64-65

Sage Kings: and bronze vessels 圣王：~与青铜器 14, 23; focus of antiquarian research 关注金石研究 21, 25, 26, 47; and theories of national origin ~与民族起源论 96-99, 131-132

school of remonstrance (*qingyi*). see politics and antiquarianism, Late-Qing 清议派：另见晚清政治与金石研究

Schopenhauser, Arthur 叔本华 124

science: and antiquarian research 科学：与金石研究 4, 8, 46, 61, 142-143; artifacts as objects of science 古物成为科学研究对象 57, 80-82, 85-86, 91, 133-134; in educational system 教育制度 44-45, 123; experimentalism 实验主义 83-84; precise measurement 精确测量 82-85, 166n56; scientific historiography 科学历史学 128-129, 130-133, 142; scientific tradition in China 中国的科学传统 8, 29, 136-137; terminologies 术语 84-85, 123, 166n50; and visual culture ~与视觉文化 7-9, 67, 109. see also empiricism; evolution 另见实证主义，进化

script styles: cursive 书体：草书 19, 21, 41-42; seal script 篆书 19, 39, 63, 73-77, 88, 153n33; unusual styles 怪体 42, 157n46; zhou script 籀书 77, 88; see also calligraphy, Epigraphic School 另见书法，金石画派

sculpture 雕像 52, 58, 90, 108

seals: collected and studied 玺印：收集与研究 22, 52, 75, 90, 128; made by antiquarians 金石家刻制 31, 113, 119

Shang Dynasty: artifacts 商代：古物 4, 21, 88-89, 93; modern symbolism 现代象征 141; research 研究 14-15, 26, 63-64, 96, 99-102, 137; and *yigu* (doubting antiquity) movement

附文

中国古文物实践中的客观测量 [1]

宗小娜

摘要：本文研究清朝后期古文物实践中的测量问题，以吴大澂的著作为主要研究材料。对于吴大澂这样的中国古文物家，在古文物鉴定的过程中，精确测量是关键的一步，且从 19 世纪 70 年代开始，学者们开始在他们出版的著作中包含有尺子，这既作为说明他们自己的测量技术的一种方法，又作为对其他研究者的一种指南。例如吴大澂在他的《古玉图考》（1889）中就包含有尺子，他还写了一本著作《权衡度量实验考》（未注明初版日期；1915 年重版）专门论述古器物的测量。吴大澂的测量系统依据古物本身，选择一定的古器物做代表长度的单位标准。他的测量技术因而在两种意义上是客观的：不仅依据实际的物品，并且提供了没有人为干预以测量其他古器物。本文描述了吴大澂提出的测量技术，说明它们的起源和实际的使用，最后提出通过这些测量系统，中国近代金石学家根据个人的经验和实物确立了一种本土的经验方法。

李安的电影《卧虎藏龙》开场不久，有一个场景是两位清朝官员面对着一把剑。其中一位满含敬意凝视着这件兵刃，另一位则道出其外在的尺寸：

---

[1] 原文题为 "Objective Measurement in Late-Qing Antiquarian Practice"，收入傅汉思等编：《中国科技典籍研究：第三届中国科技典籍国际会议论文集》，郑州：大象出版社，2006 年，第 265-274 页。这篇论文对理解本书第四章第五节很有帮助。

长二尺九，宽一寸一，护手一寸，宽二寸六，厚七分，两耳各一寸五，剑柄原镶有七星，从剑的旋纹看，是先秦吴国的揉剑法，到汉朝就失传了。[2]

宝剑纯属虚构，但谈话内容很切合清代金石学家的研究趣味，他们常常通过精确的测度（用十进制的尺寸系统）来鉴定商周时期的玉器、青铜器等古器物。清代最后几十年里，收藏家开始利用实物证据来复原古代测量制度，由此，金石学研究开辟了全新的实证范式。

本文着重探讨吴大澂及其著作《权衡度量实验考》。在写于 1895 年的这部手稿中，吴大澂测量了私人收藏的玉器，希望还原始于周朝的古代度量制度。吴氏古代度量制度的文稿附有十种不同的线尺和古器物素描插图，还收录了十则有关重量的论述，不过第三部分一整卷没有完稿，或者在 1915 年正式出版之前就已遗失。

尽管吴大澂并非首位研究古代度量制度的学者，但其研究在利用实物而非文本证据来重建古代概念方面，却是一个开创性的尝试，得出的结论能为其他金石学学家验证。[3] 换句话说，他的研究工作在两个层面上是"客观"的：参考实物资料和独立进行检验。通过吴大澂的研究，后人可一窥清末士人的分析方法，他们对古器物的研究在最受尊崇的学术界创立了一种新范式。吴氏分析判断的范式完全是本土化的，符合金石学传统，体现了丰厚而又灵活的学术文化，具有独立判断、实证主义的典型特征。

《权衡度量实验考》的作者如今被视为书画家和金石学家，跟那个时代的大多数精英人士一样，吴大澂还是位高级官员，一度出任湖南巡抚等重要职务。甲午战争期间清军溃败，吴因帮办军务，是受到

---

[2] Linda Sunshine (ed.), *Crouching Tiger, Hidden Dragon: Portrait of the Ang Lee Film*. New York: New Market Press, 2000, p. 41.

[3] 传统中国对历代测量的研究源远流长，最早的研究工作大概始于汉朝末年，《桃花扇》的作者孔尚任也曾研究过。对这些研究的简短回顾，参见罗福颐编：《传世历代古尺图录》，北京：文物出版社，1957 年，第 1-3 页。

弹劾的将领之一，他被弹劾的原因是玩物丧志，在军务中分散心力。他一生致力于金石之学，是位金石画派艺术家，晚年在上海书院培养过不少门徒，其中最著名者莫过于吴昌硕。[4]

尽管金石学家向来被认为有种内在的保守性，但吴大澂绝非政治保守派。他曾任李鸿章的私人幕僚，是张之洞的莫逆之交，这两位都是晚清改革派官员。吴与列强驻华使节相处甚欢，支持引进技术和现代城市生活。他嗜好古器物和古书，满怀孜孜不倦的热情，一有闲暇，就投身于古文字字典的修订工作中。他的足迹遍及华北乡村，到处搜寻文物遗址，誊录古代题刻。他的金石学研究和篆书书法的目的，是传统理学家正心诚意地沉思与修身。他曾致信座师和挚友陈介祺说："所论篆刻以钟鼎、古印二者笔法为师，可破近人陋习。"[5] 他很羡慕陈介祺，能够在19世纪40年代末期致仕，耗四十年心力于私下的金石研究。吴大澂的研究工作一直受到军务和民政的搅扰。1882年冬季，他在东北驻防，他致信金石学同行王懿荣说："此间今事无可述，惟劝农治军，驰驱鞅掌，头绪纷纭，日不暇给。古文字辄束之高阁，或数月不触手。"[6] 尽管不能做到心无旁骛，吴大澂还是完成了几部卷帙浩繁的研究著作，包括玉器、青铜器和玺印图谱，并修正汉代字典《说文解字》中五千个汉字的内容。[7]

吴大澂的研究著作采用当时流行的文体样式。例如19世纪皇室青

[4] 现代知识分子对吴大澂的批判，参见白谦慎的文章"From Wu Dacheng to Mao Zedong: The Transformation of Chinese Calligraphy in the Twentieth Century", in Maxwell K. Hearn and Judith G. Smith (eds.), *Chinese Art, Modern Expressions*. New York: Metropolitan Museum of Art, 2001. 柯律格的文章"How Wen Zhengming Became an Artist"洞察到传统艺术家身兼官员认同的动力，参见 *Sussex History of Art Research Publication* 1 (June 2000).

[5] 谢国桢编：《吴愙斋（大澂）尺牍》，台北：文海出版社，1971年，第16页。

[6] 关于吴大澂与李鸿章、张之洞之交往，以及金石书法实践贯彻其理学思考，参见顾廷龙：《吴愙斋先生年谱》，北京：哈佛燕京学社，1935年，第30-45页。吴大澂致陈介祺信函，参见谢国桢编：《吴愙斋（大澂）尺牍》，台北：文海出版社，1971年，第16页。该函吴大澂还回顾了到华北地区搜寻文物遗址。陈介祺的生平与致仕，参见陈小波：《国宝毛公鼎与大收藏家陈介祺》，载杨才玉编：《古今收藏家》，西安：西北大学出版社，1999年，第22页。亦可参见张光远：《西周重器毛公鼎》，《故宫季刊》，第七卷第二期（1972年冬）。吴大澂致王懿荣函，参见顾廷龙：《吴愙斋先生年谱》，第95页。

[7]《说文古籀补》，上海：商务印书馆，1936年。前言作于1884年。吴大澂编印的图谱包括《恒轩所见所藏吉金录》，前言作于1885年；《愙斋集古录》，前言作于1897年；《续百家姓印谱》，1916年重印。

铜器图谱对铜樽的注解是："右通盖，高七寸七分，深五寸五分，口纵二寸三分，横三寸三分，腹围一尺三寸，重四十七两。"[8] 清代金石学家看重尺寸，部分原因是周代和汉代古籍都严格遵守礼器规格。《周礼》是古代典籍和古典科目，金石学家研究其中《考工记》里的《玉人》篇，里面详细记载了二十四种玉器的规格，这篇的开头是：

> 镇圭尺有二寸，天子守之。命圭九寸，谓之桓圭，公守之。
> 命圭七寸，谓之信圭，侯守之。[9]

尽管《周礼》文本不无可疑，其作者有时被指认为汉代学者刘歆，此篇依然能够表明周代用尺寸来区分不同的物件，例如玉圭、玉璧和玉琮等。[10]《汉书·律历志》也有关于古物尺寸的篇章，《说文解字》里也有，下面将会讨论到。面对如许花样繁多的玉器，难怪清代学者想通过古代文献来弄懂这些虽有差异又大体相似的人工物品。

但是，出于鉴别这些古器物与古籍记载是否吻合而去关注比例尺寸是一回事，尽力复原古代度量衡制度是另一回事。吴大澂时代的大多数金石学家，测量古物时用清代的尺，长度大约为32厘米。[11] 到18

---

[8] 梁诗正等编：《西清古鉴》，北京：集成图书公司，1908年，第八卷，第55a页。文物测量到民国时期仍受重视，如赵汝珍：《古玩指南》，1942年初版，北京：中国书店重印，1993年，第138-139页。该书收集玉器都标注尺寸，以《考工记》对照。

[9] 林尹注译：《周礼》，台北：台湾商务印书馆，1972年，第455页。《考工记》其余部分的翻译，以及周代度量制度的讨论，参见 David N. Keightley, "A Measure of Man in Early China: In Search of the Neolithic Inch", *Chinese Science* 12 (1995): 30 等各处。

[10] David Keightley 写道："并没有确凿证据证明新石器时代通常遵循《考工记》里的尺寸规定，但玉器与尺寸的确存在固定关联，甚至存在某种标准……由此坐实新石器时代良渚文化的假设，即象征财富的玉璧、玉琮由匠人制造，新石器时代的尺寸确已出现。" 参见 Keightley, "A Measure of Man in Early China: In Search of the Neolithic Inch", *Chinese Science* 12 (1995): 31.

[11] 《汉语大词典》词条里清代一尺长度在32到36.7厘米之间，依据是中国大陆博物馆里收藏的古器物测量结果，参见罗竹风主编：《汉语大词典》，上海：汉语大词典出版社，1997年，第三卷，第7764页。

世纪中叶，金石学家认定，汉代一尺大约要短 10 厘米。[12] 吴大澂似乎并未意识到先前复原古代长度的努力多么重要，他因过于疲惫而未能还原古代的度量衡制度。他的研究旨趣在于大力纠正千年以来累积的错误，这些错误混淆了原初的度量制度。[13] 从这个意义上说，他的研究贯彻"以钟、鼎古器二者笔法为师，可破近人陋习"的理念。这种理念通过着力分析、证明、论证等行为得到贯彻。吴大澂绘制了数十种古器物，对其详尽描绘，意在证明他提出的历代测量制度的假设。吴大澂并不认为这套古尺能够重新启用，他不过想证明在研究历代度量系统时，古器物能够作为证据。

吴大澂最初讨论历代尺度，始于 1889 年的《古玉图考》。该图谱收录一百余件玉器，图中对玉石边缘的裂痕等瑕疵予以保留，这在当时是非比寻常的自然主义的呈现方式。吴大澂在该书里批评时人"详于金石而略于玉"[14]。相形之下，他试图系统研究古玉的物质特征。他在《古玉图考》中解释说：

> 余得一玉，必考其源流，证以经传。岁月既久，探讨益广。今春得镇圭、青圭，始知"天子圭中必""杼上终葵首"之义；得黄琮组琮，始信许叔重"琮，似车釭"之说，郑司农"外有捷庐"之说。[15]

换个说法，吴大澂一直认为古物蕴含着标准，能够参照古代典籍与注疏来进行解读，与此同时，古物本身亦有助于阐明古代的礼制。这体现出一种鲜明的"客观"态度，而前辈学者只会利用古器物及其

---

[12]《西清古鉴》里收有一套汉代量器，留下了当时使用的长度和容积单位，标注其长度为一尺。据此，图谱编者认为汉一尺是清代一尺的 72%，约 23 厘米长。参见梁诗正等编：《西清古鉴》，第三十四卷，第 3a–3b 页。23 厘米的长度与 David Keightley 根据出土的新石器时代玉器研究的结果大致相当。参见 Keightley, "A Measure of Man in Early China: In Search of the Neolithic Inch", *Chinese Science* 12 (1995): 19, 23.

[13] 吴大澂：《权衡度量实验考》序言，罗振玉编，京都：上虞罗氏，1915 年，第 1a 页。

[14] 吴大澂：《古玉图考》序，载杨东明编：《古玉考释鉴赏丛编》，北京：书目文献出版社，1992 年，第 543-545 页。

[15] 吴大澂：《古玉图考》序，第 546-547 页。

铭文来补充经传，而不会注重古器物本身的物理特征。[16]

在准备撰写《古玉图考》时，吴大澂在京师购买到两件玉琮，发现竟然两者长短相等。他判断两块玉琮跟《考工记》之记载长度相当，即周代的十二寸长。他根据收藏的玉琮、玉圭尺寸，终于创制出两把尺子，运用到图谱之中。[17] 不过在图谱的其余篇章里，并非每条都注重尺寸问题，所创制的尺子只是作为分析古物的工具。

此时，吴大澂思忖：如果还原出周代的尺长，他就能为重建历代尺度树立榜样，或者如他所言："由此积算而类推之古尺、古权、古量，皆可得其实数。"[18] 这就是他下一部著作《权衡度量实验考》的着力点，这部著作大概完成于吴大澂担任湖南巡抚时期（约 1892—1896 年间）。[19] 在这本书里，吴大澂表现出对测量更加深入的学术兴趣。

> 大澂素不知算，亦不知律。始读《汉书·律历志》，茫然莫明其理。及得古宏璧、镇圭、镇琮，尺度皆同，始知周尺之准。[20]

像《古玉图考》一样，吴大澂最初阅读相关典籍时，并未透彻领会，转而求助于古器物本身，从而为提出迥然不同的分析方法提供了可能性。除了创制新尺子作为研究古物的工具之外，如今他还运用古器物作为研究古代度量制度的实物证据。

《权衡度量实验考》中的第一把尺子长 19 厘米，是周代一尺的长度，其创制方法在《古玉图考》里已有交代，那就是找出应有十二寸长的几种古器物，以其为标准校正出一把尺子。[21] 吴大澂用二十四种

---

[16] 例如顾炎武写道："其事多与史书相证明，可以阐幽表微，补阙正误，不但词翰之工而已。"顾炎武：《求古录》序，《亭林先生遗书汇辑》，上海：校经山房，1888 年；译文收入 Wm. T. de Bary et al.(eds.), *Sources of Chinese Tradition*. New York: Columbia University Press, 1964, vol. 1, p. 555. 另参见 Benjamin A. Elman, *From Philosophy to Philology: Intellectual and Social Aspects of Change in Late Imperial China*, Cambridge, Mass.: Harvard Council on East Asian Studies, 1984, p. 190.

[17] 吴大澂：《古玉图考》，第 667 页。

[18] 吴大澂：《权衡度量实验考》序，第 2a 页。

[19] 顾廷龙：《吴愙斋先生年谱》，第 269 页。

[20] 吴大澂：《权衡度量实验考》序，第 2a 页。

[21] 这比乾隆图谱《西清古鉴》里的尺子短了很多，表明吴大澂并未透彻领悟早期典籍。

古玉实物图来证明一尺的长度，作为证据来支持他的量度。第二把尺子应该也属于周制，不过有 21.3 厘米长，是根据一件具有重要意义的玉琮推算的。吴大澂解释说：

> 后得古玉律琯，又典宏璧、镇圭、镇琮，尺寸丝毫不爽，度之则十二寸。以黑秬黍实之，适容千二百颗。始知是琯，为周之黄钟律琯无疑。[22]

吴大澂相信这件白色玉琮就是黄钟律琯——周代的律琯能弹奏黄钟的音符，是十二律的基准器。[23]《汉书》卷二十一《律历志》记载律琯有九寸长，容量大约有 1200 粒黑黍。[24] 吴大澂认为容量很精准，但《汉书》作者班固录为九寸长就不免失之武断。既然这支律琯与他藏品中的许多古物长度相等，其中包括完全符合《周礼·考工记·玉人》记载的一只玉圭，那就应为十二寸长。吴大澂就此断定律琯长度应为十二寸，并以此为基准创制出一把新尺子，用它来测量二十九件古器物。[25]

该书第三部分是占全书最长的篇幅，吴大澂详尽阐述了这件玉琮是真正的周代黄钟律琯的缘由，并且断言这是十二寸的基准器。他坚信其为真品，部分原因是出土随葬品含有黄色斑点，且恰好填装 1200 粒中等大小的黍米，后者看来能够完全印证。他推翻了《汉书》律琯九寸长的说法，认为班固被刘歆所误导，刘歆据传是颇受质疑的《周礼》的作者，他只为迎合汉朝王莽时期建立的度量衡制度。吴大澂利用泉币、剑器和汉代律琯作为补充证据，证明刘歆故意用汉代的度量标准来替代周代的度量标准，目的在于为王莽政权提供合法化依据。

---

[22] 吴大澂:《权衡度量实验考》序，第 2a 页。

[23] 汉代音乐里的黄钟律管的使用与介绍，参见 Kenneth J. DeWoskin, *A Song for One or Two: Music and the Concept of Art in Early China*. Ann Arbor: Center for Chinese Studies, the University of Michigan, 1982, pp. 63-64. 另见 Joseph Needham and Wang Ling et al., *Science and Civilization in China*, Vol. 4, Part 1: *Physics*. Cambridge, UK: University of Cambridge Press, 1962, pp. 199-200.

[24] 班固:《汉书》，北京: 中华书局，1983 年，第四册，第 958, 967 页。

[25] 吴大澂:《权衡度量实验考》，第 21a 页，第 22b-23a 页。

此外，只要相信他在《权衡度量实验考》里创制的第一把尺子，以此作为通用标准的话，九寸长的律琯并不具备对应的容量。而且，律琯代表着十二律的音阶，同时拥有1200粒黍的容量，长度为十二寸才最能讲得通。[26]

第三把尺子依据周代剑器所制，其所依赖的文本似乎问题少一些。此次吴大澂创制尺子的方式，是通过比对他藏品中的周剑，与《考工记·桃氏》篇相印证，但这把尺子与此前根据《玉人》篇确立的量度并不吻合。对这一差异，吴大澂简要解释为"想当时玉人与桃氏所用之尺不同也。"[27] 一系列的尺子创制出来，包括王莽时期的汉尺，唐朝的尺（开元尺），宋代量布的尺子（三司布帛尺），最后是清朝工部颁布的营造尺。第二部分是重量，讨论了周、秦、汉、唐等朝代的计量标准。

由于缺乏现代通用标准，在他的著作中，吴大澂未能对不同朝代之间的度量制度进行纵向比较。我们可以用厘米作为参照标准，但吴大澂不能，即使书中使用的清代尺长 26.5 厘米，比清代官方公布的标准短 17%，所以不能作为通用标准来使用。清代的度量在一定程度上被吴大澂用来讨论周代的重量，真正的参照物就是古器物本身，吴大澂用单线构图法将其呈现出来。所以毫不奇怪在他的书稿里，长度部分完成后就虎头蛇尾，因为长度部分最容易用图像显示，所以能善始善终。

尽管吴大澂的结论未必符合现代考古学家得出的结论，但他对度量制度的研究并非不合逻辑。相反，他不愿设定一个绝对标准，古器物本身（尽管存在差异与缺陷）就构成了各种标准。该书对度量衡进行分类，采用古器物作为天然样本，其差异遵循多样性法则，符合长度、重量的自然发展史。他满怀自信的精当论断是根据自家藏品做出来的，并未排斥其他判定标准，所以为金石学家们树立起一个榜样。同代人端方仿效吴大澂，利用汉代铜镜创制出一套尺子，用于编纂古

---

[26] 吴大澂:《权衡度量实验考》，第 21a 页，第 22a-23a，25a-28a 页。

[27] 吴大澂:《权衡度量实验考》，第 50a 页

代吉金图谱，谱中图像样式与《古玉图考》《权衡度量实验考》里的极度相似。[28] 同时，吴大澂那代学者中还有很多人——尤其是至交王懿荣——着手评鉴其他无字的或罕见的古器物，包括佛像、墓俑，最为重要的是甲骨文字，后者由王懿荣于 1899 年发现。[29]

罗振玉对《权衡度量实验考》开创性地研究古器物大加赞赏，他于 1915 年在日本将其重版。[30] 在它出版的时候，这项研究并未完全过时，但十年以后它被受过西方训练的考古学家所超越，他们拥有整套古器物分析与测量体系，开始科学地考古发掘，发现大量埋葬的文物。这些文物使私人收藏家吴大澂等人的收藏黯然失色，亦使依据成百上千件文物进行大规模研究成为可能。

吴大澂著作最重要也最不朽的贡献是开启了实证主义的智识传统，在一代人之后，这种传统由于借鉴西方科学因素而得到进一步发展。对吴大澂而言，过时无关紧要，他无需现代科学，便早已能够系统勾画古物，并充分体味到历史证据的物质多样性。

---

[28] 端方：《陶斋吉金录》，无出版地，1908 年。

[29] 王宇信、杨升南编：《甲骨学一百年》，北京：中国社会科学出版社，1999 年，第 29-40 页。

[30] 罗振玉翻印过很多晚清作品，包括吴大澂的玺印、彝器图谱。他还认为可以利用《考工记》对玉器以及有字的古器物进行系统性研究。参见《古器物识小录序》，《罗雪堂先生全集》，第七卷，第 2835 页。罗氏对《古玉图考》的评价以及该书出版过程，参见吴大澂《权衡度量实验考》罗序，第 1a-2a 页。罗振玉是从河井荃庐那里获得的手稿。河井是日本甲骨文方面不太重要的收藏家，也是吴昌硕的弟子。

译后记

　　由于专业分工，艺术史在艺术院系而不在历史院系，使得史学界对艺术史相对陌生。考古学原为历史学的一个分支，史学界对考古学相对熟悉，但考古学业已独立出去，成为专门的学科和院系。从艺术史的角度，追寻金石学向现代考古学的转变历程，是夏威夷大学宗小娜著作《消遣：从金石艺术到中国现代史学》的研究主题。

　　一般说来，学习考古学有三条途径：学习考古学方面的大学课程，学习博物馆研究的课程，在地区单位或文化资源管理部门中找份工作以获得实践经验。宗小娜选择这样一个题目作为博士论文的选题，是由于她在加州大学伯克利分校攻读博士学位期间，曾经到台北故宫博物院做为期一年的"志工"，亲自触摸到中国古代青铜器和佛教造像等珍贵文物。她选择考古学史的题目可谓具备至少两条学习途径，所以有着身临其境的贴切感受。

　　中国学者做同类研究，当推陈星灿《中国史前考古学史研究1895—1949》，其中一节为《金石学及其向近代考古学的过渡》。"考古"二字，令人望文生义，以为中国古代就有这门学问。实际上中国古代有金石学，考古学是清末民初时期西学东渐的产物。金石学是考古学的前身，如同炼丹术是现代化学的前身、草药学是现代植物学的前身一样。陈先生归结出金石学与考古学的三大根本不同："一是闭门著书，大多研究传世和采集的金石之器，而很少与田野调查和发掘相联系；二是偏重于文字的著录和研究，对于没有文字的古代器物不感兴趣；三是与西方近代建立在自然科学基础上的实证方法不同，金石学偏重于孤立地研究某一个问题，以达到证经补史的目的，而对器物本身的形制、花纹等特征的变化，断代，由器物推论古代文化，由款识考证古代史迹等方面则多有忽略。"金石学向考古学过渡，主要从以上三个方面实现范式上的突破。顺便提及，宗小娜在注释及参考书目中都未提及陈星灿的著作，以下的描述与推延，只能是作为该书译者之本人的揣摩与推测，译者的初衷也是做一点导读。

一

传统金石学虽然缺乏现代意义上的田野调查，但并不缺乏出土发掘。在金石学这门学科形成之前的唐初，我们的先辈就发掘出石鼓文。大量珍稀古物发掘出土后重见天日，其中不少出自盗墓贼之手。虽然罗振玉 1915 年亲赴河南安阳小屯村购买古物，并做过详细笔记，但"甲骨四堂"除董作宾外，没有人参与过现代田野调查。田野调查法是区分金石学与考古学的方法论依据。直到 1921 年安特生在河南仰韶村发掘，1926 年李济在山西夏县西阴村发掘，1927 年西北科学考察团到新疆考古挖掘，1928 年中研院史语所在安阳殷墟发掘，现代田野调查法才得以在中国学界的专业范围内实施运用，从而标志着考古学正式形成。缺乏田野调查法，金石学向考古学转变还有哪些可资利用的有利条件？

这就要提及金石学的法宝——拓片。拓片是文物收藏和视觉文化最主要的流通物，是收藏者钟爱古玩的替代品。甲骨文学科创立者未能进行田野调查，但凭借拓片进行研究，依然能证经补史，进一步窥探中国上古社会之堂奥。1913 年，王国维和罗振玉完成流沙坠简研究，这批简牍由斯坦因收藏、沙畹出版，是中国学者第一次运用考古学家发掘的材料。此前在 1903 年，刘鹗出版中国第一部甲骨文字材料的图谱《铁云藏龟》，收录了一千多幅甲骨拓片，第二年孙诒让根据图谱完成中国第一部考释甲骨文字的专著《契文举例》。所以金石拓片成为现代田野调查的替代物。

制作拓片图录和购买古物、鉴赏古物并称为金石学家三大活动，在金石学向现代转型过程中，拓片作为一种视觉文化，自身也经历变迁。宗小娜的著作从艺术史角度切入，发掘出此前不为人注意的史实。拓片在三个方面发生巨变：一是传统碑刻用二维平面拓片，19世纪早期马起凤发明全形拓，青铜器等礼器开始使用三维立体拓片。立体拓片成为中国图像艺术的新起点，由此产生八破画、锦灰堆、博古花卉等新的视觉艺术形式。二是自宋代开启的金石图录，这类图录蕴含儒教的完美象征意义，青铜器在坟墓、水底或者其他高压环境中埋葬千年之久，但在图谱里却看不到任何如铜绿、腐蚀、损坏等痕迹。受西方蚀刻术和雕刻术的影响，为提高其仿真效果，古物图谱开始展示瑕疵与损伤，不再像以前那样呈现完全崭新的视觉效果。三是19世纪90年代照相机引入中国，首先用于复制中国画，20世纪头十年开始用来制作甲骨文照片，最终还用于拍摄彝器等古物。最早利用相片来编辑古物图谱始于容庚，他已经是受过科班训练的现代考古学家。拓片作为一种视觉文化，在诸多层面发生转变，这是金石学向考古学转变的核心要素。

金石学家对无文字的古器物本无多少兴趣，释读古文字主要依据《说文解字》。在金石学向考古学转变过程中，两个人厥功至伟：吴大澂和罗振玉。吴大澂的学术生涯最早由书法艺术开端，曾耗费多年时间用篆书将《论语》抄写一遍，其间发现《说文解字》无法解释某些篆文，于是采集印在钱币、陶瓷和石鼓文上的古字，完成古文字学著作《说文古籀补》。他在视觉艺术上的贡献，是和幕僚吴昌硕一起，创立起近代书画史上的"金石画派"。吴大澂对无字古物的最大贡献，在于通过测量家藏的大量玉器，恢复了上古三代的度量制度。这种物理实验法还可以理解为受到下面我们要谈到的西方科学的影响。

甲骨作为古器物，最初无人能识其文字，所以更像是无文字的古器物。王懿荣因发现甲骨文被尊为"甲骨文之父"，但有名无实，第二年即亡于庚子之乱。罗振玉总共收藏过三四万块甲骨，占全部甲骨数量的一半。他既用现代影印术出版这些甲骨图谱，又利用这些实物进行学术研究，终成"甲骨四堂"之首。他是学问家，也是古董商人（也可译为艺术品商人），甲骨在他手里成为可以辗转获利的商品，相当一部分经其手转卖他人——包括日本人。罗振玉改传统术语"金石"二字为"古器物"，由金石学而古器物学而考古学，古器物学正是金石学和考古学之间链接的桥梁。

现代自然科学的影响是金石学转向考古学的最大推动力。比如，放射性碳素断代法的发明和应用被认为是现代考古学中的一场革命。陈星灿先生的研究表明，近代考古学受西方影响最大的学科是地质学和古生物学，甚至考古学本身亦可视为现代西方自然科学。宗小娜则开掘出不为人注意的层面：视觉文化、进化论和影印术对金石学转型的影响。

首先对科学重新定义。五四以来国人一直把民主与科学作为救国救民的不二法门。科学因具有价值中立性，无人敢于撼动其至高无上的地位，甚至宣称科学技术是第一生产力。研究中国古代科技史的李约瑟大力挖掘中国本土的科学传统，但吊诡的是却引出"李约瑟难题"，总归是认为现代科学出现于西方，而不是中国。胡适在《中国哲学里的科学精神与方法》里说："伽利略、解百勒、波耳、哈维、牛顿所用的都是自然的材料，是星球、球体、斜面、望远镜、显微镜、三棱镜、化学药品、天文表。而与他们同时的中国所运用的是书本、文字、文献证据。"但主张全盘西化的胡适从思想史意义上提出，清代朴学依然具有科学精神。宗小娜更进一步，大胆提出"18世纪金石学真正意义，在于它是现代实验科学的先驱之一"。现代实验科学早在西学引入中国之前业已存在，吴大澂正是运用此法研究中国上古度量衡制度，所以金石学正是中国拥有本土科学传统的明证。

视觉文化是史学界未曾引起充分关注的领域。陈星灿先生在评估明代金石学成就时，只简单概括为两句话："明代理学盛行，坐而论道者众多，所以金石学呈现出倒退的趋势。……明代金石学人虽多，但多因循守旧，没有多少成绩，唯曹昭《格古要论》是有关文物鉴赏的早期著作，有一定的学术价值。"这些年来，随着柯律格、高居翰、白谦慎等人的艺术史著作的翻译出版，明代艺术史研究大有改观。在明代社会的奢华风气里，《园冶》《长物志》《墨志》《瓶史》等休闲娱乐之作蔚为大观。宗小娜的著作发掘出明代中国的视觉文化：在书法领域里尊崇"王体"法帖而贬低"颜体"碑帖；在金石拓片图谱方面，详尽描述古物的外在特征如色调、纹路甚至味道。这些特征到严肃的清代朴学盛行时期被一删而光。

在金石学向考古学转型过程中，书法领域不仅重新尊崇碑帖，甚至首次重视异族政权统治下树立起来的魏碑。而魏碑正是金石画派形成的源头之一。清代金石学家的视野大大扩展，研究对象扩展到造像、画像石、墓志、泉币、玉器、玺印、砖瓦、陶俑等，金石画派书法家赵之谦做过朝鲜碑刻文字研究，傅云龙和杨守敬编印过日本碑刻图谱。所以当新的视觉艺术如甲骨图谱出现时，金石学家早已做好研究新生事物的准备。

达尔文是近代生物学的奠基人，但其学说在《物种起源》出版四十年后才传入中国，而且经由赫胥黎的介绍和严复的翻译。所以这种自然科学是以社会理论的形式影响甲午海战后有亡国灭种之灾的中国人。金石学作为旧学，没有被维新党弃如敝履，相反，清廷中的维新派大都支持和钟爱金石之学。一方面，金石本为玩物，同人之间互相借重把玩，在金石上倾注心力，为囊中羞涩的同人出资购买，为相互之间的认同感建立起亲密的社会关系。另一方面，金石学研究具有改善政治和社会危机的实用价值，比如解决历史地理问题，碑文记载内容能够解决两国边界之间的领土争议。

国难当头并未使维新党玩物丧志，进化论风靡一时，成为他们救国救民和学术研究的理论依据。胡适在《我的信仰》里说："数年之间，许多的进化名词在当时报章杂志的文字上，就成了口头禅。无数的人，都采来做自己的和儿辈的名号，由是提醒他们国家与个人在生存竞争中消灭的祸害。"孙诒让用进化论的维新政治观点解读甲骨文，其开创性研究证明，金石学并非百无一用，它能为政治维新提供理论依据。罗振玉证明从甲骨文到金文的"蓄变"，是中国古文字自身的进化过程。章太炎、梁启超等人利用进化论的理论，将远古中国史分为石器时代、青铜时代和铁器时代。他们受进化论思想影响，证实了中国古书记载的上古三代以及尧舜禹的真实性，驳斥了日本学者白鸟库吉提出的"尧舜禹抹杀论"，强调中华文明的源远流长和绵延不绝，在亡国灭种的阴影中提升了民族自信心和凝聚力。

新的印刷技术不仅促进了资本主义的发展，而且促进了现代学科如植物学、药学等的诞生。传媒文化的繁荣昌盛，使图书、画片能够大量复制印刷，为中国读者提供了视觉盛宴，这最终要归功于石版影印术（photolithography）等新技术的引入。这里用本书中的一个例子和我找到的两个例子进行对比来说明这个问题。

首部甲骨文研究著作是 1904 年刻版的孙诒让的《契文举例》，流传范围不广，作为私家著作馈赠给端方、刘鹗、罗振玉等少数圈内人。王国维在上海书摊上买到一册，这一幸运发现使此书通过重版流传下来，1927 年，罗振玉的堂弟罗振常供职的蟬隐庐重印此书。

除了编印古器物图谱，据《罗雪堂合集》统计，罗振玉著述共一百七十六种，几乎全部自己印刷。罗在天津和旅顺定居时，都自办书局和印刷厂，不仅出版本人著作，还重版孙诒让、吴大澂等金石学家的著作。

1928 年，郭沫若到日本避难，开始研究甲骨文，两年出版三部曲《中国古代社会研究》《甲骨文字研究》《殷周青铜器铭文研究》。他所用的资料即罗振玉编印的珂罗版甲骨图谱《殷墟书契前编》等，身在异国他乡，在上野图书馆、东洋文库、文求堂很容易借到这些"影印的比较珍贵的典籍"。

以上三个例子说明影印以及后来的凸版印刷等新印刷技术的推广，完全改变了中国传统雕版印刷技术，把珍稀古籍化身为千万，惠及求知若渴的莘莘学子，有力推动了学术的交流与提升。

在救亡图存的清末民初历史大背景下，在西学东渐的世界大潮流中，传统金石学科怎样实现现代化，转向现代考古学？我们不妨借用列文森"博物馆"命题和巫鸿"纪念碑性"的术语。列文森说："由于看到其他国度的价值，在理智上疏远了本国的文化传统；由于受历史制约，在感情上仍然与本国传统相联系。"这种历史与价值的背离可称为"博物馆化"。巫鸿对"纪念碑性"（monumentality）的定义是："指纪念碑的纪念功能及其持续，……和回忆、延续以及政治、种族或宗教义务有关，其具体内涵决定了纪念碑的社会、政治和意识形态等多方面意义。"如果用这一对术语来界定金石学和考古学的话，金石学才是"纪念碑性"，考古学才是"博物馆化"。考古学和博物馆归根到底是西学东渐的产物，金石学和纪念碑为中国传统文化固有之物。在东西方两种文化接榫的过程中，金石学家顽固地抵制公共博物馆（直到1920年张謇在南通建立了中国首家博物馆），但金石学最终不可避免转向了考古学，纪念碑并未自动送进博物馆，它依然保存着自身的社会、政治和文化含义。

青铜器、玉器、甲骨等古董是中国的国粹，是中华民族悠久历史文化的活化石。研究古董的金石学并非"国渣"，而是现代考古学的中国本土资源。在全球化大潮中，人们的日常生活和学术研究都迈向现代化，但物质上越是现代化，精神上就越是怀旧。从金石学向考古学的转化过程，怀旧性地解释了学术上的移植、融合、演进与提升，整个过程纷繁复杂。金石学传统不能简单地送到博物馆仅供展览，而是中国考古学发展史上绕不过去的纪念碑。诚如宗小娜所言，中国和其他国家一样，没有什么比古董更能代表现代性。

二

关于翻译的难度问题，本书主要体现在回译方面。做学术思想史的人多有注癖，借古人之口以表达个人之意，本书需要回译的地方的确较多。大部分书籍能够依靠个人藏书和网络电子图书查阅得到，但有部分古籍却遍寻无着：一种是清末民初时期出版物，如《攀古楼彝器款识》《积古斋钟鼎彝器款识》《善斋吉金录》等；另外一种是"出口转内销式"的汉学家译文，如倪德卫引用章学诚《文史通义》，高罗佩引用叶昌炽《语石》等。这只能求助于原作者宗小娜教授，宗教授非常谦虚地称自己是合作者而非译者。作者对译者的帮助还体现在，术语表和参考书目都有中西文对照。所以在参考书目部分，如果已有中译本上市，译者尽最大可能将其附录在后。原作者引证书籍不少是台版书，鉴于大陆学者难以获取，译者还增加小注，将比较常见的大陆版本附在注释后面。原书采用尾注，本书一律改为脚注。

为有助大陆读者对宗小娜教授的了解，我把她在大陆发表的唯一一篇文字《中国古文物实践中的客观测量》译成中文，经作者同意，附录在这本书的后面。

本书主题在于论述金石学向现代史学的转变过程，如果现代史是我的专业，那么金石学就相对陌生——如果还不是一无所知的话，毕竟大学期间学历史专业时，并没有开过考古学课程，研究生阶段读近现代史专业，连古代史的书都很少触及了。其中有些拿捏不准的术语，应当是本书的关键词，如青铜器、彝器、明器、礼器、吉金、钟鼎；铭文、钟鼎文、金文、籀文、古文；图谱、图录、图册、著录……每组大多为同一个英文词，但在中译本里采用哪一个，取决于前后文的连贯程度。

翻译初稿主要完成于 2017 年暑假，这是我在南方居住时间最长的夏季，酷热难耐，持续累月，是我这个北方人从未遇到过的。每天定时坐在写字台前，沉浸在译书的世界里，每次起身都会发现桌面上留下斑斑汗渍。翻译内容多属文人墨客之长物——青铜器、玉石、拓片、书画、甲骨等，颇令人发思古之幽情，于是翻线装书、摇芭蕉扇、饮菊花茶，炎炎酷暑亦成知识分子的神仙岁月。闲暇即工作，工作即闲暇，后者的境界我还达不到，在暑假这段闲暇时间里做翻译工作，使我觉得时间没有被浮生蹉跎。

趁着短暂地暑假回乡的机会，我到曲阜三孔和嘉祥武梁祠一游。本书提及古文经书的发现地"孔壁遗书"（Walls of Confucius's family home）原在孔庙而不在孔府。虽然早年进出"三孔"多次，但这次总牢牢记住了。"武梁祠"是巫鸿的博士论文及成名作，但并非正式地名，在地图上查不到，应为"武氏墓群石刻博物馆"，是汉代武氏家族的墓群，出仕者有武梁、武梁弟弟武开明、武开明长子武班、次子武荣。此等虽为细枝末节，却为翻译工作平添更多乐趣。

本书在翻译过程中，得到很多友人的帮助，其中有北京鲁迅博物馆的秦素银、山东工艺美术学院的刘允东、河南师范大学的张文瀚、四川师范大学的刘双怡、曲阜师范大学的陈洪友、安徽师范大学的赵娜和任立侠，以及山东嘉祥县文物局的楚桂花。他们作为该领域里的专家，帮我解决了不少翻译中涉及的专业问题。特别感谢中华书局的潘鸣，如果没有他的大力推荐和穿针引线，我就得不到这次翻译的机会，能够出版我翻译的第二本书。最后，感谢浙江大学出版社的编辑们的妙手仁心，为读者呈现了这本小书。

2018 年夏，初稿于长江之畔
2024 年春，定稿于黄海之滨